Christian Hennecke

Kirche, die
über den Jordan geht

Christian Hennecke

Kirche, die über den Jordan geht

Expeditionen ins Land der Verheißung

Vierte Auflage

Aschendorff Verlag Münster

4. Auflage

© 2010 Aschendorff Verlag GmbH & Co. KG, Münster

Das Werk ist urheberrechtlich geschützt. Die dadurch begründeten Rechte, insbesondere die der Übersetzung, des Nachdrucks, der Entnahme von Abbildungen, der Funksendung, der Wiedergabe auf fotomechanischem oder ähnlichem Wege und der Speicherung in Datenverarbeitungsanlagen bleiben, auch bei nur auszugsweiser Verwertung, vorbehalten. Die Vergütungsansprüche des § 54, Abs. 2, UrhG, werden durch die Verwertungsgesellschaft Wort wahrgenommen.

Gesamtherstellung: Aschendorff Druck und Dienstleistungen GmbH & Co. KG, Druckhaus Münster, 2010

Gedruckt aufsäurefreiem, alterungsbeständigem Papier ∞

ISBN 978-3-402-00224-8

Inhalt

7 Geleitwort von Bischof em. Dr. Josef Homeyer

9 Prolog: Kirche, die über den Jordan geht

20 **Die Kundschafter des Neuen hören!**
Ihr seid die Zukunft der Kirche 20. La stella cometa 24. Sant' Egidio in Lilienthal 29. Acht Minuten Schweigen 35. Eine andere Weise der Katechese 39. Kolping als geistliche Aufbruchsbewegung 44. Das CO 49. Nie waren Gemeinden so geistlich wie heute 54. Kleine Kirche Kindergarten 59. Katechumenat oder Konvertitenunterricht 64. Von Willow Creek lernen 69. Sehnsucht nach Stille und Gebet 74. Jünger schulen – Suchende empfangen 77. Auf andere Art Pfarrer sein 81. Neu anfangen zu leben 87. Erfahrungen mit dem BibelTeilen 92. Ist Eucharistie langweilig 99. Mystagogische Sakramentenpastoral 103. Von geistlichen Gemeinschaften lernen 107. An den Grenzen unserer Kirchenerfahrung 114. Auf dem Weg zur Kommunion 120. Kinderkirche für Erwachsene 124

129 **Die Zukunft in den Blick nehmen!**
Das ewige Murren 129. Auf dem Weg zur pastoralen Vision 135

146 **Über den Jordan gehen!**
Für eine visionäre Pastoral 146. Für ein Neuverständnis von Priesteramt und Presbyterium 151. Für eine Theologie der ecclesiola 168. Für eine vernetzte und nachhaltige Berufungspastoral 174. Für eine Kirche in der Nachbarschaft 186. Für eine mystagogische Initiationspastoral 199. Für eine Spiritualität in Gemeinschaft 215. Für eine eucharistische Kirche 221

230 Epilog: Dietrich Bonhoeffers prophetische Kirchenvision

Hans-Georg mit Dank

Geleitwort

„Ein Großteil der Christen von heute befindet sich faktisch im Katechumenats-Status, und das müssen wir in der Praxis endlich ernst nehmen", so zitiert der Autor den gegenwärtigen Papst aus einem Vortrag, den dieser im Jahr 2003 noch als Kardinal Ratzinger in Trier gehalten hat. Und das genau tut Christian Hennecke mit diesem Buch. Er reflektiert umsichtig seine reichen pastoralen Erfahrungen und fragt nach den Gründen, warum die Weitergabe des Glaubens und vor allem die Weiterführung einer christlichen Existenz nach Kommunion und Firmung seit mindestens einer Generation nicht mehr recht gelingt.

Man findet keine Verdächtigungen oder Schuldzuweisungen, wohl ein sehr sensibles Hinsehen und Hinhören auf so manches Neue, das sich in den Gemeinden und auch in den traditionsreichen Verbänden findet. Und er entdeckt – wie die von ihm zitierten Kundschafter auf der Wüstenwanderung des Volkes Israel – überraschende „Früchte" der Verheißungen Gottes.

Solchem Neuen spürt Christian Hennecke mit großem Einfühlungsvermögen und theologischem Blick nach. Es eröffnen sich ihm ermutigende Perspektiven einer anderen Gestalt von Kirche. Aber er weiß auch von der Skepsis, dem Berichte von Kundschaftern des Neuen nicht selten ausgesetzt sind. So war es ja bereits, stellt der Autor nachdenklich fest, bei den Berichten der Kundschafter damals in der Wüste: Man traute den Berichten nicht, nahm nicht wahr, was Gott verheißen hatte, die Israeliten orientierten sich in ihrem Murren an der Vergangenheit.

Christian Hennecke resümiert in aller Entschiedenheit: „Zukunftsuntauglich erweist sich der, der die Verheißung Gottes

Geleitwort

nicht anzunehmen weiß, der mehr an sich glaubt als an Gott." Es ist schon so: Es geht auch heute vor allem darum, richtig wahrzunehmen und von Gott her zu deuten, was wir erleben.

Tatsächlich werden auf dem umsichtigen und spannenden Erkundungspfad des Autors eine ganze Fülle von neuen spirituellen Ansätzen und Spuren einer anderen Art von Kirche sichtbar. „Dabei wird deutlich ein Weg erkennbar, den Gott mit seinem Volk geht." Diesen Weg nun genauer zu entdecken ist offensichtlich das eigentliche Anliegen des Autors – in seinem Plädoyer für eine visionäre Pastoral – „Vision ist eine Entdeckung, die sich durch Erfahrungen zu sehen gibt", für ein neues Verständnis des Priesteramtes und des Presbyteriums, für eine Theologie der ecclesiola, für Glaubensschulen, für eine mystagogische Initiationspastoral und für eine eucharistische Kirche. „Eine solche Gestalt der Kirche, die in ihrer Mitte durch geprägte Zeugen Räume des Mitlebens, Betens, Feierns, Handelns und Verkündens eröffnet und damit Menschen einen biographieorientierten Zugang ermöglicht, ist die Vision und Verheißung, auf die wir zugehen."

Ohne Zweifel hat die katechumenale Situation vieler Christen und erst Recht die wachsende Zahl suchender Menschen die Suche nach einer entsprechenden Gestalt der Kirche seit einigen Jahren intensiviert. Eine Fülle von Büchern und Aufsätzen bestätigt es. Weniger häufig findet man eine Art Gesamtschau dieser erregenden und hoffnungsvollen Entwicklung.

Christian Hennecke dürfte dies mit dem hier vorliegenden Buch gelungen sein, und zwar in ebenso nüchterner wie gelegentlich geradezu aufwühlender Sprache. Was er von den Christen heute wünscht, zeichnet ihn selbst aus: „Engagierte Wachsamkeit, die mit Gottes Handeln rechnet."

Hildesheim, den 8. März 2006

+ Bischof em. Dr. Josef Homeyer

Prolog
Kirche, die über den Jordan geht

Die Kirche geht über den Jordan. Die Doppeldeutigkeit dieser Rede ist gewollt. Natürlich befinden wir uns in einem wichtigen Übergang, bei dem vieles, was wir gewohnt sind, zu Ende kommt. Nicht weil es schlecht ist, nicht weil es sich nicht bewährt hat. Das Gegenteil ist der Fall. Hinter uns liegt eine Erfolgsgeschichte. Sie begann mit Kaiser Konstantin und hatte ihren letzten Höhepunkt in den fünfziger Jahren des 20. Jahrhunderts. Woran sich viele noch erinnern können, das ist eine selbstverständliche Christlichkeit und Gemeindlichkeit, die nahezu alle erfasste. Eine Weitergabe des Glaubens an die kommende Generation, die zwischen Religionsunterricht, Katechese, Familie und Gesellschaft fast selbstverständlich funktionierte; ein hoher Einfluss der Kirche, der unsere gesellschaftliche Wirklichkeit entscheidend prägte – gerade nach dem Ende des Nationalsozialismus und seiner Gräuel.

Doch dies alles liegt hinter uns. Denn nicht nur die Gesellschaft um uns ist anders geworden, wir gläubige Christen sind es auch. Mit Begeisterung, mit der Begeisterung des Konzils, sind wir aufgebrochen zum Land der Verheißung, aber die Wüste führt uns in die bekannte Krise.

Die Wüste als Ort der Neuentdeckung Gottes

Die Wüste ist ein Ort der Gotteskrise. Das Bekannte – auch wenn es ein Zustand ist, den wir nicht mehr wirklich wünschen können – erscheint auf einmal in einem hellen Licht. Während wir uns in der Vergangenheit auskennen, aus der wir doch aufge-

Prolog

brochen sind, weil wir Gottes Nähe und Ruf spürten, ist die Gegenwart desorientierend unbekannt. Es gibt keine Sicherheiten mehr, keine Orientierung am Bekannten. Die Wüste ist ein Ort der leeren Unsicherheit. Den Weg kennt keiner.

Und gerade deswegen ist diese Wüste ein Ort der Gotteskrise: „Ist der Herr in unserer Mitte oder nicht?" (Ex 17, 7) – das ist die eigentliche Frage. Angesichts der Desorientierung kann der Eindruck entstehen, dass das Ende nahe ist – alles „über den Jordan geht", wie man sagt.

Die Gotteskrise liegt also darin, dass der Weg durch die Wüste immer neu vor die Entscheidung führt, ob ich Gott und seiner Führung vertraue, mich seiner Liebe anvertraue und ihm folge. Ob ich der Verheißung Glauben schenke, in das Land der Verheißung geführt zu werden – oder ob ich in Panik gerate, weil ich mich alleingelassen fühle.

Die Krise des Volkes Gottes, von der in den biblischen Schriften – vor allem im Buch Exodus und im Buch Numeri – hinreichend die Rede ist, ist gleichzeitig eine einmalige, eine neue und eine gründende Erfahrung für die Identität des Volkes Gottes auf seinem Weg. Dort, wo wir es aushalten, kein bekanntes Bild von Gott zu haben – und sei es ein goldener Jungstier –, wo ich nicht mit diesem Gott umgehe und rechne, indem ich ihn ins mir Bekannte zurückhole, wo ich mich nicht Gottes bemächtige – dort kann er mich weiterführen, und es wächst, durch alle Anfechtungen und Versuchungen hindurch, ein neuer Glaube an den bekannten und doch unbekannten Gott, den Gott Jesu Christi.

Dies ist ein erster Hinweis auf die Deutung der Situation unserer Kirche, die sich in diesem Bild der Wüstenwanderung des Volkes Gottes spiegelt: Die Situation, die die Kirche durchlebt, zielt auf einen neuen vertieften Glauben an den Gott Jesu Christi. Es gibt viele Hinweise, die diese These beleuchten können. Auch in Europa ist seit einiger Zeit immer mehr eine – weithin orientierungslose – spirituelle Sehnsucht deutlich, die in ihrer Ambivalenz und Missbrauchbarkeit darauf hindeutet, wie sehr die Menschen Gott suchen und ihm vertrauen wollen, einem Gott, den sie nicht kennen, und den sie – wenn sie ehrlich sind – auch als unbekannten Gott benennen und umkreisen (Apg 17).

Der Aufbruch, der im Abbruch milieugeprägten Christ-Seins liegt, hat damit zu tun, dass heute jeder Christ nach einer neuen, existenzbezogenen Gottesbeziehung sucht und suchen muss, will er denn in seiner neu entdeckten Individualität inmitten der Angebote eines konsumorientierten Pluralismus noch glauben.

Dabei ist zu bemerken, dass diese Situation nicht selbst gemacht oder gar selbstverschuldet ist: Sie ist ein risikoreiches Geschenk Gottes an die Freiheit des Menschen und verlangt nach ganz anderen Wegen und Formen des Glaubens und des Kirche-Seins.

Dass dabei die Wüste ein Ort der Diaspora und der möglichen Desorientierung ist, gehört zu der neuen Suchbewegung hinzu. Die Wüste ist ein Ort, an dem bekannte Gewissheiten und Heimaten zerbrechen und entweder reiner Götzendienst oder echter Glaube entstehen kann und wird.

Kundschafterberichte – Die Wüste als Ort der Verheißung

„Schick einige Männer aus, die das Land Kanaan erkunden, das ich den Israeliten geben will." (Num 13, 2)

Mitten auf diesem beschwerlichen Weg der Prüfung, der Desorientierung und des Glauben Lernens werden nun Kundschafter ausgeschickt, die die Zukunft auspähen sollen. Aus allen Stämmen des Volkes werden Vertreter entsandt – die Expedition in die verheißene Zukunft geht alle an und trifft alle Orte. Der Auftrag ist klar: *„Habt Mut und bringt Früchte des Landes mit." (Num 13, 20)*

Nach vierzig Tagen kehren die Kundschafter zurück und bringen Früchte aus einem Land, in dem wirklich Milch und Honig fließen. Mit anderen Worten: Die Verheißungen Gottes sind wahr, die Zukunft übertrifft wirklich alle Erwartungen.

Prolog

Genau an dieser Stelle befindet sich auch unsere Kirche. Es ist ein kritischer Moment. Auch hier geht es erneut um die Erfahrung mit dem lebendigen Gott. Vertrauen wir dem Gott, der unsere Kirche führt, dann könnten wir jetzt schon – angesichts der Früchte – das verheißene Land kartographieren und ausschnitthaft beschreiben.

Genau dies ist die Perspektive, die dieses Buch einnimmt. In einem ersten Schritt sollen Erfahrungen gesichtet werden, die wie kleine Erstlingsfrüchte Hinweise geben auf die Verheißung jener Kirche der Zukunft, die uns verheißen ist.

Dass dieser Moment dennoch kritisch und zweischneidig ist, macht die Geschichte der Kundschafter nur zu deutlich. Denn neben den Früchten und dem ersten Bericht aus dem verheißenen Land wird ja auch klar, dass dieser Weg mit eigenen Kräften nicht zu bewältigen ist:

„Wir können nichts gegen dieses Volk ausrichten; es ist stärker als wir. Und sie verbreiteten bei den Israeliten das falsche Gerücht über das Land, das sie erkundet hatten und sagten: Das Land, das wir durchwandert und erkundet haben, ist ein Land, das seine Bewohner auffrisst ...Sogar die Riesen haben wir dort gesehen ... Wir kamen uns selbst klein wie Heuschrecken vor, und auch ihnen erschienen wir so." (Num 13, 32f)

So offenbar sich der Bericht der Kundschafter erneut als spirituelles Glaubensproblem des Volkes Gottes auf dem Weg. Immer wieder scheint das Volk zu vergessen, dass der ganze Weg bis hierher nur möglich war, weil Gott geführt, begleitet, geschützt und gesorgt hat. Erst mit diesen Erfahrungen ist das Volk zum Volk Gottes geworden, ist ein Vertrauen gewachsen.

Unsere Kirche steht vor derselben Herausforderung. Das Volk Gottes auf dem Weg scheint seit dem II. Vatikanischen Konzil häufiger zu vergessen, dass es sich dem Wirken Gottes verdankt und in seiner Führung allein seine Zukunft begründet ist. Wie das Volk Israel angesichts der Kundschafterberichte, so lässt sich auch in unserer Kirche häufig ein defizitorientierter und mithin depressiver Blick auf die Zukunft erkennen. Wir können es nicht schaffen, weil wir es aus eigenen Kräften nicht schaffen können. Ein nur zu gut bekanntes Murren erhebt sich, und es vergisst, dass die Erfahrungen der Kundschafter vom Land der Verheißung erzählten – und dass sie sogar erste Früchte mitbrachten.

Dass dieses depressive und rückwärts gewandte Murren über die Defizite tatsächlich dazu führen wird, dass diese Generation nicht verheißungsfähig und letztlich ungläubig in der Desorientierung umkommt, macht das Buch Numeri deutlich. Zukunftsuntauglich erweist sich der, der die Verheißung Gottes nicht anzunehmen weiß, der mehr an sich glaubt als an Gott.

Das macht es der Kirche in unseren Breiten – wie damals auch dem Volk Israel – schwer: Die Radikalität des Glaubens an Gott ist gefragt, eine Radikalität, die es in gesicherten und klar geprägten Verhältnissen nur in Sonderfällen gab. Nun sind wir insgesamt herausgefordert zu einem Glauben, der unser Maß übersteigt und der sich von Gott führen lässt.

Dort aber, wo dieser Glaube mit dem Blick zurück auf die gesicherte Vergangenheit kombiniert wird, da greift Desorientierung um sich, da sind auf einmal die Erstlingsfrüchte hinter den Problemen verschwunden. Übrig bleiben Bedenken und Bedenkenträger, Misstrauen und Angst. Dass aber eine Hermeneutik des Misstrauens tödlich ist, bedarf keiner Erläuterung.

In der Wüste der Deutungen

„Das Land, das wir durchwandert und erkundet haben, dieses Land ist überaus schön. Wenn der Herr uns wohlgesinnt ist und uns in dieses Land bringt, dann schenkt er uns ein Land, in dem Milch und Honig fließen. Lehnt euch nur nicht gegen den Herrn auf! Habt keine Angst vor den Leuten in diesem Land; sie werden unsere Beute. Ihr schützender Schatten ist von ihnen gewichen, denn der Herr ist mit uns. Habt keine Angst vor ihnen."
(Num 14, 7–9)

Prolog

Vielleicht ist das auch eine Grenze der „Früchte", die in diesem Buch vorgestellt werden. Die oft voreilige Kritik und die oft ignorierende Arroganz gegenüber „anderen" Erfahrungen des Christ-Seins und Kirche-Seins, die ich in den weiterhin sehr behaglichen deutschen Kirchenräumen entdecke, ist mir Anlass zu der Frage, ob nicht hier das alte Problem des Gottesvolkes neue Urstände feiert.

Deswegen bleibt – auch angesichts der Früchte – die entscheidende Frage nach der Deutung dessen, was wir erleben. Nach den Berichten der Kundschafter bricht ja eine Klage aus – die Klage über das eigene Defizit. Diese Klage macht einen Aufbruch unmöglich. Sie nimmt nicht wahr, was Gott verheißen hat, sondern orientiert sich in ihrem Murren – dem ewigen Murren – an der Vergangenheit.

Es kommt in der Tat alles darauf an, ob und wie wir den Weg durch die Wüste verstehen und deuten. Deswegen versuche ich in einem zweiten Abschnitt dieses Buches Deutungen vorzustellen, die uns einen Weg ins verheißene Land ermöglichen. Grundfrage bleibt hier immer: Können wir uns ehrlich freuen über die Früchte des verheißenen Landes? Nur eine Minderheit der Kundschafter konnte diese im Glauben begründete Freude für die Kraft des Aufbruchs nützen.

Kirche, die über den Jordan geht

Der gottgeführte Weg des Volkes Gottes durchschreitet schließlich den Jordan. Eindrucksvoll beschreibt das Buch Josua diesen Durchzug und parallelisiert dieses Ereignis sicher nicht zufällig mit dem Zug durch das Rote Meer:

„Als dann das Volk seine Zelte verließ und aufbrach, um den Jordan zu überschreiten, gingen die Priester, die die Bundeslade trugen, an der Spitze des Volkes. Und als die Träger der Lade an den Jordan kamen und die Füße der Priester, die die Lade trugen, das Wasser berührten, ... da blieben die Fluten des Jordan

stehen. Das von oben herabkommende Wasser stand wie ein Wall in weiter Entfernung ... die zum Meer der Araba, zum Salzmeer hinabfließenden Fluten dagegen liefen vollständig ab, und das Volk zog Jericho gegenüber durch den Jordan." (Jos 3, 14–16)
Es beginnt etwas Neues. Das verheißene Land wird betreten. Das ist nur möglich, so macht die Schrift deutlich, weil die Gegenwart des Herrn diesen Durchgang frei macht. Der Weg über den Jordan bleibt Gottes Tat, der der Gehorsam der Menschen und ihr Vertrauen entspricht.

So offenbaren sich der riskante Weg durch die Wüste sowie die Frage nach einem gangbaren Weg ins Land der Verheißung als Lernweg des Glaubens für das Volk Gottes. Immer wieder neue Rückfälle in den eigenen Unglauben, also in das Murren und in die Rückkehrgelüste in das Land der Sklaverei halten Gott nicht auf. Vielmehr hält er an seinem Weg fest, und er hält sein Volk aus. Damit aber formt er Menschen, die die Verheißung und die Vision des verheißenen Landes auch durch die Wüste hindurchtragen.

Die Überlegungen dieses Buches tragen sich ein in diese vom alttestamentlichen Befreiungsweg gezeichnete Perspektive. Sie sprechen von einer Vision: dass Gott dabei ist, seine Kirche durch die Wüste hindurch spirituell zu erneuern und so in das verheißene Land zu führen. Den Weg über den Jordan können wir nur gehen in der Gewissheit der Gegenwart des Herrn. Geht es zum einen also darum, die Erstlingsfrüchte zu sichten, die erste Einblicke und Spuren auf die verheißene Wirklichkeit ermöglichen, sollen dann – nach den deutenden Erwägungen des zweiten Teils – abschließend Perspektiven eröffnet werden, wie wir in diesem Neuland Volk Gottes sein können. Dazu werden Fäden aufgenommen und verknüpft, die sich uns in den Kundschafterberichten und Deutungsversuchen zugespielt haben.

Eine erste – wenn auch unvollständige – Agenda des Handelns im verheißenen Land kann so entstehen.

Prolog

Strategischer Nachtrag: Jericho – der spezifische Kampf um die Verheißung

„Ich meine, dass man um die Vision auch kämpfen muss – sie kommt nicht einfach von allein daher. Was heißt es, in das verheißene Land einzutreten? Was heißt das für dich: kämpfen?", so hält mir ein Freund im Gespräch entgegen. In der Tat. Es geht nicht so glatt. Um das verheißene Land muss gerungen werden. Aber gibt es eine spezifische Weise dieses Kämpfens? Oder ist es einfach nur ein langes Ringen und Niederringen, damit jemand sich mit seiner Vision endlich durchsetzt?

Beim Nachsinnen über diese nicht unwichtige strategische Frage kommt mir die Geschichte der Landnahme in den Sinn, wie sie paradigmatisch im Buch Josua beschrieben wird: Die Eroberung Jerichos (Josua 6). Für das Volk Gottes damals – wie für die Kirche heute – steht die Frage an, in welcher Weise die zukünftige Gestalt der Kirche, die sich visionär zu sehen gibt, durchgesetzt werden kann, oder besser: wie sie sich durchsetzt.

Diese Frage ist strategisch von entscheidender Bedeutung: Kann die pastorale und kirchliche Zukunft angeordnet und durchgesetzt werden? In einer Zeit administrativer Pastoral der Gestaltwahrung konnte man diesen Gedanken durchaus pflegen – und der Versuchung, „von oben nach unten" neue Ideen durchzusetzen und umzusetzen, sind nicht wenige erlegen. Ja, erlegen, denn immer wieder stellte sich heraus, dass mit Beschlüssen und Thesen, mit Umsetzungsbestimmungen und mit pastoraler Briefpost, ja mit gut gemeinten Projekten sich letztlich die Pastoral nicht nachhaltig änderte.

Umgekehrt ist der Versuch, neue Ideen auf lokaler Ebene durchzusetzen, häufig mit heftigem Widerstand konfrontiert – es ist ja nicht so, dass alle begeistert „auf eine neue Art Kirche sein" wollen. Ganz im Gegenteil. Die Rezeptionsgeschichte manch guter Idee – ich denke an das „BibelTeilen" – ist zunächst die Geschichte eines siegenden Widerstandes gewesen.

Von daher stellt sich die Frage, wie und auf welche Weise der Kampf um die Vision gelingen kann. Die bestandswahrenden Reaktionen des ortsgemeindlichen Immunsystems auf pastorale Planungen – haben sie denn einmal die Hürde der ebenfalls nicht sonderlich rezeptiven pastoralen Akteure genommen – sprechen eine deutliche Sprache: Bei der Frage des rechten Kampfes geht es um die Zukunftsfrage schlechthin.

Deswegen kann die pastoraltypologische Auslegung der Geschichte von der Eroberung Jerichos wichtige Hinweise auf den aufzunehmenden Kampf geben:

Der Schritt über den Jordan und die Eroberung Jerichos entspringen – und das ist eine erste Beobachtung – keiner Vision der Machtentfaltung und der Machbarkeit. Sie entspringen dem Weg Gottes mit seinem Volk und sind mithin Handlungen aus gläubigem Gehorsam und Vertrauen auf die Verheißung. Josua bekommt den Auftrag, den Weg des Mose nun zu Ende zu gehen:

„Mein Knecht Mose ist gestorben. Mach dich also auf den Weg und zieh über den Jordan hier mit diesem ganzen Volk in das Land, das ich ihnen, den Israeliten, geben werde. Jeden Ort, den euer Fuß betreten wird, gebe ich euch, wie ich es Mose versprochen habe." (Jos 1, 2f)

Sowohl die Vision des verheißenen Landes als auch der Weg in dieses Land samt der Überwindung großer Hindernisse sind strikt zu verstehen göttliches Angebot und göttliche Möglichkeit – und daher ein spiritueller Prozess. Die Wahrnehmung der Verheißung ist ein Hinhören auf Gott; die Verwirklichung spielt sich dialogisch ab. Immer dann, wenn das Volk von dieser Beziehung absieht, steht es vor dem Untergang.

Für unsere pastoralen Überlegungen bedeutet das, dass sie in einem strikten Sinne aus dem Dialog mit dem lebendigen Gott erwachsen – und zwar in doppelter Hinsicht: zum einen ist die Vision selbst keine Fortentwicklung pastoraler Verhältnisse der Gegenwart, sondern eine überraschende und ungeahnte Neuheit aus der Hand Gottes, zum anderen kann das „Eintreten" in diese

Prolog

Vision nicht gelingen, wenn nicht der Moment dafür gekommen ist. Zudem hängt dieser Augenblick nicht an den Möglichkeiten des Volkes Gottes, sondern am Handeln Gottes selbst.

Dies wird noch deutlicher, wenn wir nun die in vieler Hinsicht bemerkenswerte Geschichte der Eroberung Jerichos betrachten. Hier bündeln und verdichten sich die schon genannten Gesichtspunkte auch für unsere Situation noch einmal:

„Sieh her, ich gebe Jericho und seinen König samt seinen Kriegern in deine Gewalt. Ihr sollt mit allen Kriegern um die Stadt herumziehen und sie einmal umkreisen. Das sollst du sechs Tage lang tun. Sieben Priester sollen sieben Widderhörner vor der Lade hertragen. Am siebten Tag sollt ihr sieben Mal um die Stadt herumziehen, und die Priester sollen die Hörner blasen. Wenn das Widderhorn geblasen wird und ihr den Hörnerschall hört, soll das ganze Volk in lautes Kriegsgeschrei ausbrechen. Darauf wird die Mauer der Stadt in sich zusammenbrechen ..." (Jos 6, 2–5)

So geschieht es auch. Die Schrift wird nicht müde, die genaue Ausführung dieser Befehle des Herrn zu beschreiben, womit noch einmal das gehorsame Handeln des Volkes Gottes beschrieben werden soll. Worin genau besteht das Handeln des Volkes? Vor allem in der Treue und in der Beharrlichkeit des Wartens. Es rennt nicht gegen die unbezwingbaren Mauern an, sondern wartet wachsam auf den Moment. Es bleibt bei der Sache, umkreist sie – in der Gegenwart des Herrn. So spielt sich die Zukunft von selbst zu, denn nicht der Schall der Hörner lässt die Mauern einstürzen, sondern die Gegenwart Gottes in der Mitte seines Volkes. Warten ist hier ein spirituelles Geschehen, ein Wachsam-Sein in der Gegenwart des Herrn.

Diese Erkenntnis ist auch für unseren Zusammenhang einer Kirche, die über den Jordan geht, von großer Bedeutung. Die „Umsetzung" der Visionen geschieht nicht im Rückgriff auf administrative Verhaltensmuster und auch nicht durch Verordnung neuer Pastoralstrategien. Die Strategie schlechthin ist die Treue zur Vision und die engagierte Wachsamkeit, die mit Gottes Handeln rechnet. Sie ist ein Umkreisen der verheißenen Wirklichkeit im Wissen darum, dass die Verheißung sich im rechten Augenblick, im Kairós, erfüllt.

In diesem Sinne ist eine spirituelle Pastoral des Hinhörens auf die Verheißungen, der Aussendung von Kundschaftern, der Treue zur Vision und der engagierten Wachsamkeit im Warten auf den Kairós gefordert. Sie ist der eigentliche geistlich gegründete Kampf, der auszufechten ist angesichts der Versuchungen revisionärer Deutungen, die in uns drohen.

Die Kundschafter des Neuen hören!

Ihr seid die Zukunft der Kirche

Bis heute erstaunt mich diese Aussage, ob sie nun von Papst Benedikt, von Papst Johannes Paul II. oder von Chiara Lubich kommt. Es hat einige Zeit gebraucht, bis ich sie verstanden habe. Denn zum einen kann diese Aussage ganz banal verstanden werden: Na klar, die jungen Menschen werden die sein, die in Zukunft die Kirche zu tragen haben. Doch dann mischte sich immer ein Gedanke ein: „Aber wo sind sie? Gleich nach der Firmung sind die Jugendlichen nicht mehr auffindbar im gemeindlichen Leben – das christliche Leben hat sie gar nicht wirklich angezogen." Und ich erinnere mich gut, dass ich selbst noch vor wenigen Jahren von der „Fledermauspastoral" gesprochen habe.[1]

Aber immer mehr geht mir auf, dass diese Aussage auch ganz anders gedeutet werden kann, und dann ist sie in der Tat sehr wichtig. Die Jugendlichen sind die Zukunft der Kirche, weil man an ihrem Glauben und ihrer praktischen christlichen Existenz ablesen können wird, wie Kirche sein wird. Die jungen Menschen bezeugen also durch ihre Gestaltung des Christ-Seins eine Vision des Geistes Gottes von der Kirche von morgen.

Dann bräuchten wir also lediglich genau hinzuschauen und wahrzunehmen und zu würdigen, in welche Richtung der christliche Glaubensweg der jungen Menschen sich entfaltet, um herauszubekommen, welche Perspektiven sich für das Kirche-Sein ergeben.

Da fällt zunächst eine durchgehende Erfahrung auf: Offensichtlich kann die überwältigende Mehrheit der jungen Christen

Ihr seid die Zukunft der Kirche

mit der uns bekannten Wirklichkeit der Ortsgemeinden nur herzlich wenig anfangen. Sollte es also nicht an den Pfarrern und an den Gemeinden liegen, dass die Eucharistiefeiern von jüngeren Menschen nicht geschätzt werden? Wie kann es sein, dass die meisten jungen Christen mit der zentralen Feier des Glaubens nicht viel anfangen können?

„Die Eucharistie ist langweilig für die jungen Menschen in Peru", hörte ich neulich von einem jungen Gast aus diesem Land, der vor dem Weltjugendtag in unsere Pfarrei gekommen war. Wie sich die Zeichen der Zeit doch gleichen – wir stehen auch als Kirche und Weltkirche vor denselben Herausforderungen. Und ich erinnere mich noch sehr deutlich an Ergebnisse einer Umfrage unter jungen Christen, aus der deutlich hervorging, dass das „kirchliche Leben" vor Ort den jungen Menschen wenig bis gar nichts bedeutet – Ausnahmen bestätigen die Regel.

Nehme ich nun die Aussage der Päpste ernst, dann sagt mir diese erste Beobachtung viel über die Zukunft der Kirche. Es lässt sich deutlich erkennen, dass die bisher so bewährte Gestalt der Ortsgemeinde in einer tiefen Krise steht: Sie findet keine Nachfolger mehr. Nirgendwo ist das so deutlich wie in der Eucharistiefeier. Offensichtlich bedeutet sie den jungen Menschen nicht sehr viel. Und das liegt eben nicht zuerst an der Gestaltung dieser Feier, wie man noch in den siebziger Jahren dachte und zuweilen bis heute denkt, sondern eher an der besonderen Glaubenssituation der jungen Menschen. Sie sind in der Regel Suchende, Getaufte, die noch keine oder nur sehr anfanghafte Erfahrungen mit dem Gott Jesu Christi gemacht haben. Sie sind werdende Christen, Katechumenen.

Und sie sind so ehrlich, es zu sein. Möglicherweise trifft dieser katechumenale Status auch auf die meisten der erwachsenen Christen zu. Doch die Jugendlichen, die nicht mehr durch gewachsene Traditionen geprägt sind, leben diesen Status unbefangen aus. Hier wird der Paradigmenwechsel deutlich, vor dem wir stehen: Die vorfindlichen Ortsgemeinden setzten weithin – kon-

Die Kundschafter des Neuen hören!

trafaktisch – das gewachsene und geprägte Christ-Sein voraus, in das Kinder und Jugendliche nur noch hineinsozialisiert werden müssten. Doch diese Sozialisation funktioniert so nicht mehr. Mithin gerät auch die gewachsene Gestalt der Ortsgemeinde in eine tiefe Krise. Die Eucharistie als Höhepunkt des Kirche-Seins und ihr Quellort ist für suchende, und vor allem für junge suchende Menschen kein Ort, an dem sich diese Suche erfüllen könnte – und deswegen kommen sie nicht. Die Gruppen in den Gemeinden sind überaltert, die Jugendgruppen – sofern es sie denn gibt – zu wenig profiliert für Suchende und damit auch nicht attraktiv. Die Sakramentenpastoral kann weithin nur ein Impuls sein für den Suchweg – immer problematischer wird die herkömmliche Verbindung von Katechese und Initiationssakrament. All diese Problemfelder sind nicht unbekannt, aber bisher gelang es weithin nicht, diese Krise positiv zu würdigen.

Dies genau aber tun die Päpste Johannes Paul II. und Benedikt XVI. mit ihrer Aussage. Darum gilt es, genauer hinzuschauen auf diese Zeichen der Zukunft.

Eine erste Beobachtung mag überraschend sein: Offensichtlich suchen junge Christen – oft intensiver als Gemeindechristen klassischer Prägung – eine lebendige Erfahrung der Kirche. Kirche ist keine institutionell fassbare Selbstverständlichkeit, die sich in einem routinierten Programm erschöpft, sondern Kirche ist eine Erfahrung der Gegenwart Gottes, der Menschen sammelt und vereint, der eine Welt ohne Grenzen, eine Zivilisation der Geschwisterlichkeit und der Liebe möglich macht.

Während besorgte Gemeindechristen und Theologen vor einer Eventisierung des Glaubens warnen, gilt es unbefangen wahrzunehmen, wie sehr die Erfahrungen der Weltjugendtage, eines Bistumstages oder einer Woche in Taizé junge Menschen auf ihrer Suche fördern und begleiten. Dies als Massenphänomen zu denunzieren und kritisch zu belächeln, wird dem ekklesiologischen Ernst der Lage nicht gerecht. Junge Menschen erfahren hier eine bestimmte Qualität des Miteinanders, des Gebetes, des Sin-

Ihr seid die Zukunft der Kirche

gens, des Sprechens miteinander, und mit wachem Instinkt erspüren sie die Gegenwart Gottes. Es gibt also ein hohes Bedürfnis nach einer Kirchenerfahrung, die existenziell ist – einer Erfahrung des Auferstandenen in der Mitte der Jünger, die sich deutlich unterscheidet von den häufig sehr ernüchternden Erfahrungen zu Hause. Was man eben von Taizé oder von einem Weltjugendtag in Köln nicht mitnehmen kann, ist zugleich das Wertvollste, was Kirche zu Kirche macht: SEINE unaussprechliche und doch so wahrnehmbare Gegenwart unter den Menschen. Dort, wo Jugendliche diese Erfahrung finden und von ihr berührt werden, sind sie eben nicht – wie man ihnen unberechtigt vorwirft – beliebig und bindungsunfähig, sondern engagiert und begeistert.

Die Rede von Beliebigkeit und Bindungsunfähigkeit ist eine unbedachte Rede, denn sie wirft jemandem vor, zu anspruchsvoll zu sein. Der Anspruch an Kirche, Glauben und Rede von Gott ist höher geworden. Es reicht nicht zu behaupten, man sei Kirche in all ihren Vollzügen. Wo dies nicht erfahrbar ist, wird abgewählt. Doch dort, wo die Gegenwart des Auferstandenen in der Praxis der Gemeinschaft erfahrbar wird, und also Kirche da ist, wird sie immer Menschen, die auf der Suche sind, binden können. Und diese Erfahrung ist nicht territorial ortsgemeindlich gebunden, sondern existenziell. Kirche ist ein Ereignis, nicht zuerst tradierte Vorfindlichkeit.

Erstaunlicherweise verlassen also die jungen Suchenden jene riskante Reduktion der Ekklesiologie auf die Ortsgemeinde und bringen wieder das Kirche-Sein im weiten Sinne in sein Recht. Die provinziellen Verkleinerungen auf die Gemeinde vor Ort sind nicht die Perspektive jugendlicher Kirchenspiritualität. Gewiss auch nicht die „Institution Kirche", sondern – ganz in der ekklesiologischen Logik unserer Kirche – die Erfahrung, die durch sie freigesetzt wird und der die Kirche als Institution dient.

Eine zweite Beobachtung schließt sich unmittelbar an. Jene „Acht Minuten Schweigen", von denen im Zusammenhang mit Taizé noch die Rede sein wird, sind eine Herausforderung an die

Kirche, die Suchsituation der jungen Christen wahrzunehmen. Sie sind kein Einzelfall: „Das Wichtigste bei der Firmvorbereitung waren für mich die Gottesdienste, die wir miteinander gefeiert haben", so der Tenor vieler Rückmeldungen von Firmbewerbern und Katecheten. Seit einigen Jahren schon feiern wir in jeder Kommunion- und Firmkatechese Gottesdienste, in denen das Schweigen seinen Platz hat. Es sind einfache Gottesdienste, eben keine Eucharistiefeiern, aber im Zentrum steht eine Zeichenhandlung des Glaubens, eine Zeit der Stille, ein Raum zum Hinhören. Ist die Eucharistie der Höhepunkt des gesamten kirchlichen Lebens und ihre Quelle, so ist doch auch wahr, dass es einen langen Weges des Hineinwachsens braucht. Und gerade diese Feiern finden eine hohe Resonanz, nicht nur in Taizé, sondern auch bei der Jugendvesper, die zweimonatlich in unserem Bistum gefeiert wird – und ähnliche Erfahrungen gibt es viele.

Die Kirche der Zukunft braucht also die Kreativität ihrer eigenen Tradition und eine lange Geduld, damit junge Menschen einen Zugang zum Geheimnis Gottes finden können. Und nicht nur junge Menschen. Sie sind nur der Indikator für ein Bedürfnis nach dem Eintauchen in eine Liturgie, die der Suchbewegung vieler Menschen entspricht, weil sie ihnen einen Zugang zum Geheimnis Gottes eröffnet und einen Weg bahnt. Ich bin davon überzeugt, dass auch suchende Menschen dann einen Zugang zur Eucharistie finden, wenn sie dem Gott Jesu Christi begegnet sind.

La stella cometa

Der Weltjugendtag in Köln. Ich bin nicht direkt dabei, sondern kann in meinem Urlaub alles über das italienische Fernsehen verfolgen. Der „GMG" (dt. „WJT") ist das Hauptthema aller Nachrichtensendungen. Viele Liveübertragungen – und immer wieder Interviews mit Jugendlichen, meist sympathischen Italie-

La stella cometa

nern mit ihren charakteristischen Pilgerhüten, die ja fast ein Zehntel der Pilger stellen. „Was ist für euch der Weltjugendtag?" „Eine Gelegenheit, meinen Glauben zu vertiefen – eine Begegnung mit Benedikt XVI. Er ist – wie Papst Johannes Paul II. – der Stern mit dem Kometenschweif (la stella cometa), der uns Orientierung auf unseren Weg mit Christus gibt ..."

Solche Aussagen machen immer etwas sprachlos, aber sie regen zum Nachdenken an, wie auch der Applaus, der immer dann aufbrandet, wenn Papst Benedikt von Papst Johannes Paul II. spricht. Diese enge Verbundenheit des verstorbenen Papstes mit den jungen Menschen ist überall greifbar und spürbar. Auch der neue Papst wird von den Jugendlichen gefeiert. Wie bei Papst Johannes Paul II. sind seine Predigten alles andere als leichtgewichtig oder vermittelnd. Sie sind lang, sie sind herausfordernd, und sie würdigen den Idealismus der jungen Menschen. Sie sind kirchlich und führen ein in eine christliche Praxis aus dem Evangelium – und sie kommen an. Wie kommt das? Wo doch sonst alle Aussagen der Kirche und der Päpste in den Medien genüsslich kritisiert werden. Eigentlich dürfte Papst Benedikt keine Chance haben ...

Schon im April hat diese Verbundenheit zwischen Papst und jungen Menschen alle, vor allem aber die kritischen Geister innerhalb der Kirche, überrascht. Der als konservativ geltende Papst stirbt, und immer mehr junge Menschen sammeln sich auf dem Petersplatz, um mit und für ihn zu beten. Nach seinem Tod setzt eine spontane Wallfahrt ein, die über zwei Millionen Menschen auf den Petersplatz und nach Rom führt. Personenkult? Starkult?

So einfach darf man es sich nicht machen. Offensichtlich spielen hier andere Erwartungen eine gewichtige Rolle. Denn diese Erfahrungen stehen nicht isoliert in der Landschaft.

Jeden Abend – bis zu seinem gewaltsamen Tod – setzte sich zum Ende des Abendgebets Frère Roger an die Seite der großen Kirche in Taizé, und es bildeten sich lange Schlangen vor einem alten Mann, der einem unglaublich gütig ins Gesicht lächelte,

Die Kundschafter des Neuen hören!

nichts sagte, segnete. Oft brachen seine Mitbrüder diesen Moment persönlicher Segnung ab, weil er zu lange zu dauern drohte: Katholiken, Protestanten, Suchende – was fanden sie bei diesem Mann, den sie oft kaum kennen konnten?

Und ich erinnere mich an die ersten Begegnungen von Jugendlichen meiner vorherigen Pfarrei mit Pater Stefano aus S. Antimo. Damals war ich erstaunt, wie es ihm gelang, die Jugendlichen mit der Radikalität des christlichen Glaubens zu konfrontieren, ohne dass die Jugendlichen ihn für verrückt hielten. Ganz im Gegenteil suchten sie die Begegnung mit ihm immer wieder. Und seit drei Jahren kommt Pater Stefano auch im Winter für ein Wochenende nach Deutschland. Was fasziniert Jugendliche an ihm?

Eine erste Antwortperspektive erschließt sich mir in den persönlichen Kurzgesprächen zur Firmanmeldung, die ich mit den Bewerbern führe. Jeder und jede Jugendliche sind zur Firmvorbereitung eingeladen – die Anmeldung geschieht in einem kurzen persönlichen Gespräch, in dem wir einander kennen lernen und ich durch ein paar Fragen die Glaubenssituation des Einzelnen in den Blick nehmen kann. In diesem Jahr stelle ich die Frage: „Wer hat dir in deinem Leben vom christlichen Glauben erzählt?" Die Antworten sind natürlich sehr verschieden, aber häufig wird deutlich, dass die Eltern der Jugendlichen ihren Kindern wenig vom Glauben erzählen konnten. Am ehesten sind es noch die Lehrer, oft auch die Großeltern.

„Unser Relilehrer ist ganz überzeugt vom Glauben. Das ist der beste Reliunterricht, den ich je gehabt habe ..." schwärmt mir eine Jugendliche vor. „Er hat immer eine eigene und sehr begründete Meinung, aber er öffnet uns auch Wege, die eigene Position zu entwickeln", fährt sie fort, und leiht sich von mir ein theologisches Buch aus. Doch weithin ist das nicht der Normalfall. Mag der Religionsunterricht auch noch so gut sein, entscheidend für die Schüler ist die Frage, ob der Lehrer, die Lehrerin, auch mit ihrer Existenz für seine Erkenntnis einsteht. Das sind dann jene Lehrerinnen und Lehrer, von denen Schüler begeistert sind.

La stella cometa

In Glaubensfragen, so resümiere ich für mich die vielen Gespräche mit Firmbewerbern, sind junge Menschen oft sehr alleingelassen. Sie begegnen vielen Erwachsenen, die sich ihren eigenen Glauben zurechtgestrickt haben, vielen, denen der christliche Glaube nicht mehr so wichtig ist – aber kaum jemandem, der ihnen ein Vorbild, ein Wegbegleiter ist. Eher heißt es: „Das musst du selbst entscheiden – du musst dir selbst ein Bild machen." Diese Aussage hat etwas Wahres. Keine Frage, dass jeder und jede seinen persönlichen Weg im Glauben gehen muss.

Aber dort, wo mit dieser Aussage auch Orientierung an gelebter Existenz verweigert wird, reicht es offensichtlich nicht. Es ist genau das, was Jugendliche berichten, wenn sie von ihren eigenen gelegentlichen Gottesdiensterfahrungen am Sonntag berichten: „Die Leute, die im Gottesdienst sind, sind gar nicht richtig dabei. Sie sind nicht begeistert, sie leiern die Gebete nur so runter. Das klingt nicht echt. Sie haben überhaupt kein Interesse an echter Begegnung" – so pauschal das formuliert wird und deswegen auch sicher zu differenzieren ist, so deutlich macht es doch auch, dass gerade in der alltäglichen Praxis der Ortsgemeinden kaum Leitbilder zu entdecken sind.

Ging es mir nicht in meiner Jugend schon genau so? Das Glaubenszeugnis meiner Ortsgemeinde verwirrte und ärgerte mich. Ich erinnere mich noch sehr genau daran, wie sehr mich die Mittelmäßigkeit des Lebens der Christen störte: „Die Botschaft des Evangeliums gefällt mir, aber ich sehe keine Menschen, die sie leben. Was in unserer Gemeinde geschieht, das ist unglaubwürdig" – das hielt ich damals, um 1980, meinen Eltern vor, die eine rechte Antwort darauf nicht wussten.

So verwundert es keineswegs, wenn gerade der Papst, wenn gerade „Heilige" wie Frère Roger oder Mutter Teresa den jungen Menschen so nahe stehen und so wichtig sind. Kleine und große Vorbilder sind Menschen, die für das stehen, was sie sagen und ihr Leben dafür einsetzen – und an denen man sich orientieren kann. Und dies keineswegs unkritisch. Aber genau das bietet ein Vorbild ja. Orientierung an einem Vorbild nehmen heißt ja keineswegs, genau dasselbe zu tun, sondern einen Fixpunkt und eine Positionsbestimmung geschenkt zu bekommen, an der man sich reiben und seinen eigenen Weg messen kann. Solche „Leuchttürme", eine solche „stella cometa" sind Geschenke auf dem Lebensweg.

Ein weiteres Beispiel? Ich komme zu einem Taufgespräch mit einer sehr jungen Mutter. Den Namen des Vaters hat sie nicht angegeben: „Er kann kein wirklicher Vater sein – er stellt sich das Leben anders vor", höre ich die Mutter deutliche Worte sagen. Wir kommen über die Taufe ins Gespräch: „Sie haben sicher ihre eigene Taufe nicht in Erinnerung ...", beginne ich den Dialog. „O doch, ich bin erst mit sechs Jahren getauft worden ... Meine Eltern waren beide katholisch, aber sie wollten, dass ich mich selbst entscheide ..." Und ich frage nach: „Wie haben sie dann ihre Eltern im Glauben erzogen und geprägt?" „Gar nicht – sie haben mir alles selbst überlassen. Aber meine Oma, mit der habe ich viel gebetet und die hat mir viel erzählt ..." „Wie wollen Sie es denn machen, wie Ihre Eltern oder wie Ihre Oma?", frage ich weiter. Ein erstaunter und doch klarer Blick: „Natürlich wie meine Oma ..."

Heilige als Vorbilder, Großmütter, die Orientierung geben, starke charismatische Persönlichkeiten, die radikal den Glauben bezeugen, und der Papst als „Stern, der uns Orientierung auf dem Weg zu Christus gibt." Eine eigentümliche Deutung des Logos vom vergangenen Weltjugendtag, der vielen Aufgeklärten möglicherweise den Schweiß in die Stirn treibt. Sind die Jugendlichen unkritisch und gefährdet, dem Charme von Gurus zu erliegen? Nach meinem Empfinden ist das keineswegs so. Wahr aber ist, dass der Glaube bezeugt werden muss durch die ganze Persönlichkeit. Erst dann gewinnt das, was jemand sagt, Glaubwürdigkeit. Den Glauben entdecke ich durch die Person, die ihn mir bezeugt.

„Unsere Zeit hört mehr auf Zeugen als auf Lehrer", sagte schon Ende der sechziger Jahre Papst Paul VI. Er hat Recht behalten. Es ist offensichtlich ein Problem der älteren Generation,

Die Kundschafter des Neuen hören!

glaubwürdige Autorität mit der Angst zu verbinden, hier würde mir autoritär ein Weg vorgegeben. Diese Sorge kennen die jungen Menschen offensichtlich nicht. Die autoritären Positionen längst versunkender Milieuwirklichkeiten sind ihnen in Glaubensfragen fremd. Der Verzicht auf klare Orientierung und Vorgabe und die irrationale Angst vor überzeugten und überzeugenden Zeugen hat die Glaubensweitergabe in unseren Breiten stark geschwächt. Sie hat viele Menschen allein gelassen auf ihrer Suche. Und umgekehrt gilt für eine Kirche jenseits des Jordan: Sie braucht die starken Zeugen.

Sant'Egidio in Lilienthal

Ich bin eingeladen. Der Anlass ist mein Buch: „Wir haben Ihre ‚Sieben fette Jahre' gelesen ... und würden gerne mit Ihnen darüber sprechen, was das für uns bedeuten kann", erklärt mir der Vorsitzende des Pfarrgemeinderates. Auf der Fahrt denke ich nach. Ich möchte kein reisender Autor sein, lieber ein Berater aus dem Fachbereich Verkündigung.

Der Fachbereich Verkündigung im Bischöflichen Generalvikariat Hildesheim, den ich leite, steht für die Zukunftsentwicklung der Sakramentenpastoral, für die Weiterentwicklung kleiner christlicher Gemeinschaften, für den Katechumenat und verwandte Themen. Gemeinsam mit einem Kollegen sind wir häufig unterwegs und versuchen, Gemeinden auf ihrem Zukunftsweg zu begleiten. Es geht darum, wahrzunehmen und zu erkennen, welche Verheißungen in der pastoralen Situation zu sehen sind. Was Gott uns zeigt und sehen lässt – es geht um die Entwicklung einer visionären Pastoral. Mir, uns ist klar, dass ohne eine starke Vision sich niemand auf den Weg machen wird und ohne eine Visionsgemeinschaft keine Zukunftsprojekte entwickelt und Kundschafterwege gegangen werden.

Die Kundschafter des Neuen hören!

Ich werde freundlich empfangen an diesem Samstag. Ein Studientag des Pfarrgemeinderates, bei dem ich einiges beitragen kann, an dem ich selbst aber gegen Ende sehr beschenkt werde. „Wir möchten unser Firmkonzept vorstellen – vielleicht können Sie dazu etwas sagen?", werde ich eingeladen.

Ich höre zu. Vor nicht allzu langer Zeit war Bischof Josef Homeyer in der Pfarrei gewesen zur Visitation. Am Ende hatte er nur einen Satz an diese reiche Pfarrei des Bremer Speckgürtels – eine Nachbarpfarrei von Achim übrigens – gesagt: „Vergesst die Armen nicht!" „Mir ging dieser Satz nicht mehr aus dem Sinn. Zuerst wusste ich nicht, was wir damit anfangen könnten. Dann aber habe ich mich mit einigen Freunden aus der Gemeinde umgesehen. Und wir sind auf die Gemeinschaft Sant'Egidio gestoßen ...", erzählt mir der Vorsitzende des PGR. Besuche in Rom und Würzburg, dem deutschen Zentrum der Gemeinschaft, folgten. Und so begann eine kleine Gruppe, regelmäßig Menschen in Altersheimen zu besuchen. Der Geist dieses Tuns, so erkenne ich aus der Erzählung, entspricht auch ganz meinen Erfahrungen mit Sant' Egidio. Immer wieder höre ich dort und jetzt auch hier in Lilienthal das Wort „Freundschaft" heraus. Die Freundschaft mit den alten Menschen und das Gebet, das regelmäßig seit einiger Zeit in der Pfarrkirche „Guter Hirt" stattfindet.

Und die Firmung? „Wir haben folgende Idee: Wir möchten die Jugendlichen einladen, mit uns eine Erfahrung dieser Freundschaft mit den Armen zu machen. Unsere Firmung soll auf zwei Säulen ruhen. Jeder Jugendliche soll über die Zeit der Vorbereitung einen bedürftigen Menschen zum Freund bekommen – Alte, die sie besuchen können, Asylanten, denen sie Deutsch-Nachhilfe geben können, andere Möglichkeiten, die wir noch herausfinden können. Ich denke, wir sind genügend Begleiter, die dafür zur Verfügung stehen ... Und der zweite Akzent sind die Gottesdienste. Alle vierzehn Tage laden wir die Jugendlichen zu einem solchen Gebet ein ... – das ist die Firmvorbereitung."

Mein Mitbruder, der Pfarrer vor Ort, ist etwas kritisch: „Wo bleibt die systematische Katechese?", fragt er. „Jedes Mal, wenn wir Gottesdienst feiern, wird einer von uns zentrale Stellen der Schrift auslegen ...", heißt die Antwort. Reicht das aus?

In mir sind die verschiedensten Gefühle, als ich von diesem Weg höre. Ich bin beeindruckt und hingerissen – ja sogar ein bisschen neidisch. Aus diesem Neid wächst in mir der Gedanke, dass dieser diakonisch-mystagogische Ansatz einer Firmvorbereitung auch für die Situation, in der ich Pfarrer bin, ein wichtiger Hinweis ist. Aber vor allem staune ich und bin begeistert. Sehr schlüssig erscheint mir diese Überlegung. Und natürlich bin ich gespannt, was daraus wird.

Es ist zunächst der diakonische Akzent, der mich anspricht. Ich erinnere mich noch gut, dass – in der Endphase der Erarbeitung des Orientierungsrahmens für Sakramentenpastoral in unserem Bistum – Bischof Josef eindringlich danach fragte, wo denn im Rahmen einer stark liturgisch orientierten Mystagogie die Diakonie ihren Platz habe? Damals konnte ich keine Antwort geben – auch die vielen Mitredakteure nicht. Mir blieb nur zu sagen: „Herr Bischof, offensichtlich haben wir im Augenblick noch keine Erfahrung mit einer diakonischen Sakramentenpastoral – bevor wir etwas schreiben, müssten wir Erfahrungen sammeln."

Bestimmt gab es solche Erfahrungen auch in einer klassischen Sakramentenpastoral. Immer wieder hörte ich von „Gemeinde- und Sozialpraktika" während der Vorbereitung – aber tatsächlich sind solche Praktika „Als-ob-Situationen", nicht aber ein Grundakzent der Vorbereitung. Das kann eigentlich nicht gemeint sein. Überzeugend ist es für mich jedenfalls nicht.

Ganz wichtig erscheint mir an den Lilienthaler Überlegungen auch, dass für die genannten Firmbegleiter dieser Ansatz der Firmvorbereitung nichts anderes ist als die Weitergabe dessen, was für sie in ihrem eigenen Glauben Praxis geworden ist. Hier wird nicht ein Konzept übernommen und angewandt, sondern Erwachsene bezeugen hier den Jugendlichen ihren Weg.

Die Kundschafter des Neuen hören!

Ist es nicht häufig ein Fehler unserer rastlosen und letztlich doch ratlosen Firmpastoral, dass häufig neue Modelle und Überlegungen „angewendet" werden, die nicht wirklich Zeugnis derer sind, die als Katecheten mitwirken? Ein wichtiger Hinweis, der mir überall begegnet: Erfahrungen und Modelle, die sich dann in intelligenten Werkmappen wiederfinden, arbeiten mit der Illusion und mit der letztlich unzulässigen Abstraktion, dass Glaubensweitergabe – pädagogisch hervorragend aufbereitet – auch unabhängig vom Zeugnis der Wegbegleiter und „Katecheten", die ja „nur" anleiten sollen, gelingen kann.

Hier in Lilienthal ist es anders, und ich bin gespannt, wie es funktionieren wird. Ein paar Monate nach Beginn der Vorbereitung rufe ich an. „Wie geht es euch, wie verläuft die Vorbereitung?" Am anderen Ende der Leitung sprüht es nur so vor Begeisterung: „Es ist eine tolle Erfahrung. Sie ist gut losgegangen. Stellen Sie sich vor, die Jugendlichen haben wirklich Freundschaft geschlossen mit Personen, die im Altersheim leben. Selbst in den Ferien haben sie sie besucht. Eine Jugendliche sagte zu mir: Wir können sie doch jetzt nicht allein lassen, nur weil wir Ferien haben ..." „Und die Gottesdienste?" „Sie werden es nicht glauben, aber es sind mehr als 120 Prozent der Firmlinge bei den Gottesdiensten. Sie bringen nämlich ihre Freunde mit ..."

Kein Wunder, dass solche Nachrichten neugierig machen. Und so lade ich den Leiter dieses Projektes ein, bei unserem katechetischen Kongress im März 2005 seine Erfahrung zu berichten. Und das tut er auch. Bewaffnet – wie heute üblich – mit Laptop und Powerpoint-präsentation bringt er mit seiner Erfahrung eine echte Begeisterung mit ein, die ansteckend ist und die auch von den katechetischen Profis kritisch gewürdigt wird. Im Mittelpunkt steht eine Dame aus dem Altersheim, die ein schweres Schicksal tragen muss. 11 Jugendliche haben diese eine Dame besucht, so dass sie jeden Tag jemanden hatte, mit dem sie im Gespräch sein konnte. Er erzählt, wie diese Dame von Woche zu Woche neuen Lebensmut bekam. Die Fotos belegten diesen Eindruck.

„Und wo war die Katechese?" heißt die nicht wirklich überraschende Frage nach der Präsentation, die aus professionellem Mund ja nicht fehlen darf. Ganz unbefangen die Antwort: „In den Gottesdiensten hat immer einer oder eine von uns – wie in Sant' Egidio – das Evangelium für die Jugendlichen ausgelegt ..." Fast ungläubiges Staunen auf den Gesichtern einiger Gemeinde- und Pastoralreferenten ... „Und wie ist das methodisch? Was haben die Jugendlichen dazu gesagt? Mussten sie diese Auslegung unkritisch über sich ergehen lassen?" So lauten Nachfragen. Nachfragen allerdings, die der Leiter der Firmvorbereitung so ganz und gar nicht versteht, zumal er ja davon berichten kann, wie viele Jugendliche – mehr als die Firmlinge – zum Gottesdienst kommen.

Im Gespräch danach werde ich noch neugieriger. „Auch nach der Firmung machen wir weiter. Viele Jugendliche sagten, dass die Freundschaft ja jetzt nicht aufhört, nur weil die Firmung stattfindet. Von dreißig Jugendlichen machen zwanzig weiter ..."

Und so läuft alles auf einen Besuch hinaus. Zusammen mit drei Jugendlichen unserer Pfarrei besuchen wir die Gruppe aus Lilienthal. Es ist Sonntagmittag. Wir sind eingeladen zum Mittagessen in Lilienthal und kommen sogar pünktlich an. Wir werden herzlich empfangen und hervorragend bekocht. Und es wird erzählt. „Für uns alle wäre das nichts gewesen, wenn der Pfarrer oder andere so etwas wie Unterricht gemacht hätten. Den Weg, den wir begonnen haben, der hat uns sehr viel gebracht. Nicht nur für die Firmung, sondern für unser ganzes Leben" Die, die es erzählen, strahlen. Sie sind glaubwürdig. Und vor allem fällt mir die Freiheit auf, mit der sie sprechen. Durch die Freundschaft mit den – wie auch immer – bedürftigen Menschen sind sie selbst mehr Persönlichkeit geworden. Das ist überdeutlich. „War es nicht manchmal ziemlich schwierig?", fragen wir. „Ja, es war oft schwierig. Wir haben es ja auch zum ersten Mal gemacht", antwortet uns Dominique, eine lebendige Jugendliche, die gefirmt wurde, „aber wir konnten ja immer einen unserer Begleiter fragen. Wir haben uns dann zusammengesetzt und über die Situation gesprochen." „Nicht nur für euch war es so schwierig – als wir begonnen haben, war auch für uns manches neu. Nur langsam habe ich gelernt, wie ich manches Verhalten deuten soll", führt einer der Begleiter das Gespräch weiter.

Diese Jugendlichen, die sich bis heute alle zwei Wochen zum Gebet und zur anschließenden Begegnung treffen, sind für mich der lebendige Hinweis zukünftiger Sakramentenpastoral, die aus dem Leben der Christen in Lilienthal gewachsen ist. Zum Abschluss fahren wir gemeinsam ins Altersheim und besuchen einige „Freunde". Ich habe noch nie in meinem Leben einen solchen Besuch im Altersheim miterlebt. So viel Lebendigkeit und Freude, ja so viel Freundschaft und Offenheit verbindet man nicht mit Altersheimen ...

Auf der Rückfahrt nach Hildesheim sprechen wir noch lange darüber. Auch in mir hat das Nachdenken noch kein Ende gefunden. Was ich gesehen habe, ist wirklich ein neuer Weg, den Glauben weiterzugeben, indem man andere mit seiner eigenen Leidenschaft ansteckt.

Und wo bleibt die Katechese? Diese Frage, die der Pfarrer, aber eben auch andere, hatten, bleibt bestehen. Allerdings frage ich mich, ob nicht die Predigt so etwas wie eine elementare und anfanghafte Katechese darstellt. Für mich rückt die Frage nach der Glaubensunterweisung allerdings in den Hintergrund gegenüber dem Erleben eines schlüssigen und bezeugten Gesamtweges, der Jugendliche ganz offensichtlich für den Glauben aufschließt und sie begeistert. Und mir kommt in den Sinn, ob hier nicht so etwas wie eine „Elementarisierung" der Glaubenseinführung stattfindet, die gewissermaßen mit einem diakonischen Schwerpunkt das Ganze des Glaubens nachvollziehbar und erlebbar macht und so Menschen zum Geheimnis Gottes hinführt. Natürlich werden, je tiefer die Erfahrung voranschreitet, auch intensivere Katechesen möglich und notwendig werden, denn das erahnte Geheimnis Gottes wird wie von selbst Fragen wecken.

Die Kundschafter des Neuen hören!

Acht Minuten Schweigen

Der Bruder blickt die junge Frau aus Wien an: „Was ist das Wichtigste für Sie hier?" Sie überlegt nicht lange: „Bei uns in Wien ist immer Lärm und Unruhe – für mich sind das Wichtigste hier die acht Minuten Schweigen." Acht Minuten Schweigen? Ich denke kurz nach. Und es fällt mir ein: In jeder der drei Gebetszeiten ist dieser Moment des Schweigens – und offensichtlich hat die Wienerin auf die Uhr geschaut – so etwas wie die innere Mitte des Gebets.

Taizé, 20.52 Uhr. Jeden Abend. Woche für Woche neu. 2500 Jugendliche schweigen. Kein Ton ist zu hören. Während des Sommers nicht mal ein Niesen und Husten, wie es im Frühling üblich ist. Die jungen Menschen, aber auch Ältere und Kinder, sitzen zusammengekauert oder knien, beten in Stille, denken nach, zusammen mit den 80 Brüdern der Communauté, zusammen mit Frère Roger, den ich im Sommer 2005 zum letzten Mal erleben darf. Es macht ergriffen, diese tiefe Stille zu erleben, aber auch das intensive Singen und Beten in dieser großen Hallenkirche, mit dem nackten Teppichfußboden, den Kerzen und der schlichten Dekoration. Und es macht nachdenklich.

Ich bin ein Spätberufener in Sachen Taizé. Natürlich hatte ich immer wieder von Taizé gehört und von Frère Roger Schutz, aber dorthin war ich noch nie gefahren. Im Winter 2002, in den ersten Gesprächen mit jungen Menschen in der neuen Pfarrei, erzählten einige von Taizé und beknieten mich: „Fahren Sie doch hin – wir fahren mit." Und so fuhr ich schon im Frühjahr 2003 zum ersten Mal mit Jugendlichen nach Taizé. Weitere Fahrten – in den Sommerferien danach – folgten. Immer neu war ich fasziniert von der ökumenischen Bruderschaft, von diesem Begegnungsort für so viele Jugendliche, von den Gesprächsgruppen, von den Gebeten, von dem, was dort in den Jugendlichen geschah.

Was geschieht hier eigentlich? Je mehr ich über die Geschichte von Frère Roger und der Communauté von Taizé erfahre und

Die Kundschafter des Neuen hören!

je öfter ich den Brüdern dort begegne, bei jedem meiner drei Aufenthalte dort staune ich mehr über dieses Zukunftslaboratorium des Christ-Seins, das hier durch den Geist Gottes gestaltet wurde und wird.

Das ist keine Übertreibung. Denn in den wenigen Gesprächen mit den Brüdern ist mir deutlich geworden, wie sehr sie selbst spüren, dass Taizé nicht ihr Werk ist, sondern ein Werk des Geistes Gottes, dem man vertrauensvoll dienen kann. Jedes der Gebete, die Frère Roger formuliert, ist durchzogen von diesem Vertrauen. Ja, hier ist nichts „Gemachtes", hier geschieht vielmehr Kirche im ursprünglichsten Sinn – als das wöchentliche Pfingstwunder des Geistes.

Bewegen wir uns von Außen nach Innen: Das Chaos der Ankunft am Sonntag ist kaum zu überbieten. Jede Woche – denn nur eine Woche bleibt man normalerweise in Taizé – treffen im Laufe des Sonntags die 2500 bis 3000 Jugendlichen aus ganz Europa ein. Ein Bienenschwarm an Sprachen, Erwartungen und Hoffnungen. Katholiken, Protestanten, Orthodoxe, Ost- und Westeuropäer, Gläubige und Ungläubige, Suchende und Überzeugte. Manche wissen nicht, worauf sie sich einlassen, manche sind überhaupt nicht vorbereitet auf den Rahmen dieser Tage: kein Shopping, keine Disko – dafür Gebet und geistliche Suche, Begegnung und Gespräch.

Stockend beginnen die Tage. Mit Katechese und Gruppengesprächen, der Arbeit, dem Kloreinigen und Essenkochen. Normales Leben. „Das, was ich hier in Taizé so schön finde, man braucht nicht zu glauben. In unserer Gruppe ist einer, der gesagt hat: Ich glaube nicht, aber ich finde es schön hier", sprudelt eine Jugendliche am ersten Abend heraus. „Das Wichtigste sind die vielen Begegnungen hier", sagt ein anderer, „ich bin mit drei Polen zusammen in einem Zimmer, und ich habe alle Vorurteile über die Polen, die ich habe, in Frage gestellt." Begegnungen in der einen Welt, sich verstehen lernen, geeinte Welt mit ihrer Verschiedenheit und ihrer Chance zu erfahren – wirklich ein Zukunftslabor der Völkerverständigung und der europäischen Einheit, das ist Taizé zunächst.

Diese Erfahrung ist nur denkbar, weil sie getragen wird von den Brüdern von Taizé. Bei den Jugendtreffen sind nur einige von ihnen, erst beim Gebet sieht man sie alle. Doch ohne dieses intensive gottgegebene Leben der Brüder wäre hier nichts. Die Brüder leben ihr Leben aus dem Evangelium auch ohne die Jugendlichen, und weil sie als Gemeinschaft der Versöhnung, des Vertrauens und des Friedens leben, fühlen sich schon seit Generationen Jugendliche angerührt, teilzuhaben an diesem Leben, in dem das Geheimnis Gottes sichtbar wird. Ja, Gott wird berührbar und gewissermaßen sichtbar in diesem Miteinander der Brüder und dann auch der Jugendlichen, die sich hineingezogen fühlen in dieses Leben.

Es ist interessant zu sehen, dass nach manchen Versuchen Frère Roger und seine Brüder darauf verzichtet haben, dieses Leben an anderen Orten in Europa zu installieren. Hier ist es andersherum. Wer ergriffen ist, kehrt immer wieder zurück. Taizé ist ein Ort der Pilgerschaft, eine Zeltkirche im wahrsten Sinne des Wortes, eine Art Karawanserei, durch die viele Reisende hindurchgehen, gestärkt werden, von Gott ergriffen werden ... und weitergehen.

Damit wird hier eine – im Übrigen ökumenische oder vielleicht auch vorkonfessionelle – Kirchengestalt sichtbar, die sich in vielen Merkmalen unterscheidet von der ortsgemeindlichen Gestalt, die wir vor Augen haben, wenn wir an Kirche denken. Es ist eine Kirche auf dem Weg, eine Weggemeinschaft.

Taizé ist ein Ort des Christ-Werdens. Eine Gemeinschaft von Brüdern lebt das Christ-Sein vor und lädt andere dazu ein, an diesem Leben teilzunehmen. Jeder ist willkommen. Was die französischen Bischöfe in ihrem Brief „proposer la foi" nennen, lässt sich hier ablesen. Zum Weg zu Christus wird hier deutlich eingeladen; er wird hier vorgelebt, Wege werden eröffnet, aber niemand wird gezwungen. In dieser Freiheit zum je eigenen Weg fühlen sich die jungen und älteren Menschen, die hier immer wieder herkommen, ernst genommen. Der Schatz der Christusgegenwart wird hier eröffnet, aber es bleibt göttliche Gnade, wie jeder Einzelne sich einlässt auf diesen Weg.

Es braucht diesen Ort, es braucht diese Zeugen, es braucht diese Einladung, und immer mehr braucht es auch die Orientierung. Taizé ist ein Ort des Christ-Werdens gerade auch für die Jugendlichen, die keine milieuhaft geprägte Sozialisation zum Christ-Werden erfahren haben. In dieser Welt leben die meisten Westeuropäer. Vom Glauben und von Gott erzählen immer weniger Eltern ihren Kindern; die traditionellen kirchlichen Formen haben die Christen hierzulande häufig ersatzlos hinter sich gelassen und haben für sich selbst keinen Weg gefunden.

Aber die Sehnsucht nach dem wahren Gott, die gerade in den jungen Menschen sehr lebendig ist, findet keine Orientierung mehr, keine Wachstumsräume. Was einst mindestens formal im katholischen Milieu geschah, findet in den Ortsgemeinden nicht mehr statt. Über eine erste Information reicht die Katechese und der Religionsunterricht oft nicht hinaus, und Zeugen für den Glauben, die auch einen Weg zum Geheimnis des unbekannten Gottes weisen können, finden sich dort nicht viele.

Und genau diese Suche nach Orientierung, nach Zeugen und nach Räumen des Christ-Werdens findet in Taizé eine Antwort:

Ich bin berührt und erschüttert von der Tiefe der Suche so vieler junger Menschen. In ihren Gesichtern lese ich einen spirituellen Hunger. Mich verwundert nicht, dass sie mit den Eucharistiefeiern in unseren Gemeinden wenig anfangen können. Vielleicht liegt das nicht einmal an den Feiern selbst, sondern daran, dass die Sehnsucht dieser jungen Menschen einen langsamen Weg des Wachstums braucht: viele Gespräche, um selbst Orientierung zu finden: Zeugen, die mir durch ihr Leben eine Richtung und ein Ideal zeigen – und auch eine Schule des Gebets, in der ich in die Begegnung mit Gott hineinwachse.

Das alles ist Taizé. Und deswegen ist das Schweigen während der Gottesdienste auch so beredt: es spricht von einem geistlichen Aufbruch der jungen Menschen in Europa. Es spricht auch von

Die Kundschafter des Neuen hören!

einem Abschied. Es ist der Abschied von der konstantinischen Kirchengestalt, in der das Glauben-Lernen gewissermaßen institutionalisierte Formen annahm: von Weitergabe des Glaubens konnte dort die Rede sein; in unserer heutigen Zeit muss man wohl eher von der Weiterbezeugung des Glaubens sprechen: Es braucht Orte gelebter Christusgegenwart, Zeugen, die orientieren und die Bereitschaft, sich auf den eigenen Glaubensweg, wie lang er auch dauern mag, einzulassen.

Viele kommen nach Taizé, viele gehen wieder, manche kommen weiterhin. Für einige bricht in Taizé die Suche ihres Glaubens auf, andere fahren unberührt nach Hause zurück. Taizé ist ein Ort, an dem die „Pilger und Konvertiten" (Danielle Hervieu-Leger) von heute Station machen können. Denn Taizé ist ein missionarischer Ort, an dem zum Glauben eingeladen wird. Es ist eine Einladung, eine Erfahrung des Glaubens, des Gebetes und der Gottesahnung mitzuleben. Voraussetzungslos.

Das Erstaunen ist groß: Die Jugendlichen kommen, beten, schweigen, bleiben auch nachts noch lange in der Hallenkirche von Taizé, um Gott, dem unbekannten und ersehnten, auf die Spur zu kommen. Hier ist seine lebendige Gegenwart spürbar. Zu Hause, in den Ortsgemeinden, eher nicht.

Acht Minuten Schweigen – in welchem Gottesdienst unserer Gemeinden geschieht dies? Offensichtlich ist die erlebte Kirchengestalt am Ort nicht mehr kompatibel mit dem, was Menschen suchen, wenn sie Gott suchen. Fragen der Kompatibilität sind keine Fragen nach Schuld, es geht auch nicht um Bewertungen. Aber: Was bedeutet das für uns?

Eine andere Weise der Katechese

Ende Januar 2003. Wir sitzen zusammen im Wohnzimmer des Pfarrhauses in Hildesheim. 15 Jugendliche, aus Achim und Hildesheim, aus Braunschweig, Paderborn, Hamburg und Münster – zusammen mit Pater Stefano.

Die meisten der Jugendlichen kommen aus Achim, wo ich sieben Jahre lang Pfarrer war. Auf unseren Jugendfahrten waren wir damals Pater Stefano zum ersten Mal begegnet. In einem wunderschön gelegenen Kloster nahe bei Montalcino lebt seit 1980 ein kleiner Konvent der Prämonstratenser. Inzwischen treffen sich hier jeden Sommer 10.000 Pfadfinder zu Tagen religiöser Orientierung. Freunde hatten mir den charismatischen Pater Stefano empfohlen: „Den müssen deine Jugendlichen unbedingt mal kennen lernen." Und sie hatten ihn kennen gelernt. Ich erinnere mich noch sehr gut an die Stunde unter der Eiche, bei der Pater Stefano in seiner unnachahmlichen Art uns den Kern des Christ-Seins erschloss. Es waren deutliche, herausfordernde und radikale Worte gewesen, die ich übersetzen durfte. Anfangs hatte ich Sorge, wie die Jugendlichen damit umgehen würden. Eine Stunde zuhören, klare Worte, starke Fragen – war das nicht zu viel? Sie waren begeistert. Und so kam es, dass wir Jahr für Jahr und immer länger – bis zu einer Woche – in S. Antimo verweilten und eine Katechese nach der anderen von Pater Stefano hörten, miteinander diskutierten, und Freundschaft schlossen ...

Katechese? Sie unterschied sich von den oft gruppendynamisch und pädagogisch ausgefeilten Vorschlägen, die man in der Literatur findet, ganz und gar. Ich sehe vor meinem geistigen Auge das etwas ironische Lächeln der Fachleute. Seit den siebziger Jahren hat sich in einer außerordentlichen Methodenvielfalt ein Normbegriff von Katechese entfaltet, der dem hier erlebten nicht entspricht. Und diese katechetische Dogmatik urteilt zuweilen recht arrogant über ihr fremde Wege.

Denn eigentlich war es ja „nur" ein Vortrag – und doch viel mehr. Die Katechese von Pater Stefano hat den ihr entsprechenden „Ort" und „Raum" gläubiger Existenz. Das gelebte Miteinander unserer Gruppe in der „Abbazia S. Antimo", das Mitfeiern der Gebetszeiten, aber auch die wunderbare und wirklich schöne

Eine andere Weise der Katechese

Landschaft öffneten die Seele und die Sehnsucht der Jugendlichen. Und schließlich ist diese Form von Glaubensverkündigung eng mit dem Zeugnis der Person verbunden. Pater Stefano hat uns vorgelebt, was er sagte, und so konnten wir dann Einsteigen in die Vertiefung des jeweiligen Glaubensgeheimnisses, über das er uns erzählte.

Immer wenn ich Pater Stefano hörte, spürte ich, dass hier jemand mit ganz einfachen Worten und genährt aus der Schrift, die Theologie der Kirche vortrug und den deutschen Jugendlichen half, die Anfänge und Gründe ihres Glaubens zu verstehen.

Katechese ist also nicht zu trennen vom Katecheten, der als glaubwürdiger Zeuge den Suchenden und Interessierten einen – seinen – Zugang zum Glaubensgeheimnis erschließt. Und sie ist nicht zu trennen vom gemeinsamen Lebensraum, in dem sie sich ereignet. Wenn dieser Raum nicht geprägt ist von einer geistlichen Mitte, wird auch die Verkündigung des Evangeliums wortreich-abstrakt bleiben – sie wird das Herz des Hörers nicht treffen.

Zurück in das Wohnzimmer in Hildesheim. Für fünf Tage, zu den so genannten Zeugnisferien Ende Januar, sind wir zusammengekommen, um eine „Schule des Gebetes" zu erleben. Alle übernachten im Gemeindehaus, wir kochen und essen gemeinsam, wir beten. Jeden Morgen um acht Uhr beten wir das Morgengebet, wir haben Zeiten der Stille in der Kirche, wir feiern miteinander Eucharistie – und vormittags und nachmittags hören wir von Pater Stefano einen Impuls zum Gebet.

Eine unvergessliche und intensive Zeit ist uns geschenkt, und sie führt dazu, dass in den nächsten Jahren die Zeugnisferien zu einem wichtigen Treffpunkt werden für suchende Jugendliche. Denn Pater Stefano – den Billigfliegern sei Dank – kommt nun jedes Jahr an einem verlängerten Wochenende zu uns. Zu uns? Interessant ist, dass es nicht zuerst die Jugendlichen der Pfarrei sind, die diese Tage mitleben. Vielmehr kommen Jugendliche inzwischen aus Hildesheim, aber auch aus verschiedenen Orten

Die Kundschafter des Neuen hören!

Norddeutschlands, um diese Tage mitzuleben. Die Anziehungskraft, die diese Tage ausüben, ist einfach zu beschreiben: Jugendliche suchen Orientierung, aber auch einleuchtende Vertiefung ihres Glaubens. Es ist eine Entdeckung, miteinander leben und beten, teilen und diskutieren zu können – und es ist eine Entdeckung des kirchlichen Glaubens. Vor allem im Jahr des Weltjugendtages ist mir das deutlich geworden. Das Programm unseres Wochenendes war der Brief an die Jugendlichen, den Papst Johannes Paul II. vor dem WJT geschrieben hatte. Keiner hatte ihn gelesen, nicht einer kannte ihn – und wir alle waren erstaunt über die Tiefe und Bedeutsamkeit dieses Briefes ...

Am Ende der Tage in Hildesheim war klar: Hier wächst etwas Neues, auch bei uns. Pater Stefano ermutigte mich: „Mach es so wie wir in S. Antimo bei unseren Wochenenden für Jugendliche. Nimm ein Thema und vertiefe es. Lebe mit den Jugendlichen den Glauben ... Die Jugendlichen brauchen nicht aus der Pfarrei zu kommen – wichtig ist, dass es die Suchenden sind. Ich habe auch mit 6 Jugendlichen angefangen. Heute sind es 150." So entstand S. Antimino („Klein-S. Antimo"): Alle zwei Monate treffen wir uns für ein Wochenende im Pfarrzentrum zu einem Thema des Glaubens – wir sind zwischen 10 und 15 Personen, und immer mehr entsteht ein gemeinsamer Suchweg des Glaubens.

Die eigentliche Herausforderung ergeht an mich: Kann ich der glaubwürdige Katechet sein? Traue ich mich, meinen Glauben und mein Glaubensverständnis den Jugendlichen weiter zu sagen? Noch vor ein paar Jahren war ich da eher zurückhaltend. Oft habe ich mir gedacht, dass ich den Jugendlichen die Freiheit der Suche lassen muss. Erst mit Pater Stefano, aber vor allem im Zusammenhang der Weltjugendtage, habe ich begriffen, dass es gerade mein persönliches Zeugnis und mein Versuch der Glaubenserklärung ist, der den Jugendlichen Orientierung für den eigenen Weg geben kann. Und so habe ich es gewagt, mich darauf eingelassen – und entdecke mit einigem Staunen, dass es den Jugendlichen wichtig ist, von ihrem Glauben zu wissen und ihn zu vertie-

Eine andere Weise der Katechese

fen: Glaube und Naturwissenschaft, Christentum und andere Religionen – all dies sind Themen, die uns beschäftigt haben.

In all dem begegnet mir eine andere Form von Katechese. Hier geschieht wirklich eine auch inhaltliche Glaubensvertiefung, die eingebettet ist in einem Lebensraum des Glaubens und die vom Katecheten Zeugenschaft, aber eben auch theologische Vermittlung verlangt.

Im Kleinen erleben wir so etwas wie die vielen Jugendlichen bei den Weltjugendtagen. Ich habe noch immer im Ohr, wie mein Mitbruder mir aus Toronto berichtete, wie begeistert die Jugendlichen auf die Katechese von Kardinal Meißner reagierten. Und diese Begeisterung hat sich in Köln wiederholt: „Wir waren bei Erzbischof Becker – vier Stunden am Vormittag, und den Jugendlichen ist es nicht zu lange geworden. Lieder, Glaubenszeugnisse von Jugendlichen – und die Katechese ...", berichtete mir die Gemeindereferentin. Und im Fernsehen konnte ich verfolgen, wie aufmerksam und achtsam die Jugendlichen auf dem Marienfeld den herausfordernden Worten des Papstes lauschten und sie aufnahmen.

Keine Frage: Die Jugendlichen sind mit dieser Aufmerksamkeit nicht allein – auch viele erwachsene Menschen suchen. Diese Suchbewegung sucht nach Orientierung, die die Möglichkeit zur Auseinandersetzung bietet. Sie sucht nach „Objektivität" und Lehre, nicht weil sie sich flüchten will in sichere Lehrgebäude, sondern weil die selbst gemachte Religiosität wie Christlichkeit nicht trägt. Und sie suchen diese „Objektivität" in der Subjektivität des glaubwürdigen Zeugen.

Genau an dieser Stelle zeigen sich die Grenzen unserer manchmal administrativen pastoralen Kultur. Die Verkündigung des Glaubens, die meist im Rahmen der Sakramentenpastoral erfolgt, ist häufig geprägt vom unaufgeklärten Glauben an die jeweilige Methode der Glaubensvermittlung. Sie vermag die Glaubwürdigkeit des Zeugen nicht deutlich zu fassen und gibt sich zu häufig damit zufrieden, dass Mütter und Väter, die selbst erst neu ihren

Glauben entdecken und leben lernen, mit Hilfe von vorbereiteten Modulen den Glauben „unterrichten". So sorgsam und methodisch sauber Katechese hier geplant wird, so engagiert Väter und Mütter sich auch bemühen, so folgenlos ist Katechese dennoch häufig. Eine pastorale Kultur erweist sich hier der Suchbewegung von Erwachsenen, Jugendlichen und auch Kindern nicht mehr angemessen. Wir leben nicht mehr in einer kirchlichen Kultur, in der es reicht, Jahr für Jahr Kinder und Jugendliche sowie deren Eltern mit Grundelementen des Glaubens zu konfrontieren und dann Sakramente wie Kursabschlussfeiern zu begehen.

Die Menschen, die suchen, erwarten etwas anderes. Oft ist hierbei die Kirche zu leichtgewichtig. Die leichtfertige Arroganz, die häufig anderen Weisen der Katechese oder der Weltjugendtagskatechese entgegengebracht wird, ist oft fehl am Platze. Vielmehr gilt es zu hinzuschauen und zu lernen, um nicht verhaftet zu bleiben in einem ekklesialen Koordinatensystem, das schon vergangen ist.

Kolping als geistliche Aufbruchsbewegung

„Ich konnte die ganze Nacht nicht schlafen. Dein Artikel hat mich so erregt. Nicht nur die geistlichen Gemeinschaften und Bewegungen sind spirituell. Im Gegenteil. Die sind doch sehr mit sich selbst beschäftigt und grenzen sich ab. Aber die Kolpingfamilie und das Kolpingwerk – das ist echte weltzugewandte Spiritualität ..." Ich kann den Redefluss meines Mitbruders, der Diözesanpräses bei Kolping ist, kaum bremsen. Ich hatte ihm ein Buch geschenkt, das den theologischen Ort der geistlichen Gemeinschaften beschreibt.[2] „Weißt du, wir müssen unbedingt darüber reden – ich gebe dir das Material des Kolpingwerkes. Wir arbeiten an unserer Spiritualität ..." Und er erzählt mir von den Suchbewegungen im Kolpingwerk und der Ausbildung geistlicher Begleiter.

Kolping als geistliche Aufbruchsbewegung

Wenn ich ehrlich bin: Das Kolpingwerk hatte ich bisher nicht als geistliche Gemeinschaft gesehen. In einer der Pfarreien, der ich vorstehe, spielt die Kolpingfamilie eine wichtige und tragende Rolle. Sie erscheint vor allem als eine Gemeinschaft, die die Identität und Tradition der kleinen Dorfpfarrei bewahrt – mit aller und manchmal mit zu viel Kraft. Sie ist eine Gemeinschaft, die wie keine andere sich sozial engagiert: Der Nikolausmarkt in Itzum ist der Integrationsort für alle Vereine dieses Ortsteils, und die Kleidersammlungen fordern sehr viel Engagement von den Mitgliedern. Jedes Jahr erzielen diese Aktivitäten neue Spendenrekorde, die zu Patenprojekten vor allem nach Brasilien geleitet werden. Auch bei den Festen der Pfarrei, bei den ehrenamtlichen Arbeiten, bei der Verwaltung des Kirchenvermögens – überall spielen Kolpinger eine tragende Rolle.

Aber eine geistliche Gemeinschaft und Aufbruchsbewegung? Da mein Mitbruder so sehr insistiert hat, beginne ich zu lesen. Die Arbeitspapiere und Positionspapiere des Kolpingwerkes zu diesem Thema, und vor allem die Biographie über Adolph Kolping. Je länger ich lese, desto fasznierter bin ich.

Adolph Kolpings Leben und Werk ist ganz eindeutig mit einem großen Charisma verbunden und hat sich im 19. Jahrhundert – gegen die Widerstände auch innerhalb der Kirche und vor allem der Ortsgemeinden – zu einer mächtigen Bewegung, zu einem „Werk" entwickelt, verknüpft mit einer tiefen kirchlichen Spiritualität. Man kann sicher nicht davon sprechen, dass das Kolpingwerk eine neue geistliche oder kirchliche Bewegung ist – aber nur deshalb, weil mit dieser Sammelbezeichnung Aufbrüche des 20. Jahrhunderts benannt werden. Im gewissen Sinne handelt es sich beim Werk Adolph Kolpings um eine „neue kirchliche Bewegung" des 19. Jahrhunderts, deren Charisma auch heute mächtig weiterwirkt und weltkirchliche Dimension angenommen hat.

Nach der Lektüre versuche ich zu verstehen, wie es zu den Vorurteilen kommen konnte, die es weit verbreitet gibt. Ich versuche zu verstehen, warum gerade im Ursprungsland Adolph

Die Kundschafter des Neuen hören!

Kolpings sein Charisma in eine Krise geraten ist. Wieso gelten gerade die Kolpinger als eher traditionell und konservativ, und warum leiden sie in Deutschland unter der Vergreisung der Kirchengemeinden und also auch ihrer Mitgliedschaft?

Mir kommt ein vielleicht klärender, aber auch etwas verwegener Gedanke, der sich auch an eigenen Erfahrungen in Itzum orientiert. Könnte es nicht sein, dass gerade die Erfolgsgeschichte des Charismas von Adolph Kolping zur Krise seiner Gemeinschaft wird?

Wie könnte man das erklären? Wenn ich mir die älteren Mitglieder der Kolpingfamilie anschaue, dann entdecke ich in ihnen die Repräsentanten einer gewachsenen kirchlichen Spiritualität, die von innen getragen wird. Diese Spiritualität ist klassisch-kirchlich, aber persönlich übernommen und durchgetragen. Ich frage mich zum Beispiel, ob die so aufwändig und wunderbar gestaltete und durchgeführte Fronleichnamsprozession am Donnerstag ohne die Kolpingfamilie möglich wäre. Und auch die klassischen Andachten der Volksfrömmigkeit wie Kreuzweg und Maiandacht werden entscheidend von den Brüdern und Schwestern der Kolpingfamilie mitgetragen. Die sonntägliche Mitfeier der Messe gehört ebenso dazu wie der Rosenkranz, die Durchführung des Fastenessens – aber eben auch die zahlreichen Feste und sozialen Initiativen, die durch das Kolpingwerk prägend mitgetragen werden.

Die Erfolgsgeschichte des Charismas von Adolph Kolping bestand darin, dass hier ein kirchlich-geistlicher Weg geöffnet war, der Menschen aller gesellschaftlicher Schichten einen bewussten Zugang zu Jesus Christus ermöglichte und ihnen zugleich die Erfahrung einer Glaubensgemeinschaft – der Kolpingfamilie – ermöglichte. Nach dem zweiten Weltkrieg näherten sich die Pfarrgemeinden und die selbstständigen kirchlichen Verbände sehr einander an. Das Mitleben in der Kolpingfamilie konnte so als eine Art Einführung in den kirchlichen Glauben und auch als eine Art und Weise der Einführung in den Geist der Pfarrfamilie dienen – zunächst auch dann, wenn klassisch dörfliche Milieus langsam zerbrachen. Denn nicht zu vergessen ist ja, dass das Charisma von Adolph Kolping schon eine geistgewirkte Antwort auf den Zusammenbruch des klassischen Milieuzusammenhangs darstellte und diesem durch die Gründung von Kolpingfamilien entgegenwirken wollte. Viele Pfarrgemeinden wurden so als Pfarrfamilien gestaltet und durch die Verbände – das Kolpingwerk ist vielleicht der stärkste neben KAB und den Frauenverbänden – getragen. Diese waren – durch ihren geistlichen Ursprung – wie eine Garantie für das authentische Wachsen von Spiritualität und sozialem Engagement in den Pfarrgemeinden.

Mit anderen Worten ist der Einfluss der Verbände und mithin auch des Kolpingwerkes auf die Entstehung einer nachmilieuhaften Gemeindekultur, die durch eine kirchliche Spiritualität getragen ist, gar nicht hoch genug einzuschätzen. Damit aber haben sich die örtlichen Kolpingfamilien allerdings auch – auf Gedeih und Verderb, könnte man sagen – mit dem Entwicklungsgang unserer klassischen ortsgemeindlichen Strukturen verknüpft. Die Ortsgemeinden bildeten sich – nach dem Ende der territorialen Milieus – immer stärker als Vereinsmilieus aus, und imitierten damit auch die Grundstrukturen der Verbände. Mit der zunehmenden Individualisierung allerdings geraten Verbände wie Gemeinden in dieselbe Krise ihrer Gestalt und ihrer Substanz.

Immer weniger Menschen sind – in Verbänden wie Gemeinden – von einer klassischen kirchlichen Spiritualität geprägt, die für viele ältere Kolpingmitglieder wie Mitglieder von anderen Verbänden selbstverständlich ist. Immer weniger Menschen und schon gar nicht diejenigen, die den Kontakt zur kirchlichen Tradition ganz verloren haben und auf der Suche sind, binden sich an Gemeinden und das gemeindliche Leben, und damit auch an Verbände. Damit aber haben Gemeinden wie kirchliche Verbände nicht zufällig dieselben Probleme. Soziologisch stellen sie sich als Problem der Vergreisung dar, und nicht wenige ältere Gemeindemitglieder spüren richtig und mit Trauer, dass sie mit ihrem

Verständnis von Glauben und Gemeinde zu einem „Auslaufmodell" geworden sind.

Das hat aber eben gerade nichts mit Schuld und Versagen zu tun und auch nicht damit, dass nun andere „neue" Formen und Gestalten besser wären. Es bedeutet lediglich, dass die implizit vorgegebene grundlegende Basis des christlichen Glaubens und der kirchlichen Spiritualität, die in den Verbänden selbstverständlich vorausgesetzt wurde, nicht mehr selbstverständlich ist. Und ohne diese lebendige und gelebte kirchliche Spiritualität verkommt das kirchenbildende Charisma Adolph Kolpings entweder zu einem banalen Feierverein, zu einer traditionsverliebten Kirchentruppe oder zu einem sozial orientierten Aktivistenkreis. Genau dieses Risiko laufen ja auch manche Kirchengemeinden. Folge davon ist aber auch, dass in der reflexiven Trauer über diese Entwicklung Gemeinden wie Verbände häufig sehr stark um sich selbst kreisen und abgeschlossene Gemeinschaften werden – trotz aller gegenteiliger Beteuerungen.

Heißt das nun, dass diese charismatisch-verbandliche Gestalt des Kirche-Seins und die ihr entsprechende Gemeindekultur zum Sterben verurteilt ist? Was ist zu tun, um einen Neuaufbruch zu wagen?

Hier ist sicher zu differenzieren. Aus sich heraus haben Pfarreien keine gelebte Spiritualität. Sie sind bleibend angewiesen auf die Feier der Sakramente, aber eben auch auf die charismatischen Antworten des Geistes. Wenn – wie hier versucht wurde zu belegen – das Kolpingwerk auf einem großen Charisma in unserer Kirche gründet, dann liegt die Zukunft der Kolpingfamilien eben gerade darin, diesen Schatz erneut zu heben. Das kann auch bedeuten, dass neben der Pflege des Zugangs zum großen spirituellen Schatz der kirchlichen Tradition vor allem die Frage leitend wird, die damals Adolph Kolping bewegte: Wie können entkirchlichte Menschen einen Weg finden, der sie langsam zum christlichen Glauben überhaupt hinführt? Es reicht heute nicht mehr, Menschen einfach mitzunehmen in den Raum kirchlich gelebter

Die Kundschafter des Neuen hören!

Spiritualität und Diakonie – es braucht auch geradezu katechumenale Wege, die dazu hinführen. Es braucht Zeugen und Lehrer auf diesem Weg, und es braucht Gemeinschaften, in denen Suchende mit ihren Fragen Gesprächspartner finden. Eigentlich gilt also auch beim Kolpingwerk, was für jeden Orden in jeder neuen Epoche der Geschichte ansteht, wenn er überleben will: Inwieweit ist der originäre Zugang zum Charisma des Gründers noch gegeben? Die Fragen, die unsere Zeit stellt, wollen zusammengebracht werden mit dem Charisma, damit neue authentische Wege gefunden werden können.

Das ist nicht gar zu leicht. Denn es bedeutet auch, dass dieser Rückgriff auch unbequeme Antworten zu Tage fördert. Möglicherweise ist eine Umkehr gefordert, die neu zur Radikalität des Ursprungs und zur Abkehr von Anpassungsbewegungen führt. Und diese Umkehr betrifft immer nur uns selbst.

Dankbar bin ich meinem Mitbruder, denn er hat mir die Augen geöffnet für den Schatz, den das Kolpingwerk in sich birgt – wie auch für die Herausforderungen, die vor ihm liegen. Und so konnte ich mir auf einmal vorstellen, selber Präses zu werden. Noch vor wenigen Jahren hätte ich das abgelehnt. Aber warum soll es nicht selbst für mich möglich sein, umzukehren?

Das CO

Ich war negativ beeindruckt – ich war erschüttert. Auf dem Kongress zum Thema „Berufungen", bei dem ich Teilnehmer war, wurde mir deutlich, dass noch immer in der Berufungspastoral und Priesterausbildung einfach vorausgesetzt wird, was man schon seit vielen Jahren nicht mehr kann: dass nämlich die Kandidaten sich für ein radikales Leben des Christ-Seins entschieden haben. Wie hätten sie auch? In den Kirchengemeinden und Verbänden findet sehr ausschnitthaft eine Einführung in den christ-

Die Kundschafter des Neuen hören!

lichen Glauben statt, die darüber hinaus nur sehr wenige Jugendliche bleibend prägt. Wenn nun diese Männer und Frauen in Seminare und Noviziate kommen – sie sind zweifellos Spiegel ihrer Generation – dann ereignen sich während der Formung ihrer speziellen Berufung weiterhin sehr viele Herausforderungen des Christ-Seins selbst, die noch eingeübt und erlernt werden wollen. Dies aber wurde auf dem Kongress so gut wie gar nicht kritisch reflektiert.

Kurz und knapp: Ich war darüber sehr erschrocken, dass die Kindereien und unreflektierten Gruppendynamiken weiterhin das Seminarleben prägen und eine Formung der Berufung nicht auf einem soliden menschlich-christlichen Fundament aufruht.

Nun bin ich für Berufungspastoral und für das Priesterseminar nicht zuständig. Sollte ich mit meiner Unzufriedenheit, die zudem – wie ich merkte – von nicht wenigen Seminarverantwortlichen nicht geteilt wird, alleine unruhig bleiben, oder was war zu tun?

Auf der Treppe des Bischöflichen Generalvikariats begegnet mir eine Ordensschwester, die für Berufungspastoral zuständig ist. Als ich ihr von meiner Unruhe erzähle, entsteht eine Idee: Sollte man nicht, ähnlich wie das FSJ (Freiwilliges Soziales Jahr), ein Christliches Jahr der Orientierung gestalten, das jungen Männern und Frauen die Möglichkeit eröffnet, das Christ-Sein für ein Jahr zu vertiefen, um so die spezielle Berufung, die sie vielleicht spüren, reifen zu lassen? Wir beide, obwohl wir bisher noch nicht zusammengearbeitet haben, sind begeistert.

Und so entsteht – als Sturzgeburt gewissermaßen – der Plan für ein „Christliches Orientierungsjahr". Wie ein Wunder erscheint es da, dass im Bistum dafür alle Türen offen stehen, ja, wir werden von allen Seiten dazu ermutigt.

Unsere Überlegungen gehen davon aus – und die Erfahrungen bei diözesanen Glaubenskursen für Jugendlichen haben es gezeigt – dass weitaus mehr junge Frauen und Männer eine Berufung verspüren, aber mit dieser Frage allein bleiben, weil für sie vor Ort – vor allem in den Gemeinden – keine Unterstützung und geeignete Gesprächspartner zur Verfügung stehen. Die Erfahrung der Vereinsamung trifft sehr viele suchende Jugendliche. So richtet sich unsere Werbung vor allem an die jungen Männer und Frauen, die zwischen 18 und 40 Jahren auf dem Suchweg des Christ-Seins sind: „Ich suche nicht – ich finde", heißt die an ein Wort von Picasso angelehnte Leitüberschrift.

Alles ist mit heißer Nadel gestrickt. Die Werbung, aber auch die Frage, wo wir denn am besten ein solches CO durchführen. Durch die Ordensschwester eröffnet sich ein Weg: Können wir dieses CO nicht im Ordenshaus durchführen, in dem hinreichend Räume zur Verfügung stehen? Auch vom Orden kommt ein deutliches „Ja" ... Jetzt brauchen wir bloß noch warten, denn wir wissen ja nicht, ob sich genügend junge Menschen anmelden.

Doch unsere Überraschung ist groß. Es melden sich 15 Personen an, so verschieden wie nur irgend denkbar. Ein Ehepaar, das erst kürzlich neu zum christlichen Glauben gefunden hat, junge Frauen, die ihren Eintritt ins Kloster überdenken wollen, ein evangelischer Christ auf der Suche, eine Theologiestudentin. Eine unglaubliche Spannbreite der Suchbewegung wie des Alters.

Wir lassen uns darauf ein und erleben in diesem ersten Jahr tatsächlich so etwas wie einen Initiationsweg. Jeden Monat treffen wir uns für ein Kurzwochenende von Freitagabend bis Samstagnachmittag.

Das Programm ist denkbar einfach. Eingerahmt von Stundengebet und Anbetung in der Gemeinschaft der Schwestern treffen wir uns am Freitagabend und erzählen uns von dem Weg, den Gott im vergangenen Monat mit uns gegangen ist. Der Samstag steht dann immer unter einem thematischen Schwerpunkt, der sich am Kirchenjahr orientiert. Am Vormittag findet eine Katechese zum Thema statt, der sich eine Zeit der Stille und ein Gruppengespräch anschließen. Vor dem Mittagessen feiern wir dann die Eucharistie. Am Nachmittag wird das Thema dann vertieft, und außerdem finden Einübungen in ein geistliches Leben und in das Gebetsleben statt. Das ist schon alles – und das ist sehr viel. Schon bald wird deutlich, wie intensiv diese Erfahrung für die Einzelnen ist, und wie intensiv sich eine Weggemeinschaft formiert.

Besonders intensiv ist die Feier der Kar- und Ostertage in der Pfarrei, der ich vorstehe. Es stellt sich dabei heraus, dass fast keiner der jungen Menschen bisher die Symphonie der österlichen Tage durchlebt hat. Gerade in diesen Tagen zeigt sich für uns noch einmal deutlich, welche initiatorische und prägende Kraft das Mitleben des Kirchenjahres haben kann, wenn es eingebunden ist in einen gemeinsamen katechetischen Weg.

Was wir erwartet und erhofft haben, geschieht tatsächlich: Junge Menschen finden ihre Berufung. Am Ende dieses ersten Jahres treten zwei junge Frauen in eine Ordensgemeinschaft ein, für andere ist am Ende eine neue Frage entstanden: Wie können wir nun weiterleben, wo wir einen solchen Schatz im gemeinsamen Suchen, Finden und Teilen entdeckt haben. In der Tat ist diese Frage bedeutsam. Die jungen Menschen sind anspruchsvoll geworden – eine Weggemeinschaft des Glaubens wollen sie nicht mehr missen. Einige von ihnen bitten uns darum, ein zweites Mal beim CO mitmachen zu dürfen, um das Entdeckte weiter zu vertiefen

Das ist möglich. Und so beginnt das zweite CO – diesmal mit über zwanzig Personen. Bei diesem zweiten Mal werden uns einige wesentliche Strukturelemente deutlich, die dieses CO von innen her prägen.

Zunächst war die Wahl des Ortes alles andere als beliebig. Die Gemeinschaft der Ordensschwestern, bei denen wir mitleben durften, trug uns und prägte den Geist des CO. Auch wenn die Schwestern – die meisten von ihnen waren sehr alt – kaum in den Blick gerieten, waren wir doch in ihrem Gebet. Und es scheint uns, dass diese Teilnahme am Leben einer Ordensgemeinschaft und die geistliche Atmosphäre, die hier herrscht, auch den Weg des Jahres geprägt hat. Ja, das Charisma des Ordens prägt auch die spezifische Einfärbung eines solchen Orientierungsjahres mit, könnte sie noch stärker als bisher prägen. Die Kongregation der Vinzentinerinnen legt ein Orientierungsjahr nahe, das einen klaren Akzent auf tätige Nächstenliebe legt, während ein mögliches Orientierungsjahr in einem Benediktinerkloster stärker die liturgische Dimension unterstreichen müsste und damit eine Schule des Gebetes nahe legt. Im Grunde ist es ja nicht so entscheidend, welchen geistlichen Schwerpunkt das CO erhält, öffnet doch jedes spezifische Charisma den Blick auf das Ganze des christlichen Glaubens.

Eine weitere Entdeckung ist für uns die initiatorische Dimension des Kirchenjahres gewesen. Die Themen der einzelnen Treffen waren also nicht schwer zu finden, aber es ist beeindruckend, wie sehr das Zusammen von Katechese – sie dauerte meist eine dreiviertel Stunde – Liturgie und theologisch-spirituelle Vertiefung einen kraftvollen Weg zum Christ-Werden und zur Berufungsfindung eröffnete.

Und schließlich spielt auch eine entscheidende Rolle, dass wir dieses CO als Team gestalten konnten. Und es war mehr als nur ein Team: Ein solches Jahr braucht eine Trägergruppe, in der sowohl das Zeugnis des Einzelnen und sein spezifisches Charisma als auch das geistlich gegründete Miteinander der Träger eine zentrale Rolle spielt. Immer entdeckten wir, dass wir zwar von ganz unterschiedlichen spirituellen Charismen geprägt sind, dass in unserem Miteinander aber mehr steckte als eine bloße Aufgabenverteilung. Wir spürten, dass wir in der Gegenwart des auferstandenen Herrn miterleben durften, wie Gott selbst es ist, der den Einzelnen voranbringt und auch die Weggemeinschaft prägt.

Eine letzte Entdeckung: Am Anfang waren wir überrascht, dass sich für das CO auch Menschen anmeldeten, die schon eigene Lebensentscheidungen getroffen hatten, aber dennoch sich von unserem Angebot angezogen fühlten. Je länger wir dieses Phänomen beobachten, desto deutlicher wird der hohe Bedarf an Einführung von erwachsenen Getauften in das christliche Leben.

Die Kundschafter des Neuen hören!

Diese Erfahrung wirft noch einmal ein bedeutsames Licht auf die Glaubenssituation Erwachsener heute. Zum einen gibt es offensichtlich wenige Orte – und schon gar nicht in den Pfarreien – an denen der spirituelle und theologische Hunger der Erwachsenen gestillt wird. Der weitgehende Ausfall der Erwachsenenkatechese bei gleichzeitiger unmäßiger Verkinderung katechetischer Prozesse hat dafür gesorgt, dass die meisten Erwachsenen keinen altersgerechten Zugang zum Glauben gefunden haben.

Wir sind weiter auf dem Weg ... und sorgen dafür, dass dieses Projekt sich verbreitet. In diesem Jahr findet parallel zum „Ur-CO" in Hildesheim ein regionales CO in Hannover statt. Dort hat sich auch eine Gruppe gefunden, die nach dem CO als Weggemeinschaft miteinander weitergehen will.

Nie waren Gemeinden so geistlich wie heute

Nein, das kann man dem Bischof nicht zumuten. Angesetzt ist die Visitation für zwei Tage in drei Pfarreien. Nach traditionellem Ritus müsste er sich mit den Räten der jeweiligen Pfarreien treffen. Aber ist das sinnvoll? In einem Jahr findet die Zusammenführung der Pfarreien statt, und dann wird es ohnehin nur noch einen Pfarrgemeinderat und einen Kirchenvorstand geben. Und so entsteht eine andere Idee: ein Treffen mit allen Gruppenverantwortlichen und Verbänden. Gesagt, getan.

Der große Raum des Pfarrzentrums ist gefüllt – fast 50 Personen sitzen im Kreis. Meine Absicht war es, dass der Bischof einiges zur Zusammenführung sagt, aber es kommt ganz anders. Die Vorstellungsrunde füllt den ganzen Abend aus, und wir sind in einer ganz besonderen Atmosphäre versammelt. Ich staune – und nicht nur ich. Ich höre den Vorstellungen der Verantwortlichen der Gruppen und Verbände zu und staune über den Reichtum, der sich vor meinen Augen darstellt: die vielen Gruppen für Kin-

Nie waren Gemeinden so geistlich wie heute

der, die Chöre, die Dienste, die Verbände. Was mich beeindruckt und bewegt, das ist der große Ernst, mit denen die Einzelnen, Männer, Frauen und Jugendliche, vom Leben ihrer Gruppen erzählen.

Und mir kommt in den Sinn, dass wir häufig im rituellen Klagegestus bemängeln, dass zu wenig Leben da ist. Genau das Gegenteil erkenne ich hier. Diese 50 Gruppen und mehr (denn nicht alle können zu diesem Abend kommen) repräsentieren ja weit mehr als 500 Menschen von den 5600 Katholiken, die es in den drei Pfarreien gibt. Kann man da ernsthaft von Gemeindemangel reden?

Und ein Zweites beeindruckt mich tief: Immer wenn meine Brüder und Schwestern von ihrem Tun erzählen, wird mir die spirituelle Verwurzelung ihres Tuns bewusst. Was hier getan wird für andere, hat eine geistliche Wurzel und ein geistliches Anliegen. Keiner und keine handelt, weil „man" es tut. Hinter jedem Tun steht eine bewusste Entscheidung, die von keinem Milieu gestützt wird. Mich bringt das zum Nachdenken, denn im Vorfeld der Visitation hatte es eine Auseinandersetzung gegeben. Ich war gefragt worden, ob ich denn denke, dass nur spirituelle Angebote spirituell seien. Hier wird mir der Grund bewusst. In unseren Gemeinden gibt es – abgesehen von jenen, die ganz selbstverständlich in kirchlicher Spiritualität beheimatet sind, und das sind vor allem Ältere – eine ganz klare Richtung. Wer sich heute in der Gemeinde engagiert, tut das bewusst und auf dem Hintergrund einer geistlichen Erfahrung. So wird mir deutlich, warum die Rede vom „Mangel an Spiritualität" für viele, die in den Gemeinden aktiv sind, so abwertend wirkt. In Wirklichkeit wird man vermutlich umgekehrt sagen müssen, dass es in der neueren Kirchengeschichte wohl noch nie so viele bewusst lebende und suchende und spirituelle Christen gegeben hat.

Schauen wir genauer hin. Eine Gelegenheit wird mir bei einem Besuch in einer Pfarrei des Bistums gegeben. Nach dem Vortrag komme ich ins Gespräch mit der Vorsitzenden des Pfarrgemeinderates. „Ja, ich engagiere mich seit Jahren im PGR – aber für mich selbst brauche ich auch etwas. Für lange Jahre bin ich immer in die Bildungsstätte gefahren, doch jetzt habe ich meinen meditativen Tanzkreis." Was hier so typisch beschrieben wird, ist mir auch an vielen anderen Orten begegnet. Die Gemeinde ist ein Ort des Engagements. Die Engagierten tun dies mit Leidenschaft und hohem Zeitbudget: Gruppen werden geleitet, Ehrenämter übernommen, Liturgien mitgestaltet – und vieles mehr. Das ist bekannt.

Doch gleichzeitig ist klar, dass jeder und jede etwas für sich selbst tut: der Besuch beim evangelischen Kirchentag, die Pilgertour nach Santiago de Compostela, der Vortrag von Willigis Jäger, die Yogagruppe, der Bibelkreis, das Kloster Helfta (auch wenn es 250 km entfernt ist). Es wird in dieser typisierten Beschreibung etwas deutlich: Die Christen, die heute das Gemeindeleben tragen, sind mobile spirituelle Selbstversorger geworden – Pilger auf der Suche. Die „Nahrung" wird bei dieser Suche sehr bewusst und anspruchsvoll ausgewählt, denn sie soll nähren und helfen, den Alltag und auch den Alltag in der Pfarrgemeinde gut zu gestalten. Kurz: Gemeinde heißt Arbeit, aber für die Tankstellen muss jeder selbst sorgen – und das tun die meisten auch.

Diese zu beobachtende spirituelle Mobilität und Pilgerschaft trifft ja ebenso die pastoralen Mitarbeiter und auch die Priester. Ganz beeindruckend schildert mir ein Gemeindeberater seine Erfahrung in einer Gemeinde: „Alle Entscheidungsträger dieser Gemeinde haben uns erzählt, dass sie ihre spirituelle Quelle außerhalb der Gemeinde in Gemeinschaften und kirchlichen Bewegungen finden …" Was auf den ersten Moment fast störend für ihn wirkte, war eigentlich schon deswegen ganz normal, weil er selbst seine Quelle in einem Kloster gefunden hatte.

„Warum fahren Sie nur mit Jugendlichen in das Kloster S. Antimo – können Sie nicht auch eine Fahrt für Erwachsene organisieren?", fragt mich eine Mutter. Ich lasse mich darauf ein, und fahre in den Herbstferien mit 13 Personen für eine Woche dort-

Nie waren Gemeinden so geistlich wie heute

hin. Wieder erfahre ich dort, wie intensiv die einzelnen, Frauen und Männer, auf der Suche nach einem eigenen spirituellen Quellort sind, wie sehr das Schweigen gesucht wird, wie sehr aber auch Lehrer im Glauben gesucht werden.

Schon morgens um sechs Uhr bin ich nicht allein in der Klosterkirche von S. Antimo, und die Mönche müssen uns nachdrücklich bitten, am Abend die Kirche zu verlassen. Und auch die wenigen Begegnungen mit Pater Stefano hinterlassen einen tiefen Eindruck: Ich sehe, wie alle fast gierig den Worten lauschen und sich so auf den Weg des Glaubens machen können. Der Hunger nach authentischer geistlicher Erfahrung ist mit so einer Einzelfahrt nicht zu stillen; als ich nach einem halben Jahr für eine weitere Fahrt einlade, verdoppelt sich fast die Zahl der Mitreisenden.

So kann das geistliche Profil der jüngeren engagierten Gemeindemitglieder hier schon deutlicher gezeichnet werden: deutlich ist ihnen ein Engagement in der Gemeinde – je nach Talent und Zeit – sehr wichtig. Klar wird aber auch immer mehr, dass dieses Engagement oft an den Grenzen des Möglichen angelangt ist: mehr wäre zu viel.

Auf der anderen Seite sind solche Christen sehr auf der Suche nach geistlichen Erfahrungen und Lehrern. Dabei sind sie nicht auf die Gemeinde fixiert, sondern spirituell mobil und siedeln sich an geistlichen Orten wie Klöstern und Bildungshäusern an. Damit entsteht eine Form geistlicher Selbstversorgung im Sinne einer profilierten Sorge um die eigene Spiritualität.

Das kann aber nicht darüber hinwegtäuschen, dass eine solche pilgernde Suche nicht immer erfolgreich ist: Orte und Personen, Gemeinschaften und Kurse, die wirklich der Seele Obdach und Nahrung geben, sind selten, und Menschen investieren Zeit und Geld, um an diese Orte und Personen zu gelangen.

Demgegenüber sind die Pfarreien häufig nicht im Blick, wenn es um diese geistliche Prägung und Versorgung geht. Sie gelten als Ort der „Arbeit": nicht umsonst ist von „Gemeindearbeit", „Jugendarbeit" usw. die Rede.

So wird auch deutlich, dass in der neuesten Entwicklung des „typischen Gemeindechristen" keinesfalls eine pfarrgemeindliche Fixierung festzustellen ist, wenn es um Spiritualität geht. Die spirituelle Sehnsucht wird auf unterschiedlichste Weise gestillt.

Auf der anderen Seite droht allerdings die Gefahr, dass diese Unterscheidung von „Arbeit" und „Tankstelle" die Kirchengemeinden zu Orten des Vereinslebens werden lässt, an dem die spirituelle Tiefe auf den ersten Blick wenigstens nicht sichtbar wird.

Paul M. Zulehner hat mich in diesem Zusammenhang irritierend – wie es oft seine Art ist – auf die Spur gebracht. Er sprach davon, dass die meisten engagierten Christen heute spirituell überversorgt sind. Aus den beschriebenen Beobachtungen lässt sich das durchaus bestätigen. Die Selbstständigkeit wie das Insiderwissen um mögliche Orte spiritueller Tiefe geben den Christen unserer Gemeinden einen deutlichen Vorsprung vor den Suchenden außerhalb.

Für sie wirkt Kirche und Kirchengemeinde häufig wie eine Vereins- und Veranstaltungskirche ohne tiefere spirituelle Hintergründe. Auch die Liturgie ist für sie nicht leicht zugänglich und wirkt heute oft – man achte auf das, was Jugendliche ehrlich sagen – formell. Damit aber haben Suchende, die über kein Wissen über geistliche Orte verfügen, keine Chance, ihren Durst zu stillen.

Für Gemeindechristen wie für Suchende gilt allerdings, dass sie bei ihrem Suchen häufig allein gelassen werden. Es gibt nur wenige Personen, die ihnen bei der Unterscheidung der Geister helfen. Sicherlich nicht unberechtigt hat Papst Benedikt beim Weltjugendtag davor gewarnt, den christlichen Glauben selbst zu basteln. Allerdings darf zurückgefragt werden, wo denn in unseren Gemeinden, Bildungshäusern und auch manchen Klöstern eine rechte Unterscheidung der Geister gelehrt wird.

Die sich selbst versorgende Suche ist ja auch eine Antwort auf einen Mangel an Orientierung, der von Priestern und pastoralen Mitarbeitern mit Recht zu erwarten wäre.

Die Kundschafter des Neuen hören!

Kleine Kirche Kindergarten

Ich erinnere mich an meine Reise nach Bangui in der zentralfrikanischen Republik. An einem freien Tag Anfang 1988 sind meine Begleiter mit mir auf einen Hügel gefahren, an dem die Überreste vieler alter Baracken zu finden sind: „Hier hat alles begonnen", erzählten sie mir. Und beim Spazierengehen erzählten sie mir, dass die belgischen Missionare, die Ende des 19. Jahrhunderts hier begannen, den christlichen Glauben zu verbreiten, als Erstes eine Schule gebaut hatten, in der sie freigekaufte Afrikaner ausbildeten und dabei auch mit dem Christentum vertraut machten.

Nicht nur in Bangui war es offensichtlich so. Wer erinnert sich nicht an die dramatischen Szenen des Films „Mission", bei der ein römischer Kardinal voller Staunen ein Internat und eine Kommune der südamerikanischen Indigenos besucht. Bildungsarbeit und Aufbau einer inkulturierten christlichen Kultur gingen in den südamerikanischen Jesuitenreduktionen Hand in Hand.

All das geht mir durch den Sinn, wenn ich an den Wandel denke, in dem wir als Kirche heute stehen. Kindergärten, aber auch Schulen, Altenheime wie auch Krankenhäuser und andere Institutionen gehören zu den Einrichtungen, die eine christliche Kultur kennzeichneten. Sie sollten in der Vergangenheit jene milieuzentrierte Sozialisation stützen, durch die der Glaube zur nächsten Generation weitergegeben wurde. So entstand auch durch die Chance dieser Institutionen ein wichtiges Netz christlicher Kultur.

In Zeiten der Auflösung christlicher Milieus und nach dem Zusammenbruch einer durchgehenden christlichen Sozialisation stellt sich nun die Frage: Welchen Ort und welche Rolle nehmen die Kindergärten, Schulen und andere Institutionen ein, die häufig ihre Rolle im Gesamt einer christentümlichen Gesellschaft verloren haben?

Es fällt auf, dass diese Institutionen einerseits von hohe Attraktivität für viele Menschen unserer Gesellschaft sind, andererseits aber – unter dem unbarmherzigen Kostendruck – in der

Die Kundschafter des Neuen hören!

Gefahr stehen, aufgegeben zu werden. Viele Fragen stellen sich auch an das katholische Profil dieser Institutionen. Häufig wird eine Ferne zur Gemeinde beklagt, die allerdings wechselseitig ist. Und welchen Sinn macht ein katholischer Kindergarten, wenn nur ein geringer Teil der Kinder und Eltern in ihm katholisch ist?

Ja, was ist eigentlich ein katholisches Profil? Welche Rolle spielt ein Kindergarten, eine Schule, ein Krankenhaus, ein Altenheim im Umbruch und Aufbruch zu einer neuen Kirchengestalt?

„Kleine Kirche Kindergarten" hieß ein Projekt, an dem ich auf Bistumsebene mitarbeiten durfte. Es versucht, dieses Profil im Blick auf Kindergärten zu schärfen – und natürlich ist es übertragbar auf andere, ähnliche Institutionen. Mit diesem Projekt im Herzen beobachte ich die Kindergärten und Schulen, die auf dem Territorium der mir anvertrauten Pfarreien liegen.

Schon seit langer Zeit ist mir deutlich, dass unsere Kindergärten so etwas wie eigene kleine Gemeinden sind. Eine kleine Gemeinde neben anderen Gemeinden innerhalb der einen Pfarrei: da ist die Gruppengemeinde, die sich in weiterhin ständisch geordnete Gruppen und Familienkreisen strukturiert, da ist die Kolpingfamilie, da sind die Schulen – innerhalb der einen Pfarrei und auf die Feier der Eucharistie hingeordnet. Es gibt also – will man es sehen – schon jetzt eine innere Pluralität der Gemeinden innerhalb einer Pfarrei. Nicht nur die traditionellen Gruppengemeinden, sondern auch die katholischen Kindergärten, Schulen und andere Institutionen bilden so etwas wie eine Gemeinde ab.

Diese Unterscheidung von Pfarrei und Gemeinde ist für die Zukunft zweifellos ein Weg der Befreiung des Denkens, denn nun kann jede Einzelne der Gemeindegestalten ihren eigenen Weg gehen, in mehr oder weniger enger Vernetzung mit anderen Gestalten, wobei klar ist, dass sie hingeordnet sind auf die Kirche stiftende Mitte der Eucharistie und ihre Gemeindlichkeit von dort Gewicht bekommt.

Zweifellos unterscheiden sich Gruppengemeinden von einer Kindergartengemeinde: Es ist ungewohnt, eine Gemeinde als zeitlich begrenzten Gemeinschaftsraum zu sehen. Doch genau so ist es ja bei den Kindergärten. Eltern vertrauen den Erzieherinnen und Erziehern ein Kind über einen Zeitraum von maximal drei Jahren an (Ähnliches wäre zu einer Schule und zu einem Altenheim zu sagen) und nehmen in dieser Zeit in mehr oder weniger intensiver Weise Anteil am Leben dieser Institution, die gemeinschaftsstiftend ist. So lässt sich in einem Kindergarten unschwer erkennen, dass hier – mit Kindern wie Eltern – ein kindgerechter Zugang zum liturgischen Feiern durch Gebet, aber auch durch Feiern des Kirchenjahres eröffnet wird. Natürlich findet in einem katholischen Kindergarten auch ein verkündigendes Glaubenszeugnis statt – das braucht im Einzelnen ja nicht erläutert zu werden. Schließlich ist ein Kindergarten auch in intensivster Weise ein Raum der Diakonie, der wechselseitigen Unterstützung und Hilfe. Durch all diese Grundvollzüge des Kirche-Seins wächst Communio, die – so konnte ich schon in früheren Jahren beobachten – zum Teil intensiver gelebt wird, als in der klassischen Kirchengemeinde selbst.

„Kleine Kirche Kindergarten" – das ist also kein übertriebenes Wort. Zu fragen ist nach dem spezifischen Charakter dieser „Projektgemeinden": Während in früheren Zeiten diese gemeindebildende Kraft des Kindergartens häufig dafür genutzt wurde, Menschen in die „eigentliche Gemeinde" hineinzuziehen – und dies ist häufig genug gelungen –, nehme ich heute wahr, dass die Eltern, die sehr bewusst einen katholischen Kindergarten wegen seines pädagogischen, ästhetischen oder personalen Profils aussuchen, weithin Menschen sind, die keinen Zugang zum klassischen Gemeindetypus finden werden. Sie sind häufig nicht katholisch, manchmal evangelisch oder freikirchlich engagiert; unter ihnen sind Muslime und sehr viele, die keinen direkten Zugang zum kirchlich gelebten Glauben mehr haben. Um so deutlicher wird bei dieser Beschreibung aber auch, dass die besondere Charakteristik eines kirchlichen Kindergartens darin liegt, ein Stück katechumenal-missionarische Kirche zu sein.

Die Kundschafter des Neuen hören!

Denn die bewusste Wahl der meisten Eltern ist auch verbunden mit einer Offenheit für den christlichen Glauben, der hier gelebt und praktiziert wird im Rahmen einer fachlichen Qualifikation: die menschliche Atmosphäre des Kindergartens, seine gestaltete Schönheit, die Werte, die vermittelt werden und die Ermöglichung einer Gemeinschaft auf Zeit – all das eröffnet einen Zugang zum Wesen des Glaubens, für den Eltern offenbar hoch sensibel sind.

Damit erweisen sich Kindergärten (und mitgemeint sind auch die anderen Insitutionen) als privilegierte missionarische Orte, an denen Menschen – veranlasst durch den institutionalisierten Anlass der qualifizierten Betreuung von Kindern – mit dem christlichen Glauben in Berührung kommen.

Damit aber verändert sich auch der theologische Standort des Kindergartens und seiner Aufgabe.

Vor allem und zuerst ist natürlich nach den Erzieherinnen zu fragen. Ich habe in den vergangenen Jahren immer wieder Leiterinnen und Erzieherinnen erlebt, die mit hoher Verantwortlichkeit, Qualifikation und Engagement aus dem Glauben heraus das Leben des Kindergartens gestalteten. Sie sind – auf dem beschriebenen Hintergrund – in der Tat pastorale Mitarbeiterinnen. Entscheidend ist ihr Glaube, ihre Fähigkeit, aus einer christlichen Praxis heraus zu erziehen und mit den Eltern im Gespräch zu sein. So stellt sich bei ihnen die Frage nach der spirituellen Vertiefung und Begleitung wie nach der pastoralen Begleitung durch den Pfarrer oder einem Mitglied des Pfarrteams.

Noch entscheidendere Bedeutung bekommt auf diesem Hintergrund auch die Frage, wie Erzieherinnen ausgebildet werden: nicht mehr die formale Konfessionszugehörigkeit reicht heute aus, sondern die Frage, wie sehr eine Erzieherin in der neuen Situation der Kirche Zeugin oder Zeuge des Glaubens sein kann. Schmerzhafte Erfahrungen aus der Vergangenheit bei der Auswahl der frisch ausgebildeten Erzieherinnen machen mir deutlich, dass die neue missionarisch-katechumenale Situation der

Kleine Kirche Kindergarten

Kirche noch nicht hinreichend von den entsprechenden Ausbildungsgängen aufgegriffen worden ist. Das ist kein Vorwurf, sondern eine Anregung.

Die Situation der „Kleinen Kirche Kindergarten" ist hier als „missionarisch-katechumenal" beschrieben worden. Das bedeutet auch im Hinblick auf das Bezeugen und Feiern des Glaubens, dass hier Formen und Wege gefunden werden müssen, wie Menschen exemplarisch kleine Wegstrecken im Glauben gehen können – so weit sie wollen. Im Grunde heißt das nichts anderes, als auf die Eltern ähnlich zuzugehen wie auf die Kinder – ohne vorauszusetzen, dass bei den Eltern eine christliche Sozialisation stattgefunden hat. Auch wenn das in manchen Fällen so sein sollte, in den meisten Fällen begegnen einem suchend-offene Menschen, nicht aber geprägte Christen.

Ich erinnere mich noch daran, wie wenig sinnvoll die Feier einer Gemeindemesse mit der versammelten Elternschaft und den Kindern war. Es braucht eigene katechumenal inspirierte liturgische Zugänge, nicht aber die Höchstform der Liturgie, um mit den Eltern auf den Weg zu kommen. Deutlich wird dies zum Beispiel an Feiern des Kirchenjahres wie Nikolaus oder St. Martin, die die Botschaft des christlichen Glaubens in kleinen, aber gehaltvollen Feiern auch für Eltern erschließen können.

Zentral aber wird für eine „Kleine Kirche Kindergarten" die Bezeugung des Glaubens durch das Leben sein: die Aufmerksamkeit und Sensibilität füreinander, das Zuhören auf die Sorgen der Kinder und Eltern, die Achtung der Menschenwürde eines jeden – all das führt auch dazu, dass ein Kindergarten ein intensiver Ort christlicher Diakonie und Nächstenliebe wird – ein Ort, der sich dann weiterentwickeln kann zu einem Familiengarten, ja zu einem örtlichen Beratungs- und Lebenszentrum.

All das darf ich in Ansätzen in den mir anvertrauten „Kleinen Kirchen" schon erfahren. Ich bin den Erzieherinnen, meinen pastoralen Mitarbeiterinnen, sehr dankbar dafür.

Die Kundschafter des Neuen hören!

Katechumenat oder Konvertitenunterricht

Nach den Sommerferien klingelt es an der Tür. Vor mir steht eine junge Studentin mit Namen Katharina: „Ich bin in Ostberlin geboren, und seit einigen Jahren studiere ich hier. Ich habe meinen zukünftigen Ehemann kennen gelernt. Er stammt aus einer katholischen Gegend. Als ich seine Familie besucht habe, bin ich immer neugieriger geworden. Und jetzt, nachdem ich ein Praktikum beim Caritasverband gemacht habe, ist mir klar geworden, dass ich getauft werden will. Wie geht das?"

Ein Mann, Herr Franz, ruft mich ein Jahr später – im Februar – an: „Ich bin ungetauft, aber meine Frau ist katholisch und vor allem die Familie meiner Frau. Schon ganz lange denke ich daran, dass ich getauft werden könnte. Aber jetzt ist es soweit. Der Tod meines Schwiegervaters hat mich sehr berührt: Er ist so friedlich und gefasst auf den Tod zugegangen – das kann man nur als Gläubiger ..."

Beide fragen: „Wie kann ich Christ werden, wann ist die Taufe?" Beide fragen nach dem Katechumenat, ohne zu wissen, was das ist.

Seit dem Ende der neunziger Jahre bemüht sich die deutsche Kirche um eine Erneuerung des altkirchlichen Katechumenats. Die Erfolge sind bescheiden; obwohl die Zahl der erwachsenen Taufbewerber stetig steigt, ist das Interesse der Pfarrer und der anderen Akteure in der Pastoral für diesen alten und doch unbekannten, neuen Weg höchst begrenzt. Am Beispiel der Diözese Hildesheim lässt sich das deutlich feststellen: von mehr als jährlich 100 getauften Erwachsenen nehmen inzwischen rund 15 Prozent an der diözesanen Zulassungsfeier zur Taufe teil, aber höchstens 5 Prozent dürfen damit rechnen, jenseits des klassischen oder reformierten Konvertitenunterrichts nach der Logik des Katechumenats vorbereitet zu werden.

Die Gründe dafür liegen auf der Hand. Der Katechumenat verlangt einen Systemwechsel der christlichen Initiation, wie er grundlegender kaum gedacht werden kann, und offensichtlich sind die meisten der Gemeinden und ihrer Pfarrer mit solchen Denk- und Gestaltungsprozessen schlichtweg überfordert. Auch dafür gibt es ja gute Gründe, denn die Herausforderungen der allgemeinen Pastoral und der Umstrukturierung der Pfarreien sind im vollen Gange. Da ist es fast eine störende Unterbrechung, wenn Suchende nach der Taufe fragen.

Skurrile Erfahrungen lassen sich leicht beschreiben: Der Brief eines Dechanten liegt vor mir. In ihm wird von einer Erwachsenentaufe berichtet. Und mein Mitbruder fährt fort: „Eine Woche später soll dann das Bußsakrament gefeiert werden und dann die Erstkommunion. Wann soll dann die Firmung stattfinden?" Und eine Kollegin aus Süddeutschland berichtet mir, dass oft angefragt wird, ob nicht neun Jahre nach der Taufe dann die Erstkommunion des erwachsenen Taufbewerbers stattfinden solle ...

Hinzugefügt werden darf auch, dass der Informationsgrad der Priester und Hauptberuflichen zum Thema Katechumenat sehr gering ist. Das ist eigenes Versagen. Informationen und Broschüren gibt es inzwischen einige – ebenso wie Informationsveranstaltungen. Natürlich hat fast jeder von ihnen schon einmal mit einem Taufbewerber zu tun, aber die Vorbereitung wird sehr individuell gestrickt – je nach der Individualität des Priesters.

Diese individuelle Akzentuierung schützt den Suchenden und Taufbewerber zu wenig: Jemand, der auf die Kirche zukommt, hat das Anrecht und den Anspruch auf einen geregelten und nachvollziehbaren Weg, der den Prozess des Christ-Werdens transparent sein lässt.

Und in der Tat gibt es an verschiedenen Orten solche Zugangswege. Aber sie unterbieten im Allgemeinen die katechumenale Logik und erweisen sich unter der Hand als überarbeitete Modelle des Konvertitenunterrichts. Zu solchen Modellen zählen Glaubenskurse, die über einen bestimmten Zeitraum Menschen mit den grundlegenden Glaubensinhalten vertraut machen – aber auch Gesprächsrunden mit einem Priester oder Hauptberuflichen in der Pastoral. Damit aber werden grundlegende Schritte des Christ-Werdens außer Acht gelassen.

Dies aber scheint mir um so gravierender, als sich hinter der Logik des altkirchlichen Katechumenats, der in den USA wie in Frankreich und anderen Ländern nach dem Konzil eine breite Entwicklung erfahren hat, ein Weg des Christ-Werdens abzeichnet, der auch eine Logik des Glaubenlernens für Kinder, Jugendliche und Erwachsene, die schon getauft sind, in sich birgt.

Ohne Zweifel: Auch der Konvertitenunterricht birgt eine Logik in sich, aber diese Logik orientiert sich weithin an einem untergehenden milieuchristlichen Paradigma: Der Vollzug des Glaubens innerhalb eines christlich geprägten Milieus gilt gewissermaßen als selbstverständlicher Rahmen für jenen Bildungsprozess der Umkehr und Rückkehr. Von daher wird natürlich beim Konvertiten der gnadenhafte Hintergrund seines Wunsches beleuchtet, aber vor allem geht es darum, dass er sich zu integrieren weiß in den selbstverständlichen Ablauf des Christ-Seins. Es geht deswegen vor allem darum, die Inhalte des Glaubens zu vergewissern und einen raschen Zugang zu den Vollzügen des Glaubens zu finden. Ein Buch, einige Gespräche oder eine Gesprächsrunde – dann werden, beiläufig, Menschen wieder in die Kirche aufgenommen und in die Gemeindewirklichkeit entlassen.

So sehr stimmig dieses Modell für vergangene Zeiten gewesen sein mag, so merkwürdig mutet es heute an. Denn die Rahmenkoordinaten haben sich verändert: nicht nur die Taufbewerber, auch die Getauften sind Suchende, und die Sozialgestalt der Kirche vor Ort ist weithin nicht der Ort, an dem Neugetaufte in ein geistliches Leben als Christen eintauchen können. Es geht auch nicht mehr nur darum, in einer Art des Nachhilfeunterrichts fehlende Elemente des christlichen Glaubens und der christlichen Praxis aufzuholen, die dann befähigen, am christlichen Leben teilzuhaben. Es geht um eine grundlegende Einweisung in den christlichen Glauben, der weit über die Wissensvermittlung hinausreicht.

Katechumenat oder Konvertitenunterricht

Und wie „geht" nun der Katechumenat? Wie könnten Katharina und Herr Müller auf die Taufe vorbereitet werden?

Wenn Menschen schon einen langen Weg der Suche gegangen sind, und dann den Entschluss zur Taufe fassen, dann sind sie schon lange von Gott auf diesen Weg geführt worden. Wenn sie nun nach der Taufe fragen, dann geht es nicht – wie durchaus auch in manchen Fällen – um eine formale Initiation, sondern um das bewusste Eintreten in den „neuen Weg". Es ist in der Tat ein Weg, und darum ist der eigene Prozess des Glauben-Lernens der Maßstab des Christ-Werdens. Und deswegen frage ich: „Haben Sie Zeit, oder müssen Sie morgen getauft werden?" „Mir geht es darum, wirklich den christlichen Glauben von innen kennen zu lernen", sagt Herr Franz – „Wie lange dauert denn die Vorbereitung?", fragt Katharina, die im September zu mir gekommen ist und nächstes Jahr nach Ostern für ein halbes Jahr nach Südamerika gehen will, um dort ein Sozialpraktikum zu absolvieren. „Bis Ostern nächstes Jahr", erkläre ich. Ja, denn Ostern ist in der Logik der Kirche der Zeitpunkt, an dem die Initiation gefeiert wird.

„Und wie sollen wir uns jetzt vorbereiten? Wie bereiten Sie uns vor?" Beide reagieren zunächst überrascht und auch ein wenig irritiert, als ich ihnen erkläre, dass ich die Vorbereitung nicht übernehmen würde. Die Vorbereitung geschieht vielmehr in einer Gruppe von Christen aus unseren Gemeinden – Zeugen des Glaubens, die mit ihnen einen Glaubensweg gehen können. Katharina ist ziemlich skeptisch, als ich sie in eine bestehende Gruppe des BibelTeilens einlade – aber schon nach einiger Zeit sagt sie: „Ich bin so wunderbar aufgenommen worden, und es ist eine wunderbare Erfahrung, mit den anderen gemeinsam in der Schrift zu lesen und unsere Fragen miteinander zu besprechen." Auch die Gruppenmitglieder sind begeistert: „Was für Fragen Katharina immer stellt – da müssen wir selbst erst einmal gehörig nachdenken ..."

Für Herrn Franz ist es anders. Neben einigen Zeugen aus der Gemeinde kommen noch zwei studentische Firmbewerber hinzu.

Katechumenat oder Konvertitenunterricht

Für die junge Studentin ist es – wie sie sagt – erst jetzt der richtige Zeitpunkt für die Firmung. Der junge Student der Theologie hat erst während seines Studiums gemerkt, dass ihm jegliche Praxis des Glaubens fehlt: seine Eltern haben ihn nie eingeführt, und er selbst ist durch eine innere Erfahrung bei einem Weihnachtsgottesdienst erst auf die Idee gekommen, Religionslehrer zu werden.

Immer wieder in diesen Monaten kommt es zu kleinen Einzelgesprächen mit den Bewerbern, aber die eigentliche Vorbereitung geschieht in einer kleinen Gemeinschaft. Auf der Ebene der Pfarrgemeinde biete ich den Bewerbern einen stärker katechetisch orientierten Glaubenskurs an, der die inhaltliche Dimension ihres Glaubens vertiefen soll – das gemeinsame Gebet, das Hören auf die Schrift und das Erspüren der göttlichen Erfahrungen im eigenen Leben geschieht in der „Katechumenatsgruppe", wie sie offiziell heißt.

Der Katechumenat ist also ein existenzieller Prozess des Glaubenlernens in Gemeinschaft mit Zeugen und erfahrenen Christen. Aber er hat auch eine ausdrücklich liturgisch-mystagogische Dimension. Der Vorbereitungsweg ist markiert durch eine Aufnahmefeier, durch Feiern der Segnung, der Salbung und der Übergabe der Schrift und der Glaubenssymbole – und diese Feiern finden während der sonntäglichen Eucharistie der Gemeinde statt.

Natürlich ist die jeweilige Gemeinde nicht wenig überrascht, aber auch tief beeindruckt von den Feiern. Auf diese Weise werden alle selber wieder erinnert an ihren eigenen Glaubensweg, auf diese Weise wird aber auch öffentlich, dass in unserer Mitte Erwachsene sich auf die Taufe vorbereiten.

Ein erster Höhepunkt ist die Zulassungsfeier mit dem Bischof zusammen mit 15 anderen Bewerbern am 1. Fastensonntag. Es ist beeindruckend, wie sehr hier für die vielen Taufbewerber Kirche zu einer spürbaren Erfahrung wird.

Der wichtigste Moment aber ist die Taufe. Ich erinnere mich sehr gut an die Osternacht in diesem Jahr. Die strahlenden Augen von Herrn Franz und der beiden Firmbewerber werde ich nicht vergessen. Dieses Erlebnis hat tiefe Spuren hinterlassen: „Den Taufschal nehme ich jetzt erst einmal eine Woche lang nicht ab. Ich werde ihn meinen Kollegen zeigen", sagte Herr Franz begeistert. Sein Glaubensweg hat in der Tat einen ersten Höhepunkt gefunden, aber er ist nicht zu Ende mit der Taufe: „Ganz viele Leute aus der Gemeinde – viele kannte ich gar nicht – haben mich beglückwünscht und auch immer wieder angesprochen. Ich fühle mich im Gottesdienst ganz zu Hause und beheimatet – aber wir möchten nicht auf unseren Glaubenskreis verzichten. Natürlich werden wir uns weiter treffen ..."

Kein Kurs, kein Unterricht ist mit der Taufe zu Ende gegangen – ein gemeinsamer Glaubensweg ist eröffnet worden. Aber auch für mich ist diese Erfahrung der Begleitung eines katechumenalen Weges immer wichtiger geworden, denn ich lerne hier Schritt für Schritt eine neue Logik des Christ-Werdens, die sich auch in der Sakramentenpastoral und überhaupt in der Gemeindepastoral fruchtbar niederschlägt. Eine katechumenale Logik der Pastoral zeichnet sich für mich ab.

Von Willow Creek lernen

Sanft werde ich gewarnt: „Es könnte eine Sekte sein, seien Sie vorsichtig." Wir machen uns trotzdem auf den Weg nach Oberhausen, zu einem Leitungskongress der Willow Creek Association. Ich hatte im Internet von diesem Kongress gelesen – und das hat mich beeindruckt, weil diese freie evangelische, aber nicht evangelikale Gemeinde aus den USA ganz programmatisch missionarisch ist. Und deswegen war auch meine Antwort biblisch selbstbewusst: „Prüfet alles, und bewahrt das Gute."

Um keine Missverständnisse offen zu lassen. Katholische Kirche und evangelische Freikirchen sind vollkommen unterschied-

Die Kundschafter des Neuen hören!

lich. Die Theologie des Amtes ist nicht vereinbar. Für einen katholischen Christen fehlt in den Freikirchen das Nachdenken über Sakramente, vor allem über die Eucharistie und das Amt. Und manches wirkt merkwürdig traditionsvergessen. Liturgie gibt es nicht wirklich. Und dennoch: wer verwurzelt ist in seiner eigenen Kirche, der kann auch inmitten unvereinbarer Differenzen den Reichtum des Anderen sehen. In dieser Perspektive lässt sich vieles lernen ...

Was ist und wo liegt eigentlich Willow Creek?[3] Seit etwa 30 Jahren gibt es die Willow Creek Community church bei Chicago. Gegründet wurde sie von einer Gruppe junger Männer und Frauen. Unter ihnen als der Motor und Antriebgeber Bill Hybels, der wirklich ein gemeindegründerisches Charisma hat. Die Leidenschaft und das Ziel der Gruppe um Bill Hybels ist der Wunsch, dass möglichst viele Menschen – und gerade die, denen die Botschaft Christi unbekannt ist – einen Zugang zu Jesus Christus finden. Entsprechend gestalten sie Gottesdienste – entsprechend ist die Gemeinde aufgebaut. Sie ist auch heute noch im stetigen Wachstum. Woche für Woche kommen etwa 18.000 Menschen zu den Gottesdiensten. Wer sich dieser Gemeinde annähert und ihr zugehört, ist in Kleingruppen beheimatet. Viele Menschen bringen ihre Begabungen und Charismen ein, damit das Ganze lebt und wächst. Zentral sind die Suchergottesdienste, zu denen diese vielen Menschen gehen: weniger eine Liturgie, als vielmehr eine Basiskatechese, die mit Gesang und Schauspiel professionell und mit Herz begleitet wird ... Seit Mitte der 90er Jahre wurden immer mehr evangelische und freikirchliche Gemeinden auf dieses Phänomen aufmerksam und erste Kongresse wurden organisiert. Die Willow Creek Community church will keine Ableger gründen – aber ein Netzwerk der Zusammenarbeit hat sich gebildet, bei dem viele tausend Gemeinden und Kirchen auf der ganzen Welt zusammen arbeiten. Das erregt Neugier, oder?

Einige Wochen später. Die „König-Pilsener-Arena" in Oberhausen ist bis auf den letzten Platz gefüllt. Etwa 8000 Menschen.

Von Willow Creek lernen

Gesang mit einer professionellen Band, Gebet und Vorträge. Es geht um ein wichtiges Thema des Gemeindeaufbaus: um die Leitung. Immer wieder staune ich über die einfachen Worte, die die Vortragenden finden. Ich bin beeindruckt von der biblischen Verwurzelung, von der Leidenschaft, die für die Verkündigung zu spüren ist, aber auch von der Verknüpfung moderner Erkenntnisse aus dem Management mit christlichen Grunderkenntnissen. Bill Hybels, der Begründer und charismatisch begabte Pastor der Willow Creek community church, ist so ganz und gar nicht exzentrisch, so ganz und gar nicht überkandidelt, sondern nüchtern, spirituell und pragmatisch. Nichts in dem, was ich höre, könnte ich nicht unterschreiben. Im Gegenteil: Selten habe ich eine so wunderbare Mischung von amerikanischen Pragmatismus und tiefer biblischer Spiritualität erlebt.

Und zwar nicht nur bei den Vorträgen: auch die Atmosphäre in dem Saal war von einer tiefen Spiritualität gekennzeichnet. In dieser spirituellen Atmosphäre begegnen sich Mitglieder der verschiedensten Freikirchen, Lutheraner, Reformierte – und etwa ein Prozent Katholiken in großer Geschwisterlichkeit.

Nach drei Tagen mit Gebet, Gesang und langen Vorträgen – in Englisch/Deutsch – fahren wir begeistert heim. Immer wieder staune ich. Eigentlich war in den Vorträgen nichts radikal Neues, aber die Art und Weise der Vorträge, die Klarheit der Ideen und der pragmatische und nicht dauerreflexiv-problematisierende Ansatz macht Lust auf mehr. Als Katholik entdecke ich während dieser Tage viele verschüttete Elemente der eigenen Tradition und gleichzeitig wird mir deutlich, dass der gemeindegründerische Aufbruch, den ich hier miterleben darf, ganz gewiss für unseren angepeilten Aufbruch in einer missionarische Kirche von großer Bedeutung ist. Ja, ich, wir, können von Willow Creek viel lernen.

Immer wieder taucht ein Stichwort in den Vorträgen und Überlegungen auf, dass mir bisher in unserer Kirche eher selten so konkret begegnet ist. Das Stichwort heißt „Vision". Für die WCC gibt es kein Weiterkommen, keine klare Leitung ohne die enstprechend konkrete biblische Vision. Das Handeln und alle Aktivitäten sind darauf hingeordnet. Zum einen wird immer wieder deutlich, dass diese Vision das Leben einer ganzen Gemeinde bestimmt: die Kirchenvision der Apostelgeschichte (Apg 2, 37–42) ist zentral. Noch bestimmender allerdings ist die Leidenschaft für jeden Menschen – der Wunsch, dass möglichst viele vom Geist Christi angesteckt werden. Man könnte nun natürlich – wie bei fast allen Akzenten, die Willow setzt – fragen: Und was ist das Neue? Ich habe den Eindruck, das Neue ist, dass eine ganze Gemeinde tatsächlich an diese Vision glaubt und ihr Handeln immer wieder daran ausrichtet. Diese Vision wird von der Leitung immer wieder eingebracht und präzisiert, sie wird von der Gemeinde mitgetragen, und sie löst ein Handeln aus, dass sich entsprechend orientiert.

Im Zentrum steht die Frage, wie Menschen für die Botschaft des Evangeliums geöffnet werden. Entsprechend hat die Gemeinde von Willow Creek ihre „Gottesdienste" gestaltet: Von Anfang an stehen die Suchenden im Mittelpunkt: die gastfreundliche Begrüßung, die Musik, die Gebete – und vor allem die Predigt, die mehr eine grundlegende Katechese ist – all das macht einen „Gästegottesdienst" aus. Die Mitglieder der Gemeinde, die im Dienst dieser Gottesdiente am Wochenende stehen, brauchen natürlich auch eine eigene Vertiefung ihres Glaubens und ihres gottesdienstlichen Feierns. So entstanden mit der Zeit Gottesdienste für die Gemeinde, die während der Woche gefeiert werden.

Suchende Menschen entdecken in solchen Gottesdiensten ihre Sehnsucht nach dem Gott Jesu Christi. Es ist ganz deutlich, dass solche Menschen im Glauben gefördert werden müssen, soll dieser Aufbruch nicht ein Einzelereignis bleiben. Wie selbstverständlich werden solche Suchenden und alle Gemeindemitglieder in Kleingruppen aufgenommen, in denen der Glaube vertieft und Gemeinschaft sehr solidarisch und alltäglich gelebt wird.

Die Geschichte von Willow Creek in den letzten 25 Jahren ist in der Tat eine Erfolgsgeschichte, aber sie ist keine triumphalisti-

Von Willow Creek lernen

sche Geschichte. Immer wieder erzählen ganz freimütig die Leiter und Leiterinnen von den Problemen und Krisen der Gemeinde – und immer wieder wird deutlich, aus welcher spirituellen Tiefe alle Beteiligten schöpfen:

Gestaunt habe ich im Frühjahr 2005, als ich auf einem weiteren Kongress in Stuttgart dabei sein durfte. Die dramatischen und herausfordernden Vorträge schlossen auch das eigene Versagen und die eigene Sündigkeit mit ein. Eine Spiritualität des Kreuzes wurde hier offenbar, die das Geheimnis von Sünde, Vergebung und Erlösung thematisierte, wie ich es selten zuvor gehört habe.

Es gibt also eine Fülle von praktischen Hinweisen und Modellen, die aus dieser Gemeinde auch für unsere katholische Umbruchssituation hin zu einer geistlich gegründeten, gemeinschaftsstiftenden und katechumenalen Kirche hilfreich sind. Doch neben der konkreten Umsetzung von Visionen einer Kirche, die auch „Neue" aufzunehmen versteht, gibt es einen Akzent und einen Aspekt, der mich am meisten beeindruckt hat – auch deshalb, weil er bis in die jüngste Zeit in unserer eigenen Tradition und Praxis kaum berücksichtigt wurde: das Thema der Leitung.

Dem Leiter einer Gemeinde kommt in der theologischen wie praktischen Reflexion der Willow-Creeker eine herausragende Bedeutung zu. Mag das auch allzu selbstverständlich klingen, die Spiritualität und Praxis der Leitung, die in unserer Kirche ja zunächst eng mit dem Sakrament der Weihe verknüpft ist, wurde in meiner Ausbildung kaum, ja eigentlich gar nicht, thematisiert. Hier bekommt sie strategische Bedeutung. Auf den Kongressen, die ich besucht habe, wurde in immer neuen Anläufen dieses Thema umkreist und geschult: die Bedeutung einer Leiterschaft mit Vision, die Schwierigkeiten der Umsetzung, die Notwendigkeit eines Teams und einer Visionsgemeinschaft, die Praxis der Veränderung, die Spiritualität und moralische Integrität des Leiters – alle diese Themen waren zentral. Als Leiter eines kleinen Fachreferats, aber noch vielmehr als Pfarrer mehrerer Gemeinden

Die Kundschafter des Neuen hören!

habe ich geradezu aufgesogen, was mir hier angeboten wurde. Verknüpft mit modernen Erkenntnissen der Organisationsentwicklung und gegründet in biblisch typologischen Beobachtungen wurde ich hier reich beschenkt. 2002 in Oberhausen, aber auch 2005 in Stuttgart habe ich mich gefragt, warum bisher nur sehr wenig dieser Erkenntnisse an die jungen Pfarrer weitergegeben wurde.

Wahr ist, dass auch im katholischen Bereich seit einiger Zeit im Rahmen von Organisations- und Gemeindeentwicklung einige Akzente in der Personalentwicklung von Leitern gesetzt werden. Angesichts der strategischen Bedeutung dieses Themas ist dies allerdings noch viel zu wenig.

Alle diese Aspekte einer visionären Gemeindeleitung und -gestaltung sind für unsere katholische Situation höchst anregend und weiterführend. Das Charisma, das es hier zu entdecken gibt, kann nicht einfach mit dem Begriff der „Sekte" denunziert werden. Es bedarf vielmehr eines demütigen Selbstbewusstseins, das mit den Brüdern und Schwestern im Glauben gemeinsam den Weg in die Zukunft sucht und dabei von dem Reichtum des Anderen – und häufig Fremden – lernt.

Natürlich bleiben die gravierenden Unterschiede. Doch diese kirchentrennenden Unterschiede sollen nicht verdecken, wie viel authentisches Suchen nach einem Leben aus dem Evangelium mir hier begegnet ist. Und vor allem eine Leidenschaft für die Suche nach denen, die die Liebe Gottes noch nicht entdeckt haben. Eine solche Leidenschaft dürfte ruhig ein wenig abfärben.

Sehnsucht nach Stille und Gebet

Die Gebetserfahrung in Taizé hatte in mir eine große Sehnsucht ausgelöst. Die Sehnsucht nach einer einfachen Gebetsform, die meinem Tag Gestalt gibt, vor allem dem Abend, der ja die „pri-

Sehnsucht nach Stille und Gebet

me time" allen pastoralen Tuns ist. Kann man es wagen, jeden Abend eine Taizé-Gebetszeit zu feiern? Lässt sich das durchhalten? Oder ist es nur eine kurzfristige Euphorie, wie sie immer wieder nach den Jugendfahrten auftritt?

Aber Franziska, eine der Jugendlichen, die mit in Taizé waren, macht mir Mut: „Lass es uns versuchen, vielleicht machen ja andere mit ..." In der Tat weiß ich, dass auch unter den Erwachsenen unserer Gemeinden eine ganze Reihe sind, die als Jugendliche selbst schon in Taizé waren.

In der Kirche gibt es eine Gebetsecke, die fast von niemanden benutzt wird. Also machen wir uns auf in den Baumarkt, kaufen große Bausteine, auf die wir Kerzen stellen können – und beginnen am 1. Mai 2003 mit einem Taizégebet am Abend, während der Woche immer um 19.30 Uhr. Schon bald stellt sich heraus, dass fast immer drei bis zehn Personen zum Gebet kommen – ein Gebet, das sich selbst trägt. Für mich ist es nicht immer möglich, dabei zu sein. Aber seit inzwischen zwei Jahren finden sich Menschen, die mal zu wenigen, mal aber auch mit vielen, eine halbe Stunde innehalten und beten.

In der Osterzeit 2004 wagen mein Mitbruder und ich einen neuen Versuch: jeden Morgen um 7 Uhr laden wir ein zum gemeinsamen Morgenlob der Osterkerze. Überraschend auch hier das Echo. Um diese Zeit am Morgen finden sich regelmäßig bis zu 10 Personen ein, die mit uns in den 50 Tagen der Osterzeit beten. Am Ende der Osterzeit schlagen wir vor, einmal in der Woche die Laudes gemeinsam in der Kirche zu beten.

Am Ende der Sommerferien 2004 wird mir immer klarer, dass ich für meine morgendliche Meditationszeit keinen Raum im Pfarrhaus finde, bei dem ich nicht innerlich von der „Arbeit" überfallen werde. Also gehe ich in die Kirche. Donnerstags schließt sich, nach der halbstündigen Stille, die Laudes in der Kirche an. Menschen bemerken, dass ich schon vorher in der Kirche bin und fragen mich, ob auch sie in dieser Stille beten können. Schon bald stelle ich überrascht fest, dass bis zu sieben Personen am morgen von 6.30 bis 7 Uhr in Stille vor dem Kreuz verbringen. Der einzige Akzent dieser Zeit ist die Tageslesung und ein Abschlussgebet. Nach innerem Ringen verspüre ich, dass ich doch noch mehr Zeit zur Stille brauche. Und als ich seit Ostern 2005 um sechs Uhr beginne, in der Stille Gott anzubeten, werde ich bald Zeuge, dass dieselben Menschen auch jetzt diese längere Zeit teilen wollen.

Weil ich durch meine Tätigkeit im Bischöflichen Ordinariat die üblichen Messzeiten unserer Gemeinden selten einhalten kann, feiere ich seit einiger Zeit zweimal in der Woche um 21.45 Uhr die heilige Messe, in der auch die Sammlung und Stille eine wichtige Rolle spielen. Der späte Zeitansatz soll darüber hinaus auch ein Angebot für diejenigen Erwachsenen sein, die durch Beruf und Familie erst zu dieser späten Zeit die Gelegenheit hätten, Gottesdienst zu feiern. Und so kommen bis zu 20 Personen in diese Gottesdienste.

Solche Erfahrungen, die hier wie in einem Mosaik kurz beschrieben sind, könnten beliebig ergänzt werden. Da ziehen sich Menschen in die Stille der Klöster zurück, um eine Woche lang ins Gebet zu kommen, da fahren Männer nach Spanien, um eine Zeit lang auf dem Pilgerweg nach Santiago zu sein. Aber auch die Jugendlichen, die aus unseren Gemeinden in immer größerer Zahl mit nach Taizé fahren, oder die Jugendlichen und Erwachsenen, die eine Zeit lang im Kloster S. Antimo verweilen, bezeugen eine Sehnsucht nach Gebet und Stille.

„Die Momente der Stille und des Gebetes während der Firmvorbereitung sind die einzigen Momente in der Woche, in denen ich zur Ruhe komme", sagt nicht nur ein Firmbewerber, viele sagen es. Der wöchentliche Treff mit Jugendlichen endet seit einiger Zeit – auf Wunsch der Jugendlichen – immer mit einer Zeit der Stille, die wir mit einigen Taizéliedern abschließen.

Dies sind deutliche Hinweise, die zum Nachdenken bringen. Nicht die lärmende Abwechslung oder das ständige Wort allein, sondern auch die Einführung in eine Gebetspraxis werden gesucht. Eine Erwachsene, die während der Fahrt nach Taizé bei der Gruppe mitmachte, die in die Stille ging, sagte mir am Ende: „Solche Impulse, wie ich sie hier gehört habe, brauchen wir auch zu Haus, um besser beten zu lernen." Denn die Impulse, die uns dort eine Schwester jeden Morgen hielt, waren im letzten nichts anderes als eine Gebetsschule.

Durch diese vielfarbigen Facetten spiritueller Praxis wird aber noch ein weiteres deutlich: untrennbar ist die Einübung einer Praxis des Betens und des Schweigens verbunden mit Personen, die eine Erfahrung gemacht haben und nun an dieser Erfahrung teilgeben. Der Hunger nach den Erfahrungen des Betens ist nicht klein. Aber immer deutlicher wird ja, dass Menschen – auch die Gläubigen in unseren Pfarrgemeinden – Anlässe und Hilfen der Einführung brauchen: Lehrer und Schulen des Gebetes.

Jünger schulen – Suchende empfangen

Schon seit einigen Jahren laden der Jugendseelsorger unseres Bistums und die Gemeinschaft der Benediktinerinnen alle zwei Monate Jugendliche zu einer Jugendvesper mit anschließender Begegnung in die Klosterkirche Marienrode bei Hildesheim ein. Und viele kommen. Zusammen oder allein, in Begleitung ihrer Kapläne, manchmal auch Firmgruppen – zu einer Jugendvesper, die sich am Tagzeitengebet der Schwestern orientiert. Immer allerdings spielt auch eine Jugendband mehr oder weniger moderne geistliche Lieder. Im Zentrum steht die Schrift und die Auslegung, die vielen Jugendlichen einen wichtigen Impuls für ihr Leben geben kann. Wenn man genau hinschaut, dann stellt man allerdings auch fest, dass längst nicht mehr nur Jugendliche sich zu dieser Feier versammeln. Zunehmend sind es auch Erwachsene, die sich von dieser Feier angerührt und angesprochen fühlen – „Junggebliebene" begrüßt sie der Jugendseelsorger.

Die Kundschafter des Neuen hören!

Viele dieser Jugendlichen, auch die Erwachsenen, sind auf der Suche. Und da es in Gemeinden und Dekanaten kaum noch profilierte Angebote der Glaubensvertiefung für Jugendliche gibt, kamen wir auf eine Idee: Wie wäre es, wenn wir einmal im Monat – vielleicht im Umkreis der Jugendvesper – für Jugendliche einen Glaubenskurs anbieten? Und schon bald stand das Programm, das sich sehr stark biblisch orientierte. Doch würden Jugendliche aus dem Bistum kommen, um gut zwei Stunden am Sonntag zwischen 14 und 16.30 Uhr ihren Glauben zu vertiefen? Wir schlossen Wetten ab: 10? – 15? – 20?

Wir waren nicht schlecht erstaunt, als bei unserem ersten Treffen knapp 25 Jugendliche aus dem ganzen Bistum zusammenkamen. Zum Teil hatten sie erhebliche Fahrzeiten in Kauf genommen. Zum Teil mussten sie – am Sonntag! – mit öffentlichen Verkehrsmitteln anreisen. Nur zwei der Jugendlichen kamen aus Hildesheim selbst.

Die sieben Treffen, die wir im Laufe des Jahres miteinander hatten, waren sehr intensiv und berührend. Vor allem hat uns die große Treue der Jugendlichen angesprochen, die sehr regelmäßig zu den Treffen kamen. „Bei uns, in der Pfarrei, gibt es so etwas nicht, ich habe niemanden, mit dem ich über meine Glaubensfragen sonst sprechen könnte", sagte eine Teilnehmerin. Ganz klar war auch dieser Aspekt sehr wichtig. Die Vereinzelung, die suchende junge Christen heute erfahren, braucht Orte, an denen Kirche, Gemeinschaft in Christus, erfahren werden kann.

Im Gespräch mit der Priorin des Klosters wächst in diesen Monaten so etwas wie eine Vision. Seit mehr als 15 Jahren sind die Benediktinerinnen nun in dem alten Zisterzienserkloster Marienrode zu Hause, und in diesen Jahren haben sich bestimmte Erfahrungen gezeigt, die verstanden werden wollen. Zum einen ist neben dem Kloster ein Exerzitienhaus des Bistums entstanden, und so wurde das Haus in den vergangenen Jahren zu einem Ort, den viele Christen, Einzelne wie Gruppen und geistliche Gemeinschaften als Ort des Rückzugs und der Vertiefung des Glaubens

Jünger schulen – Suchende empfangen

entdeckt haben. Dabei ist es von großer Bedeutung, dass dieses Haus durch Gebet und Liturgie, durch den alltäglichen Kontakt und durch die Buchhandlung, die die Schwestern führen – übrigens die einzige katholische Buchhandlung in Hildesheim – eingebunden ist in das geistliche Leben des Ordens und so von ihm mitgetragen ist.

Marienrode ist aber auch der Ort, den am Wochenende viele Ausflügler zum Spazierengehen anvisieren und dann überrascht das Ordensleben wahrnehmen. Immer wieder kommt es so zu Gesprächen mit kirchlich ungebundenen aber suchenden Menschen.

Die Erfahrungen mit jungen Menschen liegen ganz am Ursprung von Marienrode. Auf Initiative des damaligen Bischofs Josef Homeyer fand hier – genau in der Gründungsphase des Klosters – ein erster „Friedensgrund"[4] statt. Damals arbeiteten die Jugendlichen, die aus West- und Osteuropa zusammenkamen, an einem verlassenen Schweinestall und richteten ihn wieder her.

Genau auf diesen Schweinestall fallen im Gespräch mit der Priorin unsere Blicke. In der Tat ist der eigentliche Konvent umgeben von ehemals landwirtschaftlichen Gebäuden. Und es ist viel Raum da, der noch genutzt werden könnte. Angesichts der Erfahrungen, die in diesem letzten Jahrzehnt gemacht worden sind – könnte hier nicht eine Schule des Glaubens für Suchende, für Jugendliche entstehen? Könnte hier nicht so etwas entstehen wie ein „freiwilliges christliches Jahr", bei dem junge Menschen ihren Glauben finden und vertiefen können und so ihre Berufung entdecken? Wäre hier nicht der Ort für eine diözesane Jüngerschule? Könnte nicht im Schweinestall eine Art Selbstverpflegerhaus entstehen?

Je mehr wir darüber nachdenken, desto mehr spüren wir, dass hier wirklich eine Vision wächst. Aber der Gedanke erschreckt genauso wie er fasziniert. Denn wer sollte dieses Projekt starten? Wer trägt die Kosten? Gibt es Menschen, die es mittragen? Ist das alles nicht eine Überforderung der recht wenigen Schwestern?

Jünger schulen – Suchende empfangen

Wie können sie miteinbezogen und wie können sie auch freigelassen sein? Diese vielen Fragen und Unmöglichkeiten machen uns nicht mutlos. Denn wir spüren die Wahrheit unseres Sehens, aber wir spüren auch, dass eine Vision nicht einfach umgesetzt werden kann. Sie hat ihren Kairós, den wir nicht bestimmen können, auf den wir wachsam und beharrlich warten müssen. So bleibt von diesen ersten Gesprächen ein erstes Visionspapier, auf dem wir festhalten, was wir erkannt haben.

Jetzt, einige Jahre später, gewinnen gerade diese Überlegungen wieder an Gewicht. Denn die Frage, wie heute und in Zukunft suchende Menschen einen Zugang zum christlichen Glauben finden können und die Frage, wie Christen tiefer in ihrer Spiritualität und im Glauben wachsen können haben sich verschärft. Die Pfarrgemeinden sind zumeist nicht mehr in der Lage, junge wie erwachsene Christen zu formen. Die Erfahrungen mit der Sakramentenpastoral belegen dies eindrücklich. Und es wird auch immer mehr deutlich, dass unserer Kirche in den Klöstern und Ordensgemeinschaften oft jene „Orte des gelebten Glaubens" zur Verfügung stehen, an denen eine Teilnahme an den Erfahrungen des Christ-Seins möglich wird, wo Zeugen für ihren Glauben authentisch einstehen – wo also Glauben gelernt werden kann. Denn dass dies nicht in zeitlich eng begrenzten Kursen in Jahrgangskohorten ermöglicht wird, ist deutlich. Glauben-Lernen ist ein längerdauernder Prozess des Pilgerns und der Konversion, der angewiesen ist auf das lebendige Zeugnis von Einzelnen wie von Gemeinschaften.

Zugleich sind viele Suchende und anfanghaft Interessierte auf dem Weg. Klöster und andere geistliche Orte können hier erster Zugang zum Glauben sein, wenn Menschen ihnen gastfreundlich entgegenkommen und wenn es möglich wird, in ganz persönlicher und differenzierter Weise Schritte und Stufen auf dem Glaubensweg zu gehen.

Was spricht eigentlich dagegen, wenn in Marienrode zukünftig junge Menschen auf der Suche ein Jahr ihres Leben Anteil nehmen am benediktinischen Charisma? Was spricht dagegen, wenn die Hinführung zu Taufe, Kommunion und Firmung auch an diesem Ort des Kirche-Seins in besonderer Weise prozesshaft gestaltet werden könnte?

Im Sommer 2005 spürt unsere kleine Arbeitsgruppe immer mehr die Logik einer visionären Pastoral. Das Wachen und geduldige Warten hat dazu geführt, dass mit der Gründung eines Förder- und Freundeskreises auch die Vision von Marienrode ins helle Licht rückt. Gespannt warten wir weiter, wie Gott das, was er uns sehen ließ, ins Leben bringt.

Auf andere Art Pfarrer sein

Eine kurze Beschreibung der Situation und ihrer Entwicklung: Im Frühjahr 2002 hatten die drei Pfarreien noch insgesamt vier Priester mit voller Zeit zur Verfügung. Zwei Gemeindereferentinnen gehörten zum Pastoralteam. Im Sommer 2005 werden die drei Pfarreien von einem Pfarrer geleitet, der mit der Hälfte der Zeit im Pfarrdienst steht. Gleichzeitig ist angekündigt, dass zum Herbst 2006 nur noch eine Gemeindereferentin zur Verfügung steht. Glücklicherweise und notwendigerweise lebt der Pfarrer zusammen mit einem älteren Priester, der als Kooperator seinen Dienst tut. Ein Ruhestandsgeistlicher steht zur Verfügung, wenn und solange die Gesundheit mitmacht. Außerdem umfasst das pastorale Team zwei Diakone, die allerdings nur sehr begrenzt in den Pfarreien mitwirken können. Im Winter 2006 werden die drei Pfarreien zu einer neuen Pfarrei zusammengeführt.

Der Pfarrer bin ich. Für mich hat diese Situation, die für unser Bistum nicht ungewöhnlich ist, eine Vielzahl an Herausforderungen mit sich gebracht, die vor allem in mir selbst zu lösen sind. Es ergibt sich von selbst, dass das hergebrachte Modell des Pfarrerseins hier an seine Grenzen kommt. Und es ergibt sich die

Die Kundschafter des Neuen hören!

Frage, ob ich auf diese Situation vorbereitet worden bin. Natürlich bin ich es nicht.

Pfarrei und Gemeinden

Sehr schnell ergab sich für mich eine Unterscheidung zweier Wirklichkeiten. Als Pfarrer bin ich für eine oder mehrere Pfarreien im Dienst der Leitung, die in der Feier der Sakramente, in der Verkündigung und im Dienst an der Einheit an den Menschen der Gemeinde und vor allem mit der Kirche besteht. Diese klar sakramental-theologische Beschreibung ermöglicht auch die Distanz zu all jenen Gemeinschaftsbildungen, die in der Pfarrei sich aufgrund des Handelns Gottes entwickelt haben: eben der klassischen Gemeinden, die in sich ihrerseits aus Gruppen und Verbänden bestehen, oder der Kindergärten und Schulen, mit denen ich zu tun habe. Gemeinde ist nicht gleich Pfarrei. Ist dies aber so, wäre dann nicht auch denkbar, dass Gemeinden als Sozialverbände und Frucht der sakramentalen Verwurzelung von Leitungsteams (ähnlich den Pfarrgemeinderäten) geleitet werden – und kommt dem Pfarrer dann nicht in Bezug auf diese Gemeinden eine Leitungsrolle zu, die immer wieder auf die gottgeschenkte Wirklichkeit der gebildeten Gemeinschaft verweist, sie an den kritischen Maßstab des Evangeliums erinnert und verhindert, dass sie sich sektiererisch von der Kirche löst?

Wo bin ich zu Hause?

Eine erste Überlegung: in keiner der Gemeinden bin ich zu Hause. Der Bischof hat mich gesandt, in diesen drei Pfarreien, die später eine werden, Pfarrer zu sein. Ich bin sein Gesandter und stehe den Gemeindewirklichkeiten, die sich in den vergangenen Jahrzehnten, ja Jahrhunderten in diesen Pfarreien gebildet haben, gegenüber. Es ist einfach nicht möglich, aber vielleicht auch gar nicht richtig, dass ich mich in diesen Gemeinden beheimate, so sehr sich sicherlich Christen dies wünschen. Was ist meine Heimat? Auf diese Frage gibt es eine mehrfache Antwort. Ganz ursprünglich und theologisch bin ich in das Presbyterium des Bischofs hineingeweiht worden. Hier beginnt die erste Herausforderung: die sakramental gegründete Wirklichkeit des Presbyteriums ist zumeist nicht erfahrbar. Wenn ich eine Prioritätenliste der Erwartungen formulieren würde, dann würde die erste Option der Erwartung gelten, wie Bischöfe in Zukunft mit ihren Priestern in einem brüderlichen Dialog stehen. Damit meine ich nicht persönliche Einzelkontakte, sondern eine Entwicklung von gemeinschaftlichen Formen der priesterlichen Existenz. Damit soll kein Druck erzeugt werden im Hinblick auf Formen gemeinsamen Lebens, sondern auf Gestaltung von gemeinsamen Lebens- und Denkräumen aktualisierten Presbyteriums.

Ich weiß mich von Gottes Gnade gesegnet. Denn über die Erfahrung einer gemeinsamen Spiritualität mit Mitbrüdern aus dem Bistum hinaus darf ich mein alltägliches Leben und Arbeiten teilen mit meinem älteren Mitbruder. Ja, das Pfarrhaus ist meine Heimat, und das liegt am gemeinsamen Gründen im Geheimnis Christi, in der Verwirklichung eines „Ortspresbyteriums". Auch die Mitglieder des pastoralen Teams (Diakone, Gemeindereferenten) und auch die Sekretärinnen der Pfarreien leben in dieser geistlichen Mitte auf ihre Weise mit. Wir alle haben eine Aufgabe, die uns den Gemeinden gegenüberstellt.

Wenn wir in jedem Jahr für einen oder mehrere Tage in eine Teamklausur gehen, dann wird das Gewachsene deutlich: bei aller Unterschiedlichkeit und auch bei allen unterschiedlichen geistlichen Wegen, die wir gehen, dürfen wir die Erfahrung machen, dass wir gemeinsam eine pastorale Vision entfalten und begleiten dürfen.

Von daher wird für mich deutlich, dass ein Pfarrer in welchem Umfang auch immer für den Dienst an Pfarreien und ihren Gemeinden ein Zentrum braucht, in dem das gemeinsame Denken, Handeln und – warum nicht – Leben aus dem Geist Christi eine

Die Kundschafter des Neuen hören!

spirituelle Mitte des Dienstes bilden. Pastorale Teams brauchen deswegen nicht „nach Maß" und vor allem nicht „nach Sympathie" gestrickt werden – aber die Bedeutung der Teamfähigkeit wird deutlich zunehmen, gerade auch im Blick auf die anstehenden Veränderungen und Aufgaben.

Verzichten lernen heißt Zukunft gewinnen

Im Frühjahr 2003 fahren wir zu einer ersten Teamklausur. Eine sehr schöne Erfahrung, bei der es uns gelingt, pastorale Prioritäten unseres Handelns zu erarbeiten, die wir seitdem von Jahr zu Jahr fortschreiben. Einen Tag lassen wir uns professionell beraten. Der Berater hört staunend unsere Situation und kommentiert: „Sie sind eigentlich gar nicht in der Lage, pastorale Schwerpunkte zu entwickeln. Schauen sie doch einmal hin: Ein halber Pfarrer, ein älterer Kooperator, anderthalb Gemeindereferentinnen und zwei fakultative Diakone ..." Keine Frage, das ist wahr. Die Kräfte sind begrenzt, und in den kommenden Jahren beginnt eine Zukunft, die weitere Kräfte reduziert.

Aber genau deswegen braucht es pastorale Visionen, Projekte und Prioritäten, die wir gemeinsam tragen. Es reicht eben nicht, wenn einer von uns eine gute Idee hat, eine Vision oder ein Projekt entwickelt – wir brauchen einander als Team, um gemeinsam Visionsträger der Zukunft zu sein.

Umgekehrt heißt es für mich: verzichten lernen. Denn Prioritäten und Visionen bringen Posterioritäten und Abschiede mit sich. Das erfahren die Räte, denen ich vorstehe und deren geborenes Mitglied ich bin. Das erfahren die Gruppen, das erfahren auch viele Einzelne. Die neue Situation führt mich dazu, in einer Distanz zum Leben der Menschen in den Gemeinden zu leben. Egal ob ich mich ohnehin damit schwer täte oder ob ich gerne wollte – eine Nähe stellt sich nicht ein oder dauert doch zumindest länger.

Schwerpunkte pastoraler Entwicklung sind zu setzen, und mit jedem Schwerpunkt verschwindet ein Aspekt des alltäglichen pastoralen Tuns. Es geschieht uns geradezu umgekehrt wie vielen anderen. Je stärker wir uns von einer Vision geführt und gezogen wissen, desto weniger sind wir gefangen vom alltäglichen Tun. Natürlich braucht es weiterhin die Erledigung alltäglicher Geschäfte, aber sie geraten in einen zukunftsträchtigen Zusammenhang.

Priorität für die MitarbeiterInnen

Es gehört für mich zu den wunderschönen Erfahrungen in dieser Perspektive, als wir gemeinsam – die Gemeindereferentinnen und ich – ein zukünftiges Stellenprofil entwickeln. Der offene Dialog und die visionäre Perspektive ermöglichen eine Aufstellung der Arbeitsvorgänge, die jeder der beiden Mitarbeiterinnen einen Zeitraum lässt, an dem sie ihre persönlichen Charismen und Gaben einbringen können. Die Freude an dem Dienst und die Lust zum Experiment kann so gefördert werden. Überhaupt stelle ich fest, dass die Besprechungen mit MitarbeiterInnen, Sekretärinnen, Kindergartenleiterinnen und anderen Konzeptionsgruppen immer mehr Raum einnehmen. Es geht dabei eben nie nur um den Abgleich von Arbeitsaufträgen, sondern immer auch um Zukunftsvisionen und Projekte. Der Verzicht auf Beheimatung in den Gemeinden führt zu einem Führungsstil, der darauf aus ist, gemeinsam eine Begeisterung für das Kommende zu entwickeln.

Gemeinsame Projekte entwickeln und durchführen

Um so erstaunlicher ist es für mich, an wie vielen konkreten Projekten ich mich dennoch beteiligen kann. Die Vorbereitung und Durchführung einer katechumenal orientierten Erstkommunionvorbereitung, die Begleitung der jährlichen Firmvorbereitung, der Ansatz einer spirituell geformten Jugendarbeit, das Projekt eines Glaubenskurses und eines Netzwerkes kleiner christlicher Gemeinschaften, die Vernetzung der Akteure der Kinderpastoral und die Arbeit an einer liturgisch verantwortlichen Profilierung der Sonntagsgottesdienste – all dies geschieht in Zusammenarbeit mit vielen anderen MitarbeiterInnen der Pastoral in großer Einfachheit und mit viel kreativer Energie. Bei aller Arbeitsbelastung gebe ich gerne zu, dass mir diese Arbeitsvorgänge sehr viel Freude machen, ist doch hier zu entdecken und zu sehen, wie die Zukunft der Kirche sich entwickelt.

Vor allem: Schweigen, Hören, Beten, Feiern

Ganz sicher aber erlebe ich in diesen Jahren, dass alles pastorale Tun in der Beziehung zu Christus seine eigentliche Heimat findet. Immer mehr spüre ich, wie in den letzten Jahren mich Gott ins Gebet führt. Man könnte sagen, je mehr Aufgaben ich anvertraut bekommen habe, desto größer wurde das Bedürfnis zu beten. Das schweigende Hinhören, das Lesen der Schrift, das Stundengebet ist mir in den letzten Jahren immer wertvoller geworden. Die Feier der Eucharistie an jedem Tag wurde zur inneren Notwendigkeit. Ich spüre, dass ich ohne diese innere Beheimatung und Verwurzelung schnell dem Tun hinterlaufen müsste. Die Zeit, die ich dem Gebet, dem Schweigen, dem Hören und dem Feiern widme, ist immer mehr geworden – und das lässt mich vermuten, dass die eigentliche Pastoral in der Tat dem Hirten selbst zukommt, und ich am besten daran tue, seine Schritte mitzugehen. Daraus folgt, dass die klare Option für eine spirituelle Existenz die erste Herausforderung ist, um als „Ein-Sechstel-Pfarrer" zu existieren.

Die Kundschafter des Neuen hören!

Neu anfangen zu leben

Es geht nicht um die engagierten Gemeindemitglieder, die alle zwei Jahre, oder sogar jedes Jahr an „Exerzitien im Alltag" teilnehmen – und auch nicht um jene spirituell Suchenden, die schon lange in den katholischen Bildungshäusern und Klöstern eine Heimat gefunden haben. Die Perspektive und Zielrichtung soll eine andere sein.

Die spirituelle Suche innerhalb der bekannten Gemeindemilieus ist in der Tat ein deutlicher Hinweis darauf, dass die bewusste Glaubensentscheidung immer wieder neu einer Vertiefung bedarf. Allerdings ist ebenso deutlich, dass die Möglichkeiten, die der Einzelne hat, wenn er im Raum der Kirche engagiert ist, sehr weit reichend sind. Ein üppiges Programm liegt vor ihm. In ganz unterschiedlicher Weise und zu bestimmten Zeiten wird dies auch genutzt: spirituelle Mobilität ist kein Problem.

Aber was ist mit den mehr als 90 Prozent der Bevölkerung, die nicht in Gemeinden engagiert sind? Wie können wir hier den Suchenden unter ihnen ermöglichen, einen ersten Schritt auf den Glauben hin zu tun?

Über diese Fragen bin ich seit einigen Jahren mit Klemens Armbruster im Gespräch.[5] Sein Konzept der „Wege erwachsenen Glaubens" und den daraus folgenden Perspektiven einer Gemeinde, die durchsetzt ist von kleinen Gruppen, die aus der Schrift schöpfen und Glauben und Leben teilen, ist überzeugend. „Erst nachdem du fünf Jahre einen solchen Glaubenskurs gemacht hast, wirst du auch diese Suchenden finden", so sagt er mir in einem Gespräch.

Gemeinsam mit einer Gemeindereferentin unserer Pfarreien machen wir uns auf den Weg. Eine erste Frage stellt sich gleich zu Beginn der Überlegungen: Wenn wir uns auf suchende Menschen zubewegen, die nicht zum engagierten Kern unserer Gemeinden gehören – wie machen wir uns ihnen bekannt? Ein Flyer, der in der Kirche ausliegt, erreicht möglicherweise gar nicht unsere Ziel-

Die Kundschafter des Neuen hören!

gruppe. Es nützt auch wenig, im wöchentlichen Gemeindebrief zu werben. Wie dann?

Wir entschließen uns zu einem gewagten Projekt. Zusammen mit einem Grafiker des Bistums entwickeln wir einen farbigen Flyer, der wie ein Markenzeichen für unseren Glaubenskurs werden kann: „Neu anfangen ... zu leben". Er beschreibt einen sechsteiligen Glaubenskurs, den wir von nun an in jedem Herbst neu durchführen wollen. Jedes Jahr können präzisierende Einlagen zugefügt werden, die die genauen Termine der Treffen und den Ort des Treffens angeben. So drucken wir auch gleich 3000 Exemplare (die hohen Kosten werden bei hoher Stückzahl vergleichsweise geringer), und für jedes Jahr wollen wir 600 verteilen: in den Schulen, den Arztpraxen, den Einkaufszentren, der Universität – kurz allen öffentlichen Orten, die zu unseren Pfarrgebieten gehören. Wir hatten auch überlegt, ob wir unseren Glaubenskurs über die Volkshochschule veranstalten und auch, ob wir eventuell in die Räumlichkeiten der Universität gehen. Beides aber haben wir dann gelassen: zum einen wollten wir zunächst nicht der ganzen Stadt den Glaubenskurs anbieten, zum anderen schien uns die Universität nicht als geeigneter Raum.

Zum Vortreffen kamen 14 Personen. Einen großen Teil von ihnen kannte ich höchstens vom Sehen. Eine freundliche Atmosphäre, in der wir erklären, wie der Kurs abläuft. Und jeder und jede hat natürlich die Möglichkeit, nach diesem Vortreffen den Kurs nicht weiterzuführen. Aber das geschieht nicht. Immer abwechselnd leiten wir den Kurs und halten abwechselnd die ziemlich umfangreichen Katechesen, die wir einem der Grundkurse von Klemens Armbruster entnehmen, der die Basis unseres Glaubenskurses ist. Im Grunde, so scheint uns schon nach dem ersten Mal, ist natürlich der inhaltliche Vortrag wichtig, aber mindestens genauso wichtig ist der freundliche Rahmen, das gemeinsame Beten und Singen, die Gesprächsgruppen – und die Zeit zwischen den Treffen. Denn es wird immer mehr spürbar, wie sehr die angerissenen Themen in den Kursteilnehmern weiterarbeiten.

Neu anfangen zu leben

Wir treffen uns „nur" sechs Mal, wovon ein Abend einen abschließenden Gottesdienst beinhaltet – aber die Zeit ist sehr intensiv. Die Themen sind fundamentale Themen unseres Glaubens, überhaupt nicht außergewöhnlich, sondern eben grundlegend. Am Ende dieses Kurses – es ist kurz vor Weihnachten – laden wir noch einmal zu einem Nachtreffen ein, bei dem diejenigen, die sich für eine wie auch immer geartete Fortführung interessieren, kommen sollten.

Einen Monat später sind wir ganz gespannt: wer wird kommen? Uns ist klar, dass wir die Interessierten noch ein Stück des Weges begleiten wollen, aber eben auch nur eine bestimmte Zeit, damit sie selbst einen Weg gehen können. Dafür wollen wir mit ihnen die Kunst und die Logik des BibelTeilens einüben und lernen.

11 Personen sitzen uns gegenüber. Wir sind erstaunt und froh – wir hatten mit weniger gerechnet. Die Zeit, die nun beginnt, ist ein Lernweg für uns und für die Interessierten. Wir selbst stellen auf dem Weg fest, dass unsere vierzehntägigen Treffen, bei denen wir miteinander lernen, uns von der Schrift ansprechen zu lassen, sehr schnell zu einer Selbstständigkeit der Gruppe führen könnten. Aber immer deutlicher wird uns allen, dass dies nicht das Ziel ist: wir wollen keine Dauergruppe bilden, weswegen wir schon am Anfang dieser zweiten Phase unser Ausscheiden verkündet hatten. Aber auch für die Weitersuchenden wird immer klarer, dass hier nicht eine Gruppe gebildet werden soll, sondern der eigene Suchweg unterstützt wird.

Dabei spielt natürlich eine entscheidende Rolle, welche Vorschläge wir machen können. Und dies wiederum setzt voraus, dass auch wir selbst eine klare Perspektive haben. Haben wir eine? Das war die alles entscheidende Frage. Und je mehr wir dem Ende unseres Fortsetzungsweges und den Sommerferien näher kamen, desto öfter sprachen wir über die Möglichkeiten. Immer deutlicher wurde uns, dass das Konzept eines Glaubenskurses für Suchende genau diese Frage von Anfang an in den Blick nehmen muss. Natürlich bleibt jedem Teilnehmer frei, dass er nach dem

Die Kundschafter des Neuen hören!

Glaubenskurs geht, aber wir hatten erlebt, dass Zweidrittel der Teilnehmer unseren Fortsetzungsweg mitgingen, und in vielen Gesprächen war es deutlich geworden, dass hier für alle ein Lebensstil entstanden war, den sie nicht wieder aufgeben wollten.

Die pastorale „Nachhaltigkeit" unseres Handelns mussten wir also in den Blick nehmen und dabei auch selbst nicht nur ein Sammelsurium möglicher Alternativen vorschlagen, sondern eine klare Option verkünden.

An dieser Stelle kam uns zu Hilfe, dass wir im pastoralen Team alljährlich an unseren pastoralen Visionen arbeiten, und eine zentrale Perspektive unserer Pastoral der Aufbau eines Netzes kleiner christlicher Gemeinschaften ist. So konnten wir allen den Vorschlag machen, ihnen bei der Entwicklung einer solchen „Kirche in der Nachbarschaft" behilflich zu sein. Mich hat überrascht, wie offen und sogar begeistert unsere Glaubenskursler diese Idee aufgegriffen haben. Ich denke, es liegt auch an uns, die wir den Kurs leiten: dort, wo wir Klarheit haben, können wir auch Klarheit geben.

Glaubenskurse für Erwachsene und Suchende ... Immer wieder habe ich in meiner Tätigkeit im Bistum erfahren, welch große Rarität diese Kurse noch sind, obwohl die Einführung von Erwachsenen in den christlichen Glauben eine große Dringlichkeit hat. Als in den neunziger Jahren im Bistum Hildesheim von Seiten des Bischofs vorgeschlagen wurde, „Grundkurse gemeindlichen Glaubens" durchzuführen, da hatte es eine Welle von Glaubenskursen gegeben, die aber – wie im Übrigen auch andere Initiativen („Exerzitien im Alltag" – „BibelTeilen") – in den meisten Fällen im Alltag des pastoralen Geschäfts als Einzelinitiativen stehen blieben.

Es fällt auf, dass wenige Priester sich mit diesem Thema beschäftigten. Und es fällt auf, dass die meisten eine Perspektive der Nachhaltigkeit schreckt. Ein Glaubenskurs soll Grundlagen und Grundwissen vermitteln, dann aber auch zu Ende sein. So sehr dies durch den allgemeinen Arbeitsdruck verständlich ist, so sehr

Neu anfangen zu leben

wird auch deutlich, dass hier Glaubenskurse als ein „Extra" verstanden werden, das auch gelassen werden kann.

Die weiter reichende Perspektive eines missionarischen, nach außen auf Suchende ausgerichteten Gemeindeaufbaus ist hingegen mehr als selten. Vielleicht hat es damit zu tun, dass in den meisten pastoralen Teams das drängende Alltagsgeschäft nicht zur Entwicklung längerfristiger pastoraler Perspektiven führt. Vor allem aber dürfte es auch einen Mangel an entsprechenden eigenen Erfahrungen geben: mir scheint es durchaus wahrscheinlich, dass ein Großteil der Priester und pastoraler Mitarbeiter wenig bis keine Erfahrung in gemeinschaftlichen Glaubenswegen hat. Entsprechend werden viele Priester und Mitarbeiter auch keine solchen Initiativen starten.

Eine große Herausforderung bleibt auch dann, wenn – wie in unserem Fall – der Wunsch geäußert wird, einen Weg des Glaubens weiter zu gehen. Es ist deutlich, dass solche Wege nicht an den Initiatoren hängen bleiben dürfen, da sonst sehr schnell „Grenzen des Wachstums" eintreten: Niemand kann ernsthaft mehr als eine Gruppe auf einem existenziellen Glaubensweg begleiten ... Also hängt auch hier Entscheidendes davon ab, wie sehr ein geplanter Glaubenskurs sich einfügt in eine Vision erwachsener Glaubenswege. Es kann nicht zuerst darum gehen, Erwachsene, die ihren Glauben neu gefunden haben und ihn leben, in bestehende Gruppen in den Gemeinden zu integrieren, die aus ihrer Entstehungslogik heraus einen anderen Zugang zu Spiritualität und Schrift gelernt haben und pflegen. Ausgeschlossen weil nicht verantwortlich ist es auch, keine Wege zu eröffnen, sondern „die freie Wahl" zu lassen. Nein, es gehört zur pastoralen Sorgfalt, dass hier von vornherein ein größerer Rahmen eines konkreten Konzepts bedacht werden muss, damit die Glaubensaufbrüche, die zu erleben sind, eine neue kirchliche Glaubensgestalt finden können.

Der Lernweg, den unser Glaubenskurs für uns selbst bedeutet hat, zeigt mir auch, wie unerfahren wir auf diesen neuen alten Wegen noch sind.

Die Kundschafter des Neuen hören!

Erfahrungen mit dem BibelTeilen

Erste Erfahrungen

Es ist meine persönliche Grunderfahrung im Glauben. Und deshalb teile ich sie mit: auf das Wort hören, im Austausch sein, miteinander im Glauben wachsen. So sind in der Pfarrei, in der ich vorher war, einige kleine Gemeinschaften entstanden von Menschen, die miteinander den Glauben teilen wollten.

Aber es gab auch immer Probleme – und es waren immer ähnliche. Weil immer mehr Menschen, vor allem Frauen, solche Gruppen bilden wollten, war ich als Initiator zuweilen mit zwei bis drei Gruppen zugleich beschäftigt. So sehr mich das erfreute, dass diese neuen Aufbrüche wuchsen, so sehr spürte ich, dass es so auf Dauer nicht gehen kann. Immer entstanden Konflikte mit der klassischen Kerngemeinde. Meine Präsenz in den kleinen Gruppen führte dazu, dass sich andere benachteiligt fühlten. Schnell war das Wort von der Sekte zur Hand, schnell wurden Ausgrenzungen verspürt. Und schließlich: je vertrauter und intensiver eine Gruppe wurde, desto schwieriger wurde es für andere, in diese Gruppe zu kommen. Was ursprünglich aus einem geistlichen Impuls entstand, wurde ein hermetischer Freundeskreis. Die Ambivalenz der „geistlichen Wahlverwandtschaften" (Michael Hochschild) wird mir im Nachhinein sehr deutlich.

Schicksal einer Bistumsoption

Es ist diese Uneindeutigkeit und Verschwommenheit, die einhergeht mit der Rezeption eines pastoralen Zukunftsthemas, das seit Mitte der achtziger Jahre in unserem Bistum vorangebracht werden soll. Kontakte mit den südafrikanischen Diözesen führten dazu, dass die Praxis des BibelTeilens und die Gestaltidee der „small christian communities" Eingang in die pastoralen Leitlinien des Bistums fanden.

Erfahrungen mit dem BibelTeilen

Die Geschichte dieser Rezeption ist dramatisch. Zwar erfuhren während der Diözesansynode Christen den Reichtum des BibelTeilens, doch gelang es nicht nachhaltig, diese Erfahrung nach der Rückkehr in die Pfarreien hineinzutragen. Und auch der Versuch, Räte und Gruppen dazu zu bewegen, ihrer Praxis durch das BibelTeilen eine spirituelle Vertiefung zu geben, scheiterte mit der Konsequenz, dass bei Priestern wie Gemeindemitgliedern eine tief gehende Aversion gegen solche „aufgesetzte" Praxis entstand. Zudem führte die Überschrift „auf eine neue Weise Kirche sein" zu Irritationen: „Sind wir und das, was wir tun, nicht mehr gut genug? Sind wir ein Auslaufmodell?"

Ein weiteres Element kommt hinzu: im durchschnittlichen Bewusstsein von Gläubigen und Priestern werden der Ansatz der „kleinen christlichen Gemeinschaften" und des „BibelTeilens" vermengt mit dem Phänomen der „neuen geistlichen Gemeinschaften" und „kirchlichen Bewegungen". Auch wenn diese Gemeinschaften nur sehr klein sind, so durften sie sich von Anfang an eines tief gehenden Misstrauens gewiss sein: bis heute ist vielen Christen in den Gemeinden nicht klar, dass solche Gemeinschaften nicht Sekten sind, schon gar nicht dann, wenn sie – wie inzwischen die meisten von ihnen – eine kirchliche Anerkennung haben.

Sicher haben die geistlichen Gemeinschaften und Bewegungen aufgrund ihrer starken Konzentration auf Spiritualität immer wieder – reif oder unreif – wie ein Stachel im Fleisch gewirkt; ganz besonders schwierig war aber auch die Tatsache, dass solche Gemeinschaften zumeist nicht kerngemeindlich gebunden sind. Die „Kirchlichkeit" dieser Bewegungen löst Angst aus, gerade in einer hochideologisierten Gemeindefixierung.

Diese Gemengelage machte eine Rezeption schwierig. Und das nicht zufällig. Denn vielleicht ahnten alle, die in den Gemeinden mit dem BibelTeilen in Berührung kamen, ja mit Recht, dass es sich hier nicht nur um eine „aufgesetzte" Spiritualitätsübung handelte, sondern dass mit dem BibelTeilen auch

Die Kundschafter des Neuen hören!

ein Paradigmenwechsel der Sozialgestalt der Gemeinden einherging. Von daher reagierte das „Immunsystem" der Gemeinden im Sinne einer Bestands- und Selbsterhaltung und wehrte den „Fremdkörper" ab, ordnete ihn an den Rand des gemeindlichen Geschehens.

Man wird vielleicht auch sagen dürfen, dass mit der Loslösung des BibelTeilens von seiner gemeindegründerischen Logik immer wieder dieselben Schwierigkeiten innerhalb der Gruppen auftraten: zum einen führen „geistliche Wahlverwandtschaften" derer, „die mehr wollen", immer zu einer unausgesprochenen Exklusivität, die zu leicht und oberflächlich, aber doch nicht ganz zufällig, als Elitebildung denunziert werden konnte. Damit verknüpft ging der Vorwurf einher, dass sich solche Gruppen zu leicht zurückziehen in eine diakonisch und gemeindepraktisch folgenlose Innerlichkeit – gewissermaßen in spirituelle Reservate ohne Ausstrahlung.

Auch wenn hier mit Sicherheit Projektionen eine Rolle spielen – ist nicht genau dieses vereinsartige Cocooning auch Kennzeichen der meisten Gemeindegruppen? – war auch hier etwas Richtiges getroffen: in der Tat gab und gibt es in gemeindlichen Kreisen des BibelTeilens immer dieselbe Serie von Problemen: der proklamierten Offenheit für Neue steht die tatsächliche Schwierigkeit gegenüber, in einen vertrauten Kreis hineinzukommen. Der Eindruck der Geschlossenheit, den die meisten anderen haben, ist ernst zu nehmen. Der beim BibelTeilen so wichtige Schritt, der nach dem Handeln im konkreten Umfeld fragt, blieb meistens aus oder reduzierte sich auf ein persönliches spirituelles Motto.

Diese Fragezeichen waren auch in mir, und die ersten Erfahrungen bestätigten ja genau diese Problemlage. Auf diesem Hintergrund stellte sich erneut die Frage, wie man mit einer solchen Rezeptionsgeschichte die weiterhin wichtige pastorale Option des BibelTeilens und der kleinen christlichen Gemeinschaften fördern könnte.

Neu anfangen – neu hinhören

Wenn wir wirklich verstehen wollen, was mit der Praxis des BibelTeilens und den kleinen christlichen Gemeinschaften gemeint ist, müssen wir noch einmal neu hinhören. Die Einladung an Bischof Lobinger im Jahr 2002 ergab sich im Rahmen eines Deutschlandbesuchs. In den Gesprächen mit Bischof Lobinger und bei unserem Studientag wurde noch einmal ziemlich deutlich, dass hinter dem scheinbar so harmlosen BibelTeilen ein neues ekklesiologisch gegründetes Gestaltprogramm für die Kirche vor Ort steht. Es geht beim BibelTeilen eben gerade nicht darum, „spirituelle Gruppen" zu bilden aus denen, die „mehr wollen", sondern eine lokale Verortung der Kirche zu ermöglichen. Und deswegen ist nicht zufällig das Kriterium der lokalen „Nachbarschaft" so wichtig. Genau das aber kontrastiert auffällig mit dem Thema der „geistlichen Wahlverwandtschaft". „Geht das hier bei uns überhaupt?", höre ich auf dieser ersten Tagung einen Teilnehmer fragen, der die allgemeine Skepsis zum Ausdruck bringt. Und ich sehe noch heute Bischof Lobingers Lächeln: „Ich an Ihrer Stelle wäre so naiv, es zu versuchen ..."

„Es zu versuchen": Nichts lag näher als ein Kundschafterprojekt. Und in Hannover-Ost fanden wir ein Pastoralteam, das voll und ganz einstieg. Gut begleitet und geplant entstanden in den nächsten Monaten in diesem pastoralen Raum vier „Hauskreise", die für die Teilnehmer immer wichtiger wurden. Aber deutlich wurde auch bald, dass die oben beschriebenen „Krisensymptome" der Bibelteilgruppen auch hier zutrafen ...

Neu hinhören: angesichts der weit verbreiteten Vorurteile wollten wir überhaupt erst einmal ermitteln, wie viele solcher Kreise es überhaupt gibt, die im Umfeld des BibelTeilens, der Glaubenskurse und der Exerzitien im Alltag gewissermaßen „von selbst" entstanden sind – denn nach unserer Beobachtung gab es bisher kein pastorales Projekt, dass die Entstehung dieser Gruppen förderte und zu einem Ziel der Pastoral machte.

Die Kundschafter des Neuen hören!

Und unsere Überraschung war groß. Mehr als 150 Gruppen aus dem Bistum beantworteten den umfangreichen Fragebogen und machten eine sinnvolle Auswertung sichtbar. Es wurde vor allem deutlich, dass die gern gehegten Vorurteile so nicht stimmen: Christen, die in solchen kleinen Gemeinschaften sich regelmäßig zum Teilen der Schrift treffen, sind zu einem überwältigenden Prozentsatz in der Gemeinde engagiert – in den verschiedensten Feldern. Sie bilden also keine spiritualitätszentrierten Kuschelgruppen, die nur für sich selbst da sind. Des Weiteren wurde deutlich, wie hoch offensichtlich der Bedarf an geistlicher Vertiefung bei Erwachsenen ist, vor allem bei jenen zwischen vierzig und sechzig Jahren.

Gleichzeitig bestätigten sich die schon beschriebenen Probleme erneut. Das Profil der Gruppen, die wir untersuchen konnten, zeigt sie als „Tankstellen des Glaubens" inmitten von kirchlichen Situationen, die die weit verbreitete Suche nach einer angemessenen und tragbaren Spiritualität eindrucksvoll belegen. Beeinflusst von geistlichen Gemeinschaften oder charismatischen Priestern entstanden diese Gruppen häufig als eigene Suchbewegung des Glaubens und kombinierten frei verschiedene spirituelle Elemente, die auf der Suche zugewachsen sind. Damit wurde der Reichtum, aber auch die Grenze dieser Gruppen deutlich. Mit den Worten eines südafrikanischen Priesters gesprochen: Sie sind klein, sie sind christlich, sie sind Gemeinschaften – aber sie sind keine „kleinen christlichen Gemeinschaften".

Das ist kein negatives Urteil, sondern lediglich eine begrenzende Beschreibung. Was weiterhin fehlte, war der kirchenvisionäre Rahmen einer solchen Gruppe. Sie sind Antwort auf ein Defizit, aber noch kein ekklesiologischer Neuaufbruch. Wie sollten sie auch? An dieser Stelle wurde noch einmal deutlich, dass bisher zwar die Bildung von kleinen christlichen Gemeinschaften und die Praxis des BibelTeilens angeregt, ja angepriesen wurde, letztlich aber nicht deutlich wurde, in welchem visionären Rahmen von Kirche sich dies einordnet – und letztlich auch außer

Appellen keine konkreten Projekte und Umsetzungstrategien entwickelt wurden.

Die Bildung solcher Gemeinschaften geschah – konfliktbeladen – auf dem Hintergrund eines weiterhin sehr binnenorientierten funktionierenden Pastoralbetriebs und war die Spezialoption der „Spirituellen". Ihre Dynamik wurde nicht begleitet und gefördert.

Der Bedarf, der umgekehrt erkennbar wurde und sich in der Bildung solcher kleinen Gruppen zeigt, ordnet sich hingegen – inmitten aller Spannungen, die spürbar sind – in das gegebene Gemeindesetting: als spirituelle Tankstelle vor Ort erfüllen sie ähnliche Funktionen wie Klöster, meditative Angebote im christlichen und religiösen Bereich – oder eben auch Wallfahrten.

50 Tage mit Vision ...

Auch in der neuen Aufgabe als Pfarrer mehrerer Gemeinden habe ich die Bildung solcher kleinen Glaubensgruppen immer wieder gefördert und selbst daran teilgenommen. Aber immer wieder wurde mir deutlich, dass die Schwachpunkte dieser Aufbrüche immer ähnlich waren: Mir wurde zum einen klar, dass ich als Initiator nicht Teilnehmer sein darf – sonst ist das Wachstumspotential nicht vorhanden, und die Gefahren der Eifersucht und die Gefühle der Vernachlässigung nehmen überhand. Zum anderen wurde mir immer deutlicher, dass das von mir eingeklagte Leitungsdefizit auf mich selbst in der Situation vor Ort zurückfällt: Leiten einer solchen Zukunftswirklichkeit wird nur dann fruchtbar sein, wenn allen, die daran teilhaben, die dahinter stehende Vision deutlich wird. Sonst bleibt es – was im Übrigen zwar begrenzt, aber nicht schlecht ist – bei den „Tankstellen des Glaubens", die ein immer notwendigeres Gegengewicht zu den hochaktiven Phasen des Gemeindeengagements bilden.

Ganz plastisch vor Augen gerückt wurde uns diese Problematik im Zusammenhang einer Initiative, die zur Gründung von

Erfahrungen mit dem BibelTeilen

kleinen christlichen Gemeinschaften führen sollte. Schon lange waren wir auf der Suche nach einem weiteren Ort, an dem die Bildung solcher Gemeinschaften versucht werden könnte. Wir hatten Glück und trafen auf einen Pfarrer und einen Gemeindeverbund, der unlängst fusioniert war, und sich vielleicht deswegen aufmachte, nach den leitenden Zukunftsperspektiven inhaltlicher Art zu fragen.

Mit rund 15 Personen starteten wir das Projekt, bei dem wir uns mit den Interessierten in der Osterzeit fünf Mal treffen wollten, um das BibelTeilen und die Logik der kleinen Gemeinschaften einzuüben. Aber schon der Anfang erwies sich als schwierig, weil die „Vision", die wir vorstellten, den Gemeindemitgliedern Angst einjagte. Es gibt einen Blick auf die eigene Wirklichkeit der Gemeinde, der immer von der Sorge gekennzeichnet ist, „es nicht leisten zu können". Diese Versuchung weist auch darauf hin, wie wenig Gemeindeaufbau als Gottesgeschenk gesehen wird – und wie stark Kirche häufig als Produkt eigener Mühe erscheint. Die Vision kleiner christlicher Gemeinschaften als Netzwerkstruktur eines großen pastoralen Raumes war „zu neu", um angenommen werden zu können.

Zu lernen ist daraus, was auch – für uns bisher vergeblich – Erfahrungshinweis aus Südafrika und Indien ist: die Frage der Bewusstseinsbildung ist zentral und durch einmalige Information entsteht keine Visionsgemeinschaft. Braucht es also mehrere Jahre intensiver „Awareness-Programme"? Fast scheint es so – vor allem im Hinblick auf die eigenen Bewusstseinsstände, die ja – trotz intensiver Beschäftigung mit der Sache – über einen Zeitraum von vier Jahren Verstehen suchten.

Besonders intensiv und frohmachend war die Erfahrung, das BibelTeilen gemeinsam einzuüben. Doch auch hier zeigte sich am Ende das Grundproblem in den gewohnten Fragen: „Können wir noch jemanden aufnehmen?" „Werden jetzt die anderen sich nicht ausgegrenzt fühlen?" „Wir dürfen keine Elite sein!" „Welche Rolle spiele ich als Pfarrer?" „Sollen wir uns in Häusern oder im

Gemeindehaus treffen, privat oder öffentlich?" – all diese Fragen, die darauf hindeuteten, dass schon nach fünf Treffen dieselben Probleme „wie überall" auftraten.

Die Erfahrungen mit dem BibelTeilen und der Rezeption der pastoralen Leitlinien des Bistums legten für uns noch einmal einen Schritt zurück nahe: Ist uns eigentlich klar, was wir mit dieser praktischen Perspektive der Gemeindeerneuerung machen? Müssen wir nicht vorher noch deutlicher klären und verständlich machen, dass es bei der Entwicklung eines Netzwerkes kleiner christlicher Gemeinschaften tatsächlich um eine „andere" (besser als „neue") Art von Kirche-Sein geht?

Ist Eucharistie langweilig

Herbst 2005: Nach dem Weltjugendtag bin ich mit den Jugendlichen ein Wochenende zusammen. „Welche Erfahrungen habt ihr mit der Eucharistie beim Weltjugendtag gemacht?", frage ich. Ich schaue in leuchtende Gesichter, als sie von der Eröffnungsfeier für die deutschen WJT-Teilnehmer in der LTU-Arena in Düsseldorf erzählen. „Was war besonders?", frage ich nach. Im Gespräch verstehen wir miteinander vor allem eines: Die Eucharistiefeiern beim WJT waren nicht nur wegen ihrer Gestaltung so bedeutsam, sondern wegen der Atmosphäre, die vor, während und nach der Feier zu einem Erlebnis wurde: „Man merkte, dass wir eine gemeinsame Einstellung hatten". „Du konntest ganz frei auf dir fremde Menschen zugehen – da war immer ein Lächeln." „Überall haben wir gesungen, in den Straßenbahnen, im Zug – und auch wenn es ganz eng und aufgeregt wurde, da war immer jemand, der die Atmosphäre entspannt hat." „Ich hatte den Eindruck, dass wir alle verbunden waren."

Das Gespräch wird dichter und wir merken: die Eucharistiefeier gewinnt ihre Kraft dann, wenn vorher und nachher christliches Leben, Miteinander, Offenheit, Nächstenliebe lebendig erfahrbar wird. Und wie von selbst wird uns ein Stück eucharistischer Theologie deutlich. Die Feier der Eucharistie ist Höhepunkt und Quelle des gesamten kirchlichen Lebens, so sagt das Konzil. Und das ist wahr, wenn wir Eucharistie wirklich als den Höhepunkt eines kirchlichen Lebens-Weges feiern, bei dem es auf dem Weg schon den Vorgeschmack und die Erfahrung dessen gibt, was uns zuhöchst in der Feier geschenkt wird: die Einheit mit Gott und untereinander.

Genau hier liegt das Problem: Wo und in welcher Gemeinde, aus der die Jugendlichen stammen, existieren solche Erfahrungen? Oft ist es nämlich anders. Die Eucharistiefeier riskiert eine Veranstaltung der Gemeinde zu werden. Es zählt, was passiert, wer singt, welche katechetischen Akzente gesetzt werden. Die Menschen, die dorthin kommen, sind sehr wohl erwartungsvoll und wollen die Eucharistie mitfeiern, aber der existenzielle Zusammenhang des Christ-Seins als Gemeinschaft ist nicht oder doch nur kaum gegeben. Entsprechend wirken solche Eucharistiefeiern manchmal auch. Das hat nicht zuerst mit der Gestaltung der Feier zu tun, sondern mit der Gestalt der Gemeinschaft, die sie feiert. Das Risiko ist hoch, dass die versammelten Christen eigentlich gar nicht leben wollen, was sie feiern: die Einheit.

Klar ist dabei aber auch: Es geht nicht zuerst um die Gemeinschaft, die sich häufig in unseren Pfarrgemeinden als „die Gemeinde" beschreibt. Es kann darum nicht gehen, denn einerseits hindert die Eucharistiefeier viele häufig nicht daran, die Einheit der Glaubenden, die sie bewirkt, durch allzu menschliche Verhaltensweisen immer wieder aufzubrechen. Und zum anderen wird auch sehr deutlich, dass Eucharistie gewissermaßen „ortlos" bleibt und damit einer individualisierten Frömmigkeit Vorschub leistet. Es zeigt sich hier erneut, dass der Verlust des selbstverständlichen milieuhaften Volkschristentums auch die Eucharistiefeier aus ihrem Kontext hebt. Ist es vielleicht so zu erklären, dass Eucharistie oft so „langweilig" scheint? Die

Ist Eucharistie langweilig

Jugendlichen jedenfalls können mit der in den Gemeinden gefeierten Eucharistie dann etwas anfangen, wenn sie mit ihrem Leben korrespondiert. Ohne diese existenzielle Einbettung in einen spirituellen Raum der Gemeinschaft kann Eucharistie in Zukunft nicht bestehen.

Der Weltjugendtag ist Beleg dafür. Aber es gibt auch andere Hinweise. In den Pfarreien der Seelsorgeeinheit haben wir über den Sommer nur eine einzige Eucharistie gefeiert mit der erfreulichen Erfahrung einer vollen Kirche. Diese Feiern, bei denen Menschen aus allen drei Pfarreien zusammenkamen, hatten eine besondere Atmosphäre der Gastfreundschaft und der Offenheit. Und das wurde noch deutlicher, als wir mit 30 italienischen Scouts und drei peruanischen Gästen unseren Weltjugendtag am 14. August feierten. Auch hier wurde mir deutlich, dass die Eucharistie ihre Kraft dann entwickeln kann, wenn Menschen nicht durch ihre Bekanntschaft und ihre Kreise, in denen sie immer sind, zusammenkommen, sondern wenn es die Eucharistie ist, die eine wirklich „katholische" Erfahrung ermöglicht: ein Verbundensein in Christus über die Bekanntschaft hinaus, die ein Vorspiel und ein Nachspiel hat. Dann ist selbst die schlichteste Eucharistiefeier eine tiefe Erfahrung des Eintauchens in die Wirklichkeit des Geheimnisses Gottes.

Jugendliche, die ja zuweilen in Eucharistiefeiern das Geschehen aufmerksam beobachten, sprechen dann auch davon, dass sie die Erwachsenen nicht als Mitfeiernde erleben, sondern als Teilnehmer an einem Ritus. Von Gemeinschaft und Freude wenig Spuren. Kann das verwundern? Eine innere Teilhabe an dem Geschehen setzt eine tiefe Sehnsucht nach der Eucharistie voraus. Aber wann und in welcher Zeit wurde diese Sehnsucht geschult und geformt. Die Katechese der Vergangenheit postulierte dogmatisch die Wahrheit der Eucharistie und setzte die Praxis voraus, auch wenn die innere Durchdringung dieser Praxis damals wie heute nicht immer voraussetzbar ist. Die Katechese der Gegenwart macht aus der Eucharistie eine Kinderkatechese, die dann später nicht weitergeführt wird. Entsprechend wenig Zugang haben Kinder und jetzt schon Erwachsene zur Eucharistie gefunden.

Die Frage stellt sich: Wie kann ein solcher Zugang gebahnt und gegangen werden? Die Antwort lässt sich deutlich geben. Das Vorfeld und das Nachspiel der Eucharistie will gelebt werden. Ein deutlicher Hinweis dafür ist für mich die Erfahrung mit Jugendlichen, die ich im Herbst 2005 in S. Antimo machen durfte. Nach einigen Tagen in Rom kamen wir nach S. Antimo, wo wir mehrere Tage gemeinsam lebten, beteten und arbeiteten. Jeden Tag nahmen wir an der lateinischen Eucharistiefeier teil – die ja der Großteil nicht verstand. Deutlich aber wurde, dass diese Jugendlichen aufgrund der gemeinsam geteilten spirituellen Erfahrung ganz offen und tief die Eucharistie mitfeierten.

Die Messe beim Weltjugendtag, die Messe in S. Antimo – Ereignisse mit Folgen. Wir werden anfangen, am Sonntagabend eine Eucharistiefeier für junge Menschen zu feiern, die ganz einfach aus Gesang, Lesung, Gespräch und Feier der Eucharistie Kraft gewinnt. Das Leben unserer Jugendlichen führt sie zu diesem Wunsch. Uns allen ist klar, dass diese Eucharistiefeier eingebettet werden muss in eine gastfreundliche Begegnung, die gut vorbereitet sein will. Aber wir sind auch sicher, dass es gelingen wird, einfach weil zwischen uns die Sehnsucht nach dieser Feier unseres Glaubens lebt und gewachsen ist.

Dazu braucht es in der Tat Zeit miteinander und kontinuierliche Wege. Vielleicht liegt hier auch eine weitere Fehleinschätzung der Eucharistiefeier vor. Ganz zweifellos ist sie die Mitte unseres gesamten kirchlichen Lebens. Und solange nicht nach der inneren Qualität der Feier selbst und der inneren Anteilnahme der Mitfeiernden gefragt wurde – einmal abgesehen von formalen Voraussetzungen wie der regelmäßigen Andachtsbeichte und der Präsenz in der Messe – konnte sie auch als für alle zugängliche Feier die „Norm" kirchlichen Feierns werden.

Doch diese Situation hat sich grundlegend verändert. Während viele der mitfeiernden erwachsenen Christen durch ihr faktisches Handeln bezeugen, dass die Mitfeier der Eucharistie nicht mehr zur sonntäglichen Mitte gehört – das Sonntagsgebot wurde oft als Eingrenzung verstanden, sein innerer Sinn nicht entdeckt –, haben die jüngeren Generationen einen langen Weg vor sich, wenn sie sich die Eucharistie als Mitte erschließen wollen. Jenseits der Tradition wird sich ihnen Eucharistie nur existenziell erschließen können als eine Sehnsucht, die dann aufbricht, wenn die Christusbeziehung wächst und sich in einer spirituellen Erfahrung des Kirche-Seins zeigt.

Die Erfahrungen mit Schulgottesdiensten können hier hilfreich sein, auch wenn es weithin Widerstände gegenüber der Wahrnehmung gibt, dass die meisten der Schüler, auch der katholischen Schulen, faktisch im besten Fall Katechumenen sind, also Suchende aufgrund von erahnten Gottesbegegnungen – in den meisten Fällen scheint mir hier eine mystagogische Hinführung zum Geheimnis Gottes, die die spirituelle Biographie der Jugendlichen und auch der Erwachsenen ernst nimmt, sinnvoller zu sein.

Mystagogische Sakramentenpastoral

Ist er es wirklich? Ich erinnere mich noch an unser Anfangsgespräch: tief ins Gesicht gezogene Kappe, kaum ein Gespräch möglich. Und jetzt? Keine Kappe, heller offener Blick – ein interessantes Gespräch. Eine echte Wandlung. Wie ist das gekommen in dieser Zeit der Firmvorbereitung? „Durch das „Café Notre Dame" ... das war eine tolle Erfahrung", sagt er mit strahlendem Blick.

Es war einfach ein Versuch. Die Firmvorbereitung bestand im Wesentlichen aus Gottesdiensten alle vierzehn Tage und einem selbst zu wählenden diakonischen Projekt.

Die Hälfte der Jugendlichen hat regelmäßig eine Einrichtung besucht und mit Behinderten den Sonntagvormittag geteilt, die andere Hälfte hat ein „Café für Ältere" initiiert. Das mag ungewöhnlich erscheinen, aber die Erfahrungen waren durchweg positiv: die Zumutung, einem Anderen, einem Älteren, einem Behinderten Freund zu werden und ihn zu begleiten, war für die Jugendlichen durchweg neu und ungewohnt. Die Erwartung war eine andere: eher ein zu überstehendes oder interessantes Unterrichtsgespräch. Aber die Jugendlichen haben sich darauf eingelassen, und die Erfahrungen sind sehr positiv. Denn die meisten von ihnen haben nach anfänglicher Scheu gemerkt, wie wertvoll die Begegnung mit alten Menschen sein kann und wie viel dabei zu lernen ist. Wie beeindruckend menschlich die Begegnung mit Behinderten sein kann – und für alle hat Begegnung eine neue Qualität angenommen. Natürlich trafen sich die Jugendlichen in Gruppen und haben das Erlebte reflektiert. Vor allem aber war deutlich zu bemerken, dass hier menschliche Reifung in dem Moment geschah, wo Idealismus herausgefordert wurde, wo es um Nächstenliebe ging.

Gemeinsam feierten wir miteinander Gottesdienst: einfache, halbstündige Gottesdienste, die aus einer Zeichenhandlung, aus dem Wort Gottes und aus Stille bestanden. Natürlich haben wir auch versucht zu singen – was mit Jugendlichen heute außerhalb der Konzertstadien sehr schwierig ist. Diese Gottesdienste, so fremd sie auch für die Jugendlichen waren, denn die meisten von ihnen haben keine echte Gottesdiensterfahrung mehr, waren für die Jugendlichen wichtig. Immer mehr merkte ich, wie die einfachen Formen und Zeichen die jungen Menschen in die Stille führten – und diese Stille für alle wichtig war.

Aber vor allem wird mir eines deutlich: Die Firmvorbereitung ist so etwas wie ein neuer Anfang für viele – eine Etappe auf einem Weg, der in die Zukunft führt, vielleicht auch weiterführt. Tatsächlich sind die meisten der Jugendlichen sehr offen und sehr interessiert und mir scheint, dass wir Begleiter und Leiter erst auf dem Weg sind, für diese Suchenden eine ihnen angemessene Mystagogie zu entwickeln.

Mystagogische Sakramentenpastoral

Der Orientierungsrahmen für eine mystagogische Sakramentenpastoral, den es im Bistum Hildesheim seit dem Jahr 2002 gibt,[6] offenbart sich so als sperrig für schnelle Umsetzungen. Ganz im Gegenteil ist ein Lernweg zu gehen, bei dem offensichtlich keine Stufe übersprungen werden kann. Der Orientierungsrahmen gibt Wesenselemente vor, ist aber auf einen breiten Erfahrungsaustausch angewiesen.

Ein erstes wichtiges Element ist die mystagogische Hinführung und Einführung in die Liturgie. Damit ist auch deutlich, dass diese Hinführung nicht bei der Eucharistiefeier beginnen kann. Der katechumenale Status der Jugendlichen will ernst genommen werden, und im Grunde genommen hätte eine mystagogische und liturgische Hinführung zum Geheimnis Gottes von den vielen kleinen liturgischen Feiern des Katechumenats zu lernen. Es reicht aber nicht, diese einfach durchzuführen. Es geht um mehr. Die Jugendlichen brauchen erfahrene Wegbegleiter auf diesem Weg, Zeugen, die selbst so ergriffen sind von dem Geheimnis, das sie feiern. Nur so kann der liturgische Weg wirklich eine existenzielle Hinführung werden.

Damit ist ein Zweites gesagt: Wir brauchen Zeugen, die über ihre persönliche Erfahrung mit dem lebendigen Gott sprechen können. Denn deutlich wird mir bei allen Vorbereitungserfahrungen und Konzepten der letzten Jahre, dass dies vielleicht der wichtigste Aspekt ist: denn fast niemand hat ihnen bisher das Geheimnis Gottes in ihrem Leben erschließen können. Das geschieht auch über reflexive Aneignung, aber welchen Sinn hat das Nachdenken über Gott, wenn den jungen Menschen, die zweifellos eine Ahnung von einem unbekannten Gott haben, niemand mit seinen authentischen Erfahrungen zu Hilfe kommt. Dann wird auch Katechese zu einer sehr theoretischen und abstrakten Themenauswahl. Dann stimmen die Themen – aber der Kontext ist nicht stimmig. Eine mystagogische Sakramentenpastoral braucht also Zeugen, die authentisch ihren Glauben weitergeben und Lehrer, die diesen Glauben ins Gespräch bringen können.

Mystagogische Sakramentenpastoral

Die Anforderungen an solche Wegbegleiter junger Menschen sind also eher gewachsen, und es stellt sich erneut die Herausforderung, auf welche Weise genügend Erwachsene gefunden werden können, die über ihren Glauben authentisch sprechen können.

Es ist für mich ein Glücksfall, dass es diese Menschen in unseren Pfarreien gibt, aber ich denke auch, dass in näherer Zukunft neu über die Ausbildung und geistliche Begleitung von Katecheten nachgedacht werden muss. Denn der Zeuge spielt in jeder Mystagogie eine entscheidende Rolle.

Wie aber, so frage ich mich, kann es gelingen, dass auch eine Erfahrung von Kirche, von Weggemeinschaft im Glauben entstehen und wachsen kann? Ganz deutlich ist, dass die klassischen Gemeindestrukturen den Jugendlichen keine Erfahrung von Kirche schenken können, die über eine Vereinsinstitution hinaus geht. Und das öffentliche Wissen über Kirche geht auch nicht weiter als eine oft platte Institutionenkritik. Aber Kirche als Begegnung mit dem Auferstandenen, der seine Jünger zusammenführt? Diese Erfahrung von Kirche braucht ebenfalls erfahrene Zeugen, Zeugengemeinschaften und Orte des Glaubens. Ich habe den Eindruck, dass diese Herausforderung die meisten Gemeinden vor Ort überfordert.

Das schwer wiegende Defizit, das hier zu beobachten ist, soll aber nicht missverstanden sein als eine Schuldzuweisung: dass eine Pfarrei zur Gemeinde der Jünger Christi wird, das war und ist eine Vision der Pastoraltheologie ausgehend von den sechziger Jahren. Genauso deutlich aber ist, dass ohne eine tiefe spirituelle Eingründung des einzelnen Christen die Gefahr besteht, dass aus dem guten Anliegen nichts anderes wird, als das was in der Gesellschaft bekannt ist: dann reduzieren sich Gemeinden auf gut funktionierende Vereinswesen. Die Erfahrung von Kirche als Ort der Gegenwart des Auferstandenen ist eine charismatische Erfahrung. Von daher ist diese Herausforderung mystagogischer Sakramentenpastoral auch eine Herausforderung, in initiatorischen Vorgängen des Christ-Werdens über die Gemeinde hinauszuschauen und

Die Kundschafter des Neuen hören!

konkrete Erfahrungsräume anzubieten: eine Wallfahrt nach Santiago de Compostela, Tage der Orientierung in Rom, eine diözesane Jugendwallfahrt, eine Fahrt nach Taizé oder anderen Orten, an denen Gemeinschaft im Glauben erlebbar und erfahrbar wird.

Was Papst Johannes Paul II. in seinem Brief „Novo Millennio Ineunte" als Spiritualität in Gemeinschaft bezeichnet (Nr. 43), ist der Maßstab und die Herausforderung einer Kirche der Zukunft, die schon erlebbar ist. Allerdings braucht es den Mut, die Orte solchen Kirche-Seins aufzusuchen und sich beschenken zu lassen. Die Sensibilität der Jugendlichen ist jedenfalls deutlich vorhanden.

Wenn ich meine eigene Praxis auf dem beschriebenen Hintergrund reflektiere, dann wird mir deutlich, dass ich selbst in einem solchen Prozess zusammen mit den Wegbegleitern ein Lernender bin. In der Tat fügen sich auch diese Erfahrungen ein in den breiten Weg, der uns auf ein neues katechumenales Paradigma von Kirche verweist.

Von geistlichen Gemeinschaften lernen

Stuttgart im Mai 2004. Fast 10.000 Menschen bevölkern die Schleyerhalle. Es sind Mitglieder katholischer wie evangelischer Aufbruchsbewegungen, die innerhalb ihrer eigenen Kirchen – mindestens in Deutschland – einen schweren Stand haben. Es ist schon erstaunlich, wie sehr die etablierten Kirchen sich schwer tun, charismatische Aufbrüche wahrzunehmen und gut zu heißen. Und so ist es auch mit diesem Treffen: während es gesamtkirchlich in Europa durchaus eine hohe Aufmerksamkeit erreicht, bleibt das Echo in Deutschland gering. Kann die Kirche in Deutschland es sich leisten, die entstehenden, numerisch oft sehr unbedeutenden Bewegungen zu snobben? Darf hier Arroganz und Urteil das Übergewicht behalten vor der Demut, etwas Neues lernen zu können?

Die Kundschafter des Neuen hören!

Hildesheim im Jahr 2005. Im September dieses Jahres hat in einem der größten Vergnügungsparks Norddeutschlands bei Soltau die von der Fokolarbewegung inspirierte Musikgruppe Gen Rosso ein Konzert im Rahmen der Aktion „Stark ohne Gewalt" gegeben. Zusammen mit der niedersächsischen Zentrale für Lehrerfortbildung hat schon seit einigen Jahren diese Kampagne einen großen Erfolg. Sie ist von der Fokolarbewegung initiiert. Meines Wissens ist diese Aktion im Bistum Hildesheim kaum bekannt. Hingegen werden weiter massive Vorbehalte gegen geistliche Gemeinschaften gepflegt, die ja fromme Kuschelgruppen seien. Von den sozialen und gesellschaftlichen Initiativen vieler Gemeinschaften wie „comunione e liberazione", Sant'Egidio, der Fokolarbewegung und anderer Gruppen nehmen viele Theologen keine Kenntnis.

Die Spiritualität wird in Frage gestellt, das gesellschaftliche Engagement nicht wahrgenommen, die Aufbrüche zur Neuevangelisierung werden wenig gewürdigt. Müsste nicht, wer das Programm einer „missionarischen Kirche" verfolgt, aufmerksamer auf diese charismatischen Akzentsetzungen in der Kirche von heute achten?

Es ist wohl auch eine diffuse Angst vor der Infragestellung des Eigenen zu finden, wenn immer wieder die Sektenbeauftragten der deutschen Diözesen nach dem kirchlichen Status von Erneuerungsbewegungen gefragt werden, die ihrerseits seit längerer Zeit über kirchliche Anerkennung verfügen.

Diese diffuse Haltung zu Erneuerungsbewegungen führt auch bei uns zu diffusen Ängsten und Widerständen in den Gemeinden und bei den Priestern. Es ist ja keineswegs verlangt, dass Christen an solchen Gemeinschaften teilhaben – aber woher kommt die ungeprüfte Ablehnung von Gemeinschaften, die man nicht kennt? Über die Gründe soll hier nicht weiter spekuliert werden. Tatsache ist, dass der Informationsstand über charismatische Aufbrüche in den Bistümern sehr gering ist, auch wenn man etwas wissen könnte.[7]

Aber was tragen geistliche Gemeinschaften zur Erneuerung der Kirche bei und welche Akzente werden hier gesetzt, so dass wir davon lernen könnten? Mit dem Soziologen Michael Hochschild kann man diese Gemeinschaften und Bewegungen durchaus als „Zukunftslaboratorien" der Kirche bezeichnen. Versuchen wir zu verstehen: Was sich in geistlichen Gemeinschaften und kirchlichen Bewegungen zu sehen gibt, was dort charismatisch ausprobiert wird, antwortet auf noch nicht hinreichend geklärte Herausforderungen an unsere Kirche und ihre Entwicklung. Man könnte sagen, dass hier unter charismatischen Bedingungen neue Akzentsetzungen, neue „Programme", ja eventuell neue „Betriebssysteme" des Kirche-Seins ausprobiert, durchlitten, durchlebt, falsifiziert und bewährt werden.

Keinesfalls ist ein Zukunftslaboratorium schon die normgerechte Zukunftsgestalt, sondern die erprobten Zusammenhänge und Erfahrungssequenzen zeugen ein Weisheitswissen, das dann im normalen Alltag eingebracht werden will. Dazu sind also vor allem Charismen und charismatische Aufbrüche in unserer Kirche da: an ihnen werden Wege einer Zukunft ansichtig, sie sind gewissermaßen Vorentwürfe und einmalige Prototypen, deren Testergebnisse einfließen in den Erneuerungsweg der Kirche.

Wenn also in diesem Reichtum und in dieser Relativierung geistliche Gemeinschaften und kirchliche Bewegungen wahrgenommen werden, dann lassen sich von ihnen her Zukunftsmerkmale und Perspektiven wahrnehmen und Vollzüge des Christ-Seins der Zukunft erlernen.

Christ werden

Ein erster und vielleicht der wichtigste Aspekt, den die neuen Aufbrüche in unserer Kirche uns lehren können, ist die Bedeutung der persönlichen Glaubensentscheidung als einer existenziell-mystischen Christusbeziehung. Ganz deutlich antworten damit geistliche Gemeinschaften auf eine Sehnsucht nach spiritueller Tiefe, die es weltweit und auch in unserem Land gibt. Spannend ist dabei aber auch ein Zusammenhang, der in geistlichen

Die Kundschafter des Neuen hören!

Gemeinschaften charismatischen Ursprungs immer sehr bedeutsam ist: Die Sehnsucht nach Spiritualität trifft hier auf charismatische Gründer- und Lehrergestalten, die durch ihr authentisches Zeugnis und durch ihr spezifisches Charisma Wege zu einer persönlichen Gottesbeziehung weisen. Dabei vermögen sie die Quellen kirchlicher Tradition auch lebendig zu erschließen, so dass mit dem Eintreten in einen charismatischen Glaubenszusammenhang sich immer auch die gesamte spirituelle Tradition der Kirche neu und lebendig erschließt. Es geschieht so etwas wie eine prozesshafte, existenzielle Hinführung und Einführung in das Christusgeheimnis entsprechend des jeweiligen charismatischen Blickwinkels der Gemeinschaft.

Es ist nicht ganz exakt, schon in diesem Zusammenhang von „geistlichen Wahlverwandtschaften" (so Michael Hochschild) zu sprechen. Aus nicht nur eigener Erfahrung spielt zwar das Miteinander und die Gemeinschaft auf diesen Glaubenswegen durchaus eine starke Rolle, aber letztlich kommt es entscheidend darauf an, dass der Einzelne zu einer profilierten Glaubensentscheidung für Christus findet. Mit für unsere kirchlichen Verhältnisse fast aufdringlicher Deutlichkeit sprechen die geistlichen Gemeinschaften von der „Wahl Gottes", von der „Entscheidung für Christus". Uns ungewohnt, aber darauf kommt es heute an für all jene Suchenden, die das „unterscheidend Christliche" im Kontrast zum Markt einheimischer, marktförmiger und orientalischer Spiritualität suchen.

Wie an allen kirchlichen Orten, kann man auch in den Geistlichen Gemeinschaften auf Festivals, Treffen und Veranstaltungen den oberflächlichen Eindruck bekommen, dass es hier um Gemeinschaftsfeeling geht. Dort aber, wo Menschen sich ernsthaft mit dem Thema Glaubensgemeinschaft auseinander setzen wollen, ist in den Erneuerungsbewegungen immer der persönlich und individualisierte Akt der Hingabe an Christus vorausgesetzt.

Daraus ist für die anstehende kirchliche Erneuerung zu lernen: Christ-Werden ist ein persönlicher Prozess der Glaubensaneignung, der in Gemeinschaft geschieht als einem „Lebensraum der Glaubensentwicklung", als „Biotop des Glaubens", mit der Hilfe von authentischen Zeugen, die das Evangelium charismatisch – unter einer bestimmten Perspektive – für das Leben erschließen und den Einzelnen zu einer personalen Christusbeziehung führen. So unterschiedlich das entsprechend der verschiedenen Charismen geschieht, so nachhaltig ist das Ziel eine tiefe Christusmystik, die an der großen spirituellen Tradition der Kirche Maß nimmt. Keinen Zweifel lassen die Gemeinschaften und Bewegungen daran, dass solche Prozesse der persönlichen Aneignung ihre Zeit dauern: Christusbeziehung zu erlernen ist gewissermaßen ein katechumenal-mystagogischer Prozess, der seine eigenen Wachstumszeiten setzt. Paradigmatisch wird dies deutlich am Weg des durchaus auch sehr kritisch zu bedenkenden Weg des Neuen Katechumenats. Geradezu durchstrukturiert beschreibt es einen Weg, der Schritt für Schritt abgegangen und existenziell erlebt werden muss.

Unsere Kirchen tun gut daran, hier zu lernen: Wenn wir nach einer vertieften Weise der Katechese des Christ-Werdens suchen, dann werden die hier gestalteten Glaubensprozesse hilfreich sein, um zu verstehen, warum der bisherige Weg des Christ-Werdens nur noch unter bestimmten Umständen greift, wie aber umgekehrt unter den Bedingungen einer pluralistischen Gesellschaft das Christ-Werden nicht aus zeitlich formal zu begrenzenden Kursen bestehen kann, sondern eher Glaubensprozesse für Suchende zu initiieren sind, die sowohl des Rahmens einer Glaubensgemeinschaft wie des elementaren Zugangs durch authentische Zeugen bedürfen.

Kirche erfahren

Was soziologisch als „geistliche Wahlverwandtschaft" beschrieben werden kann, stellt sich von der Erfahrung der geistlichen Gemeinschaften her durchaus anders dar. Kirchliche Bewegungen und geistliche Gemeinschaften ermöglichen eine existenzielle Erfahrung des Kirche-Seins. Es ist genau jene Erfahrung, deren Fehlen an vielen Stellen unserer Kirche eingeklagt wird: Die rituelle Klage über die institutionelle Sklerose der Kirche, aber auch über das wenig glaubwürdige Vereinswesen in den Gemeinden haben auch damit zu tun, dass Kirche im Grunde als ein Erzeugnis menschlicher Vergemeinschaftung erkannt wird. Die Erfahrung, dass inmitten der Menschen, wie sie nun einmal sind, also mit ihren Schwächen und Grenzen, der lebendige Gott erfahrbar wird, dass sich also das viel zitierte biblische Wort der Gegenwart Christi inmitten der Seinen (Mt 18, 20) auch existenziell bewahrheiten und leben lässt, diese Erfahrung ist gesucht und wird häufig in diesen geistlichen Gemeinschaften erfahrbar.

So antworten charismatische Aufbruchsbewegungen im Grunde auf die große Sehnsucht nach Kirche als Erfahrung der Gegenwart Gottes, die sich in gelungenem gelebten Miteinander widerspiegelt: die mögliche Kommunikation in Taizé, die Erfahrungen der Mariapolis der Fokolarbewegung, der Cursillo als Praxis gemeinschaftlichen Glaubenlernens – von all diesen Erfahrungen hat die Kirche schon gelernt und profitiert, sei es bei den von den geistlichen Gemeinschaften entscheidend mitgetragenen Weltjugendtagen, vor allem aber auch in der Sensibilisierung für eine Spiritualität der Gemeinschaft, wie sie exemplarisch von Papst Johannes Paul II. in „Novo Millennio Ineunte" vorgetragen wird (Nr. 43).

Auch hier haben wir zu lernen. Wenn in den vergangenen Jahrzehnten auch suchende Menschen sich nicht mehr in den Kirchengemeinden aufgehoben fühlten, sondern auch für ihre Kirchenerfahrung nach geistlichen Orten suchten und wenn umgekehrt viele Menschen sich in Glaubenskreisen, aber auch weiterhin in Gemeinschaften, Gruppen und Verbänden innerhalb unserer Gemeinden zu Hause fanden, dann haben sie bei aller Unterschiedlichkeit eines gemeinsam: Sie wählen frei. So schwierig im Einzelnen ihre Erfahrungen mit der Institution sein können, so befreiend und erfüllend ist die Erfahrung des gelebten Kirche-Seins.

Und dabei geht es eben gerade nicht darum, dass einfach nur „Gemeinschaft" erlebbar wird, der Anspruch reicht heute – meist unausgesprochen – tiefer: nicht die gruppendynamische Beheimatung wird in der Kirche gesucht, sondern die Gegenwart Christi und des Geistes, der jede Gemeinschaft erst zur Kirche macht.

Diese anspruchsvolle und ebenfalls zu erlernende Spiritualität und Praxis des Christ-Seins in Gemeinschaft ist es, die auch unsere Kirche durch den Geist, der in den Charismen der geistlichen Gemeinschaften wirkt, angeboten bekommt. Es wäre fatal, dieses Geschenk auszuschlagen.

Weitere Lernfelder

Von diesen grundlegenden Aufbaukriterien der charismatisch begründeten Bewegungen und kirchlichen Bewegungen herkommend erschließen sich nun weitere Lernfelder für die Kirche der heutigen Zeit. Die ökumenische Offenheit der meisten Bewegungen verweist auf eine Mitgliedschaft der Zustimmung und nicht der Zugehörigkeit, wie die französische Kirche wohl sagen würde: Menschen wählen selbst den Grad des Engagements in diesen Gemeinschaften. Ganz deutlich erkennen sie ihr Engagement nicht als „Ehrenamt", sondern als Sendung und Einsatz jener Gaben, die sie von Gott empfangen haben. Die schwelende Diskussion in unseren Kirchen um die Rolle des Ehrenamtes würde aus der Perspektive und Erfahrung der geistlichen Gemeinschaften ein neues Licht bekommen.

Die Erfahrung der geistlichen Gemeinschaften macht darüber hinaus deutlich, dass hier immer das Ganze des kirchlichen Lebens in einem elementaren Ausschnitt besteht und von dort zugleich das Ganze im Blick behalten wird. Die unterschiedlichen Schwerpunktsetzungen einer charismatischen Gebetsgemeinschaft oder einer diakonisch orientierten Gruppe von Sant'Egidio wie auch der liturgische Fokus von Taizé vermitteln in je eigener Glaubenspädagogik das „Ganze im Fragment". Zu lernen ist hier, dass Gemeinden und Gemeinschaften vor Ort nicht den Blick auf das richten müssen, was alles zu tun und am Leben zu erhalten ist, sondern was ihnen der Geist Gottes hier und heute zu tun aufgibt. Das Programm einer Ekklesiogenesis startet mit dieser Frage.

Interessante Lernerfahrungen könnte auch eine nähere Betrachtung der Leitungsstrukturen in geistlichen Gemeinschaften und kirchlichen Bewegungen für die heute diskutierte Frage nach dem Verhältnis von Amt und Leitung durch Laien ergeben.

Kurz: diese und andere nicht benannten Aspekte sollen appetitanregend wirken und als Einladung zum genaueren Hinschauen gedacht sein. Weiteres und mehr ist zu entdecken.

Mit all dem ist natürlich nicht geleugnet, sondern eingeschlossen, dass es – wie in den Gemeinden und in der Kirche auch – grenzwertige und begrenzte Erfahrungen mit geistlichen Gemeinschaften geben kann. Aber die Hermeneutik, die diese Überlegungen wie auch die anderen Beobachtungen getragen hat, versucht ja, Früchte einer geistlichen Entwicklung der Kirche zu sichten. Schade wäre, wenn diese Früchte an uns vorüberzögen.

An den Grenzen unserer Kirchenerfahrung

Es ist Frühsommer. Ich schaue aus dem Fenster. Zwei Kinder oder Jugendliche machen sich an dem Apfelbaum zu schaffen, an dem ziemlich viele Äpfel hängen – er steht auf unserem Grundstück. Sie rütteln und schütteln miteinander, versuchen hochzuklettern. Ich gehe nach unten. Denn ich freue mich, dass überhaupt jemand diese Äpfel erntet.

Der Baum ist das nachhaltige Ergebnis einer Erstkommunionvorbereitung vor einigen Jahren. Am Ende einer Vorberei-

An den Grenzen unserer Kirchenerfahrung

tung haben die Katecheten einer Gruppe diesen Baum gepflanzt. Seitdem wächst er – für die Früchte ist keiner verantwortlich.

Melli und Dalima wohnen in der Straße nebenan. Melli gehört zu einer großen Familie. Und Dalima, eine junge Muslimin, ist überhaupt nicht scheu. Sie könnten Apfelmus gut gebrauchen. Sie freuen sich, als ich ihnen eine Leiter bringe zur Ernte. Der Baum ist am Abend leer. Melli bekommt keine Leerstelle, Dalima hat Probleme mit dem Lernen in der Schule. Alle sind meine Nachbarn – ich kenne sie nicht. Auch in unserer Gemeinde kennt sie keiner. Ich erzähle die Geschichte, denn sie macht mich nachdenklich. Ganz in der Nähe leben Menschen, die in sozial schwierigen Verhältnissen leben. Und wir?

Es ist Herbst. Es klingelt. Ich mag die Tür nicht aufmachen, denn ich weiß, wer da steht. Die zwei Männer mit ihren Fahrrädern sind wieder da. Sie fragen nach Babynahrung, nach Windeln – immer dann, wenn ich keine Zeit habe. Beim zehnten Kommen bekommt mein Mitbruder heraus, dass sie nicht lesen und schreiben können. Wir hören nie wieder von ihnen etwas. Wer kennt sie – wer kennt ihre Not?

Es ist Spätherbst: ein Anruf. „Sie fragen sich bestimmt, warum ich nicht mehr zur Kirche komme. Ich kann im Moment nicht, ich kann nicht laufen – und außerdem ist es jetzt dunkel." Ich kenne den Mann nicht, der meint, ich müsste es. Wer kennt ihn? Wer begleitet ihn in seiner Einsamkeit?

Es ist Advent. Anruf von der Notfallseelsorge. Ein Mann, 48 Jahre alt, ist plötzlich gestorben. Übrig bleibt eine Frau mit Kind. Ohne Beruf, ohne Sicherheit. Mein Mitbruder überbringt die Todesnachricht. Und kehrt erschüttert zurück. Was sollen wir jetzt tun? Wer sorgt sich um sie? Wer kennt sie? Sie sind unbekannte Katholiken.

Es ist Weihnachten. Drei junge Ehen in unserer Gemeinde gehen auseinander. Die Gemeinde weiß nichts – Einzelne schon. Wer sorgt sich um die Frauen und Kinder, die alleine zurückbleiben.

Die Kundschafter des Neuen hören!

Lauter fast zufällige Geschichten, die ich vervielfachen könnte – die jeder vervielfachen könnte. Immer dieselben Fragen, immer dieselbe Ohnmacht. Sobald die Not sich ereignet, steht der Einzelne alleine da. Preis der Individualität.

Aber das gilt auch umgekehrt. Auch der Einzelne, der helfen will, ist überfordert. Die einen deswegen, weil natürlich jeder und jede Einzelne, der helfen will, schnell an die Grenzen des Machbaren kommt. Wie viel Nachbarschaftshilfe und wie viel häusliche Pflege gibt es – und wie viele geben mehr als sie geben können und dürfen in diese Hilfeleistungen. Wahr bleibt, dass auch diese Hilfe privatisiert ist und im Kräftehaushalt des Einzelnen seine Grenze findet.

Aber es gibt auch das umgekehrte Phänomen: „Wo kann ich in dieser Gesellschaft eigentlich helfen?", fragt mich die junge Studentin aus Georgien und berichtet mir, wie sie in der Heimatgemeinde in Tiflis an vielen Orten, im Krankenhaus, bei den Schwestern von Mutter Teresa mitgeholfen hat. Zudem konnte sie dort mit vielen Menschen ihren Glauben teilen. „Aber hier bin ich als Glaubende ganz allein. Wissen Sie, ich bin in den vergangenen Jahren hier in Deutschland völlig anders geworden – sehr verschlossen. Ich kenne mich gar nicht wieder."

Was in diesen knappen Skizzen beschrieben ist, ist mit dem Kürzel „diakonische Ohnmacht" treffend beschrieben. Diese Ohnmacht gründet in der individualistischen Privatisierung von Not wie Hilfe, die sich gesellschaftlich wie kirchlich ereignet hat und ereignet. Was hier geschieht, macht eine dramatische Armut unserer Kirchengemeinden deutlich: Was uns fehlt, ist eine Kirchenerfahrung, die umfassend das widerspiegelt, was das Neue Testament als normative und zielgebende Grunderfahrungen des Kirche-Seins etwa in Apg 2 beschreibt. Was uns fehlt, das ist die eucharistische Mitte. Denn die Feier der Eucharistie wird zwar fortwährend gefeiert, die Wirkungsgeschichte dieser Feier ist jedoch – nach dem Zusammenbruch der Milieus – individualisiert, die Heilsgüter weithin privatisiert. So zählt, was mir etwas bringt. Fast vollkommen übersehen wird dabei, was Eucharistie eigentlich in ihrem Wesen ist. Wir werden zum Leib Christi, in dem jeder mit dem anderen verbunden ist. Was Papst Johannes Paul II. in „Mane nobiscum domine" als Zielperspektive der Eucharistie beschreibt, der Blick auf die Armen, ist nicht damit abgegolten, wenn der oder die Einzelne großherzig spendet oder sich diakonisch nach Kräften bemüht. Das ist gewiss reiche Frucht des eucharistischen Geschehens im Einzelnen – aber unterbietet die gemeinschaftliche Dimension der Solidarität.

Diese gemeinschaftliche Dimension der Solidarität ist in unserer Gesellschaft institutionalisiert worden. Die Ausbreitung der Pflegedienste und der sozialcaritativen Unternehmungen weist darauf hin. Aber auch hier kommen wir sofort an eine Grenze. Da Menschlichkeit in ihrer Fülle nicht institutionalisiert werden kann, bleibt in unserer Gesellschaft das ambivalente Gefühl, dass auf der einen Seite für einen Grundbestand an Menschlichkeit bis zum Tod gesorgt ist, auf der anderen Seite aber hier die Menschenwürde oft von einem materialistischen und naturalistischen Überlebensansatz beschrieben ist. Alles andere bleibt unbezahlbar.

Aus diesem Dilemma gibt es keinen Ausweg: Die Überforderung des Einzelnen und die institutionelle Unbezahlbarkeit menschlicher Liebe sind einander komplementär.

Innerhalb der Gemeinden sind wir auf diese Herausforderungen nicht hinreichend vorbereitet. Die klassischen Caritasgruppen in unseren Gemeinden spiegeln weithin den stark milieuhaft geprägten Gemeindekatholizismus. Sie sind zumeist überaltert, wenn sie auch für den binnenkirchlichen Bereich weiterhin sehr wichtig sind. Die Herausforderungen jenseits der gewohnten Grenzen werden von ihnen nicht hinreichend wahrgenommen. Ich erlebe es sehr häufig, dass von Einzelnen Initiativen in diese Richtung sehr wohl angestoßen werden, aber im privatistisch gestalteten Gemeindeleben finden diese Initiativen

Die Kundschafter des Neuen hören!

keine oder doch kaum Resonanz. Ich höre noch heute eine Pfarrgemeinderatsvorsitzende klagen: „Wir haben doch so viele eigene Probleme – sollen wir die nicht zuerst lösen?" So wahr das im Einzelfall sein kann, so deutlich ist auch, dass die eigentliche Überforderung aus dem Mangel an Kirche-Sein rührt: Kirche-Sein, verstanden als erfahrbare Wirklichkeit von gegenseitiger Solidarität und Sendung.

Was hier in unseren Gemeinden an Kirche-Sein fehlt, ist außerhalb sehr häufig zu finden: Aufbrüche, die aus diesem Dilemma herausführen, gibt es jenseits der kirchengemeindlichen Wirklichkeit immer öfter. Zu denken ist an die Netzwerke der Selbsthilfegruppen und Initiativen, die häufig von Christen angestoßen werden. Dabei zeigt sich der ekklesiale Bauplan allerorten, der diesen Gemeinschaftsbewegungen zu Grunde liegt: Es braucht eine Leidenschaft, die sich in einer oder mehrerer Personen entzündet und zur Bildung von Gemeinschaften führt, die – oft verbunden mit einer eigenen Spiritualität – eine Herausforderung in den Blick nehmen, ob es nun Sorgentelefone, Leukämiekranke, Tafelprojekte oder Spendenhilfeprojekte sind. Der gegenseitige Austausch und die gegenseitige Solidarität machen Vereinsbildungen möglich, die in ihrem Innern den Zusammenhang von Sammlung und Sendung vollziehen.

Solche Grunderfahrungen des Kirche-Seins sind auch zu finden bei den vielfältigen Initiativen der Freiwilligenbörsen: jedes Talent und jede Gabe ist hier wichtig, und wird ins Spiel gebracht. Dort, wo ein Gefüge erkennbar wird, bei dem ich mich mit meinen Gaben einsetzen kann, gebe ich gerne, was ich geschenkt bekommen habe, zumal hier meine Gabe angemessen gewürdigt wird.

Was uns als Kirche und Gemeinde weithin fehlt, ist eine wirkliche Grunderfahrung des Kirche-Seins. Gottesdienst und Praxis der Gemeinden und vieler kirchlicher Institutionen verweisen auf einen Mangel an Kirche-Sein. Viele Erfahrungen des Kirche-Seins finden sich außerhalb der verfassten Kirche, während wir innerhalb mit der fruchtlosen Alternative von Individualismus und Institutionalisierung zu kämpfen haben.

Nicht umsonst dürfte mit dem Stichwort Kirche bei den meisten unserer Zeitgenossen die Institution verknüpft sein. Eine existenzielle Erfahrung des Kirche-Seins ist wenig eingeübt. Während eine Institution dem Einzelnen gegenübersteht und dann auch Kirche leicht mit einem Dienstleister verwechselbar ist, ist die Erfahrung des Kirche-Seins eine Erfahrung, die in doppelter Weise neue Horizonte öffnet. Zum einen erweist sich eine authentische Erfahrung des Kirche-Seins immer als eine Begegnung mit dem auferstandenen Christus und eröffnet also so den Zugang zu einem inneren Mitleben mit dem Evangelium – zum anderen macht die Erfahrung des Kirche-Seins ein Erleben von Gemeinschaft möglich, das sich wohltuend unterscheidet von der Alternative von Vereinzelung und Vereinnahmung: Es ist eine Erfahrung gegenseitiger Solidarität und Achtung, gegenseitiger Annahme und gegenseitigen Freilassens, die auf dem Individuum und seinem persönlichen Weg zu Gott gründet und doch andererseits nicht dort bleibt.

Es ist schon deutlich: einen Aufbruch zum neuen Kirche-Sein gibt es nur in der Wiedergewinnung einer Spiritualität, die in Christus Gemeinschaft erleben lässt. Wir suchen nach dieser Spiritualität.

Eine solche spirituelle Ikone des Kirche-Seins habe ich vor kurzem in einem schwedischen Film erlebt. Der Film „Wie im Himmel" beschreibt die Erfahrung von alltäglichen Menschen in einem schwedischen Dorf, die in einem Kirchenchor mehr schrecklich als herrlich singen. Die Begegnung mit einem herzkranken Stardirigenten lässt sie erfahren, wie aus einer Dorfgemeinschaft, die in ihren Mittelmäßigkeiten, in ihrer Verlogenheit und Doppelmoral lebt, eine „Kirche" wird: ein Ort der Liebe, der Wahrheit und der Solidarität, ein Ort der Ich-Findung und der Wir-Findung – vorbei an der sklerotisierten Kirchenerfahrung der Staatskirche, die als angepasst erscheint.

Die Kundschafter des Neuen hören!

Die Menschen heute, auf der Suche nach Orientierung, ich und wir, möchten eine solche Kirche finden. Was dieses Niveau unterschreitet, hat bestenfalls musealen Charakter.

Auf dem Weg zur Kommunion

Die Situation wird immer klarer: Bis auf eine kleine Gruppe von Eltern, die mit ihren Kindern regelmäßig zur sonntäglichen Eucharistie kommen und ihre Kinder hineinwachsen lassen in das, was ihnen selbst wichtig ist, begegnen uns bei der Kommunionvorbereitung meist Eltern, die nach ihrer eigenen Kommunion den Zugang zu einer eigenen Christusbeziehung nicht finden konnte und Kinder, die religiös sehr offen sind, durch den Religionsunterricht in den „Geschichten von Jesus" außergewöhnlich bewandert sind – aber, so fragte ein Kommunionkind: „Wie, Jesus hat doch nicht gelebt? Das sind doch Geschichten, oder?"

Die Situation wird immer deutlicher: Liturgisches Feiern ist etwas nahezu Unbekanntes für Kinder – und auch für die Eltern. Ganz selbstverständlich verstehen Menschen, die noch keinen Zugang zum liturgischen Geschehen haben, Gottesdienste als Veranstaltungen, wo Kinder ein Schauspiel oder ein Lied aufführen und wo man am Ende klatscht.

Das ist keine Bewertung, sondern eine Beschreibung einer Situation. Der ehrliche Umgang mit dieser Situation kann nicht darin bestehen, diesen Eindruck zu verstärken, indem die pflichtgemäße Teilnahme an der Eucharistie mit musikalischen und schauspielerischen Aufführungen der Kinder aufgepeppt wird; aber auch nicht darin, dass man die Fremdheit einfach erduldet, denn die Kommunion geht vorbei, auch wenn die nächste Kommunionvorbereitung schon wieder vor der Tür steht.

Nein, es braucht einen Deutungsschlüssel: vor uns stehen Eltern, die mit der Feier der Kommunion selbst wieder die Chance

Auf dem Weg zur Kommunion

zu einer Anknüpfung suchen oder doch zumindest eine erste religiöse Erfahrung wieder finden wollen – und vor uns stehen Kinder, die bisher die Kirche als den Ort kennen, wo etwas von dem Geheimnis, dass sie spüren, deutlicher wird. Fast alle, die uns begegnen, sind Katechumenen.

Wie können wir mit ihnen ein Stück des Glaubensweges gehen? Eine erste Erkenntnis: Wir können nur das Stück des Weges mit ihnen gehen, das sie mit uns gehen wollen – und dafür ist ein „Kurs" sehr wenig. Zu wenig. Denn Glauben braucht ein langsames Wachstum, einen gewachsenen Weg, der zwischen Taufe und Erstkommunion ja eigentlich 9 Jahre umfasst, meist aber in dieser Prozesshaftigkeit religiöser Erziehung nicht mehr gesehen wird. Die Eltern der Eltern unserer Kommunionkinder haben schon diesen prozesshaften Weg mit ihren Kindern unterbrochen.

Aber wir können die Eltern und ihre Kinder einladen, diesen Weg durch die neun Jahre mit uns zu gehen. Das ist eine Einladung zur Begleitung. Und so entsteht das Projekt 010 – eine Vernetzung von Taufe, Mutter-Kindgruppen, Kindergarten, Grundschule und Gemeinde. Gemeinsam mit den Gemeindereferentinnen und dann auch mit den vielen Akteuren in der Kinderarbeit entwickelt es sich. Mit dem ersten Schuljahr wenden wir uns an Eltern und Kinder und laden dazu ein, erste Erfahrungen im Glauben miteinander zu machen: die Segnung zu Beginn des Schuljahres, die Übergabe des Vaterunsers, die Tauferinnerungsfeier – der Segen am Ende des vierten Schuljahres – all das macht nun einen Rahmen aus, in dem auch die Kommunionvorbereitung zu stehen kommt.

Hier versuchen wir, die Situation des Katechumenats im Rahmen einer mystagogischen Sakramentenpastoral aufzugreifen. Und das heißt konkret in diesem Jahr, dass der Weg zur Mitfeier der Eucharistie am Anfang nicht die Feier der Eucharistie beinhaltet.

Zu Beginn der sonntäglichen Eucharistie sind die Kinder mit in der Kirche. Sie sind dabei, bis das Evangelium verkündet wird.

Die Kundschafter des Neuen hören!

Dabei stellen sie sich um den Ambo, einige von ihnen halten Flambos in der Hand. Schon nach dem zweiten Mal wird deutlich, wie intensiv Kinder auf solche Rituale reagieren. Sie sind ganz dabei. Aber nach dem Evangelium ziehen sie mit dem Evangeliar aus der Kirche. Denn nun wird in einer Katechese das Gehörte vertieft. Nach der Messe sammeln sich die Kinder der verschiedenen Gruppen wieder, um in einem eigenen kleinen Abschlussgottesdienst Grundhaltungen des liturgischen Feierns zu erleben und so zu erlernen: das Schweigen, das Kreuzzeichen, das Bitten, das Loben, das Knien und schließlich auch die Anbetung.

Es ist gerade dieser kleine Gottesdienst, bei dem wir vor dem Allerheiligsten knien, der mich am tiefsten beeindruckt hat. Denn die tiefe Ruhe, das tiefe Schweigen der Kinder, ihre Gebete – das machte mir deutlich, dass die Spur, auf der wir schüchtern eine liturgische Mystagogie ausprobieren, die für uns selbst noch mehr als neu ist, wohl die richtige ist. Sie führt die Kinder zum Herzen Gottes, das ist erkennbar.

Nach sechs solcher Sonntagvormittage, die wir miteinander verbringen, feiern wir das Wochenende der Versöhnung ... Es ist eine Idee der Gemeindereferentin. Zu Fuß, am Freitagnachmittag, wandern wir mit den 25 Kindern zur nahe gelegenen Bildungsstätte des Bistums. Es hat geschneit, und ist Mitte Februar noch recht kalt. Auf dem Weg, den ich mitgehe, erzähle ich an Stationen Geschichten der Versöhnung aus dem Evangelium. Die Kinder kennen diese Geschichten – und so ist es sehr einfach. Nach zwei Stunden Weg kommen wir an, die Kinder sind müde, das Wochenende beginnt. In der Mitte dieses Wochenendes steht das Sakrament der Versöhnung.

Eine interessante Entwicklung bei den Eltern ist zu bemerken. Noch vor sieben Jahren war die Frage nach dem Sakrament der Versöhnung eine Frage, mit der man jeden Elternabend heftig diskutierend verbringen konnte. Nein, niemand muss beichten. Aber die nächste Elterngeneration sieht es anders und öffnet einen Weg: „Wir möchten, dass unser Kind einmal beichtet ...",

Auf dem Weg zur Kommunion

höre ich jetzt ganz oft, wie ich umgekehrt viele Jugendliche erlebe, die auch während ihrer Erstkommunionvorbereitung nicht gebeichtet haben.

Und so geschieht die Vorbereitung auf das Sakrament der Versöhnung in einer gelösten, spielerisch und doch ernsten Atmosphäre. Nach einer Katechese zum barmherzigen Vater mache ich mit den Kindern und den Katecheten einen Spaziergang mit den schweren Steinen – den Steinen, die auf dem Herzen liegen. Je länger die Kinder die Steine tragen, desto schwerer werden sie ihnen. Der Spaziergang führt in die kleine Kapelle. Hier ist der Moment, die Steine abzulegen, mit Worten zu beschreiben, was auf dem Herzen liegt, Vergebung zu empfangen. Es kommt vor, dass ein Kind nicht beichtet, weil es nicht erzählen will, was es bedrückt – auch dann wird es gesegnet.

Beeindruckend ist aber vor allem, dass für die Katecheten und Katechetinnen selbst diese Hinführung der Kinder zum Sakrament der Versöhnung ihnen selbst einen neuen Weg zur Versöhnung eröffnet. Denn auch einige der Katecheten und Katechetinnen sind ja Menschen, die sich auf den Weg machen, die Gemeinschaft mit Christus neu zu entdecken und zu vertiefen.

Während dieses Wochenendes feiere ich mit den Kommunionkindern zum ersten Mal gemeinsam Eucharistie. Nach der Einübung in die Logik liturgischen Feierns sind dies sehr tiefe und dichte Messen, und die Kinder sind sehr aufmerksam dabei, vor allem im Moment des Kommunionempfangs für die Katecheten und Begleiter. Hier sehe und spüre ich die Sehnsucht, auch dabei zu sein, diesen letzten Schritt zur Kommunion zu vollziehen.

Weitere zwei Male feiern wir nun die Sonntagsmesse gemeinsam mit den Kommunionkindern. Und jedes Mal staune ich, wie tief und gesammelt die Kinder mitfeiern. Ich kann mir das so erklären: unsere Eucharistiefeier ist ja ein große Gebets- und Symbolhandlung. Die durch kleine Gottesdienste vorbereiteten Kinder haben gelernt, in dieser Weise beten zu lernen – und so ist diese Feier in aller Geheimnishaftigkeit ihnen nicht fremd.

Auch bei der Erstkommunion selbst habe ich es so erlebt. Und ich habe auch erlebt, dass für viele Erwachsene die Erfahrung einer Eucharistiefeier dann möglich wurde, wenn ihnen am Anfang eine Einführung in die Feier gegeben wurde. Viele der Menschen, die an diesen Sonntagen in unsere Kirche kommen, sind sehr unsicher, um was es eigentlich geht. Eine Einführung, die den Sinn und die Tiefe der Feier erklärt und Hilfestellungen für das Mitfeiern gibt, hat diesen unseren Erstkommunionfeiern eine Tiefe und eine Ruhe und Intensität geschenkt, die sich für mich eindrucksvoll von „Veranstaltungen" unterscheidet.

Dieser Weg, den die Gemeindereferentinnen unserer Pfarreien leiten und den ich mitgehen darf, ist für mich ein Lernweg: Ich lerne katechumenale Wege und Formen der Glaubensweitergabe. Und ich denke, wir sind auf einem guten Weg.

Kinderkirche für Erwachsene

In einem der vergangenen Visitationsberichte lese ich einen etwas anklagenden Abschnitt über die Liturgie: Die Sprache der Liturgie sei nicht verständlich, und deswegen müsse sie verändert werden. Ich wundere mich nicht, denn schon zu oft in den vergangenen Jahren bin ich mit dieser Anklage konfrontiert worden – aber je älter ich werde, desto weniger kann ich sie nachempfinden. Denn für mich bedeutet diese zweifellos nicht alltägliche Sprache der Liturgie das, was sie sagt. Sie spricht von Gott, wie er sich in Christus offenbart hat. Sie spricht von uns – und im Unterschied zu vielen selbst gemachten Fürbitten, die ich zum Teil mitproduziert habe, ist sie nie moralisch und nie appelliert sie an die Leistung des Menschen ... Darum vermute ich, dass hinter dem schon allgemeinen Klagegestus eine andere Grundfrage steht. Denn ich mache die Erfahrung, dass Menschen durchaus viel mit den Gebeten und den Hochgebeten anfangen können.

Kinderkirche für Erwachsene

Der kleine Unterschied, so wage ich zu formulieren, liegt vielleicht darin, dass die Gebete und gerade auch das Hochgebet einen bestimmten bewussten und personalen Zugang zum Geheimnis Gottes voraussetzen.

Ist der immer gegeben? Und wie wäre er näher zu beschreiben in Bezug auf die Liturgie? Der Hintergrund ist relativ einfach zu beschreiben: Es ist für Ältere – und sogar für manche Jüngere – noch erinnerbar, dass der Weg zur sonntäglichen Eucharistie ein Pflichtweg war. Es gab keine Alternative – es gab auch kein Problem, zumal dann, wenn die Messe „gelesen" wurde und man sie andächtig, wenigstens halbwegs „hörte". Alle gingen zur Messe, und die Erfahrung mit der Eucharistie war im höchsten Maße formalisiert und eingebunden in den milieuchristlichen Gesamtrahmen.

Das änderte sich spätestens dann, als mit dem Konzil, aber auch mit der Individualisierung und Pluralisierung und weiteren Phänomenen der Milieuauflösung dieser Gesamtrahmen verlorenging. Die Eucharistie wird nun in der Muttersprache gefeiert, aber immer weniger Menschen feiern sie mit. Und – kaum anders als früher, in der lateinischen Liturgie – das Verstehen der sakramentlichen Symbolhandlungen und der Gebete wie des Hochgebets wächst eher langsam.

Eucharistie wird langweilig, weil nur wenige sie verstehen. Deswegen geschieht das, was ich als Priester schon oft – fast zu oft – erlebt habe: Die Struktur der Eucharistiefeier bleibt bestehen, aber nun werden mitten in die einzelnen Teile der Eucharistie interessante und attraktive Geschichten, theatralische Anspiele, lange Texte, neue Symbolhandlungen eingefügt. Man hat den Eindruck, die Messe ist das Gerüst, das eben als solches hingenommen werden muss und ja auch wichtig ist – aber anziehend wirkt nur, was von außen dazu eingebracht wird. Ganz offensichtlich werden damit aber die eigentlichen Symbolhandlungen und die sie begleitenden Texte nicht verstanden, sondern nur „gehört".

Genau diese Erfahrung mache ich auch in dem Moment, als wir mit einer Gruppe Interessierter die einzelnen Teile der Eucharistie betrachten und tiefer ins Licht heben wollen. Offensichtlich sind die Erwartungen hier unterschiedlich. Auf der einen Seite geht es uns darum, die vorgegebene Liturgie ins Licht zu rücken – auf der anderen Seite hatten sich Interessierte eine neue Kreativität erwartet.

Noch herausfordernder, aber auch widersprüchlicher wird es in dem Moment, als der Versuch unternommen wird, eingeschliffene Gewohnheiten entsprechend dem Sinn der liturgischen Handlung zu profilieren. Es gehört zu den schwierigen Erfahrungen, dass eine solche Gestaltungsperspektive nicht gut angenommen wird, ja sogar der Vorwurf laut wird, hier würde die Gestalt der Messe wesentlich verändert, wo doch in Wirklichkeit der Versuch unternommen wird, sie entsprechend der gesamtkirchlichen Vorlage zu gestalten. Hier wird noch einmal deutlich, dass in den vergangenen Jahrzehnten nur sehr wenig im Bereich der liturgischen Bildung unternommen wurde und sich vielen Christen in unseren Gemeinden die Liturgie in ihrem Umschreiten des Geheimnisses und ihrer Begegnungsdimension mit Christus nicht erschlossen hat. Zumal dann, wenn die Messe unter Zeitdruck gerät und die möglichst kurze Dauer der Feier ihre subjektive Qualität bestimmt.

Dass die Messe langweilig sei, führen auch die Jugendlichen an, die mitfeiern. Nicht nur das Unverständnis für die Feier stößt ihnen auf, sondern auch die Art und Weise, wie Erwachsene mitfeiern – nämlich fast gar nicht. Vierzig Jahre nach der Liturgiekonstitution nehmen Jugendliche sehr wohl wahr, dass die Mitfeiernden gar nicht mitfeiern: „Die reden miteinander, die singen nicht mit – und das Gebet klingt wie runtergeleiert": was kann das für eine Feier sein?

In diesen Zusammenhang gehören auch viele Äußerungen von Menschen aus den vergangenen Jahren. Mir ist in Erinnerung, dass ein Großteil der Mitfeiernden den Sonntagsgottesdienst als Ort des Abschaltens und der Ruhe, der eigenen Meditation betrachteten. Ganz zweifellos bietet der Rahmen einer festen

Kinderkirche für Erwachsene

Liturgie dazu Raum – aber ich fragte mich schon damals, ob dies der Sinn der Feier sein kann

Im Hintergrund dieser Erfahrungen steht eine These: Kann es sein, dass für einen Großteil der Mitfeiernden die Feier der Eucharistie eine echte Überforderung ist? Es fehlt in den vergangenen Jahren ja nicht nur an liturgischer Bildung, möglicherweise ist für einen Teil der „Gottesdienstbesucher" die Feier innerlich – als tiefste Begegnung mit dem Gott, der mir in meinem Alltag begegnet, mich führt und begleitet – nicht zugänglich. Dann wäre in der Tat wahr, dass die Gebetstexte und das Hochgebet wie ein rätselhafter Hokuspokus wirken müssen ...

Es gibt Hinweise auf die Richtigkeit dieser These. Ich denke an die „Kinderkirche" in einer der Pfarreien, die mir anvertraut sind. Dort werden die drei- bis neunjährigen Kinder einmal im Monat zusammengerufen, damit sie miteinander auf kindgerechte Weise das Evangelium erfahren und erschließen können. Parallel zur Eucharistiefeier der Gemeinde zog diese Kinderkirche auch immer mehr Erwachsene an. Manchmal, so sagten mir die engagierten Eltern, die die Kinderkirche vorbereiteten, waren es sogar mehr Erwachsene als Kinder.

Dieser einfache und einführende Gottesdienst war weitaus zugänglicher auch für die Erwachsenen, als die Eucharistiefeier. Mir sagte ein Vater: „Muss es nicht auch eine Kinderkirche für Erwachsene geben?" Ähnliche Erfahrungen mache ich in den mystagogischen Gottesdiensten für Erstkommunionkinder und für Firmbewerber. Die Offenheit für einfache liturgische Handlungen im Vorfeld der Eucharistie ist frappierend. Gottesdienste, die einfach ins Schweigen führen, bei denen eine Segenshandlung oder eine Tauferinnerung stattfindet, werden von Kindern und Jugendlichen in hoher Intensität mitvollzogen.

Das könnte ein Zeichen der Zeit sein: für viele Christen – auch für einen nicht kleinen Teil derer, die zu unseren so genannten „Kerngemeinden" gehören – ist wohl wahr, dass die Eucharistiefeier als Höhepunkt und Quelle des gesamten christlichen Lebens gehaltvolle Voraussetzungen hat. Zum einen ist zu fragen, welchen wirklich existenziell-spirituellen Zugang zum Geheimnis Gottes Christen erfahren durften. Der Hunger nach eigener Erfahrung verweist aber auch darauf, dass es noch eines Weges der Hinführung bedarf und ein Prozess der Glaubensaneignung für Erwachsene eingeübt werden muss – von Seiten der Suchenden, wie eben auch der pastoral Verantwortlichen.

Dementsprechend braucht es „Kinderkirchen für Erwachsene", eine liturgisch-mystagogische Einführung in das „Geheimnis". Wer schon einmal eine einfache Feier der Tauferneuerung mitgefeiert hat, wer einen mystagogischen Wortgottesdienst miterleben durfte, der weiß, dass hier die Reduktion auf eine Zeichenhandlung viel intensiver das Geheimnis des lebendigen Gottes erlebbar macht als manche Feier der Eucharistie.

Die Herausforderung, vor der wir stehen, heißt: Wie können durch einfache liturgische Handlungen Menschen aller Altersgruppen liturgisch gebildet und in den Geist der Liturgie eingeführt werden? Wenn wir auch davon ausgehen können, dass viele Erwachsene auf der Suche nach Sinn und Glauben in unseren Eucharistiefeiern keine Heimat, sondern ein eher fremdes und befremdliches Terrain vorfinden, dann stellt sich angesichts dieser katechumenalen Situation noch eine weitere und tiefergehende Frage, die erst die volle Radikalität des Begriffs der „Kinderkirche für Erwachsene" zeigt.

Denn bevor eine liturgisch-mystagogische Feier der Liturgie Sinn macht, braucht es doch Orte der Erstverkündigung. In dieser Perspektive könnte und müsste überlegt werden, ob sich hinter dem von vielen Freikirchen benutzten Begriff der „Gästegottesdienste" eher keine Liturgie, und sei sie noch so einfach, verbirgt, sondern vielmehr eine Grundkatechese: In der Tat steht bei Gästegottesdiensten, die musikalisch und ästhetisch herausragend gestaltet sind, keine liturgische Handlung auf dem Programm, sondern Gebet und Auslegung, die Menschen helfen soll, zum Grund des Glaubens an Gott vorzudringen.

Die Zukunft in den Blick nehmen!

Das ewige Murren

Geldmangel, Priestermangel, Gläubigenmangel, Christenmangel, Gemeindemangel, Bedeutungsmangel, Mangel an Spiritualität und Gotteskrise – so lauten seit einiger Zeit unisono die Kirchendiagnosen, die zur Umstrukturierung und zum Aufbruch rufen. Ich bin nicht mehr gerne bereit, sie mitzusprechen ... aber ich breche gerne mit auf.

Eine Zeit lang lag mir die Rede vom „Mangel" auf der Zunge. Sie klang stimmig. Ist es nicht so, dass immer weniger Menschen unsere Kirche mittragen. Alles wird in der Tat weniger. Ist es nicht so, dass in unseren Gemeinden sehr wenig Offenheit für Neues ist? Stößt die Rede davon, auf eine neue Weise Kirche zu sein, nicht auf überraschend viel Skepsis, weil die Drohung verspürt wird, dass sich etwas ändern muss? Droht nicht wirklich ein ekklesialer Atheismus? Spielt Gott in unseren Gemeinden noch eine Rolle, oder bräuchte es nicht wirklich einen neuen spirituellen Aufbruch? Drehen sich Gemeinden nicht immer stärker um sich selbst und bezeugen so eine depressive Selbstbeschäftigung: „Als wir das Ziel aus den Augen verloren, verdoppelten wir unsere Anstrengungen ..."

Doch irgendwann wurde mir diese Theorie des Mangels verdächtig und schal. Bei Geldmangel fängt es an: Die deutsche Kirche erlebt zweifellos einen rasanten finanziellen Einbruch mit noch unvorhersehbaren Konsequenzen – aber unter welcher Perspektive darf man ernsthaft von „Geldmangel" sprechen? Er ist zumindest sehr relativ, schaut man auf andere Kirchenerfahrungen in der Weltkirche.

Die Zukunft in den Blick nehmen!

Was dabei stimmt: die derzeitige uns zugewachsene Gestalt unserer Kirche setzt einen finanziellen Rahmen voraus, der immer weniger gegeben ist. Die Rede vom Geldmangel verweist auf die Sehnsucht, die gewachsene Gestalt der Kirche zu erhalten. Die Rede vom Geldmangel ist von der Gattung her oft eine Klagerede, die sich nach „früher" sehnt.

Bedeutungsmangel? Angesichts des hohen Echos kirchlichen Engagements auf Weltebene kommt mir der Verdacht, dass auch hier eine spezifische Situation der Volkskirche erhalten bleiben soll: der Apotheker, der Lehrer und der Priester als die Regler der Gesellschaft. Ist das theologisch die Norm? Vielmehr habe ich den Eindruck, als würde die Bedeutung des christlichen Glaubens immer dann stärker, wenn er authentisch gelebt und verkündet wird. Welcher Art Profilbildung wird hier nachgetrauert?

Priestermangel? Auch die Rede vom Priestermangel ist ambivalent. Wenn auf der einen Seite wahr ist, dass wir heute und in der Zukunft erheblich weniger Priester zur Verfügung haben als zu anderen Zeiten, an die wir uns noch erinnern können, dann bleibt doch die Deutung dieser Wirklichkeit noch offen. Die Anzahl der Priester macht per se nicht die Kirche besser oder schlechter. Zu fragen ist vielmehr in eine doppelte Richtung. Zum einen orientiert sich ja die Frage nach der Menge der Priester daran, welche Kirchengestalt und Kirchengestaltung als normativ erachtet wird. Um deutlicher zu werden: die Gleichung „ein Dorf – ein Priester" ist theologisch keineswegs so eindeutig wie in unserem soziologischen Unterbewusstsein. Eine so geprägte Rede vom Priestermangel würde also zum anderen eine bestimmte gemeindekirchliche Gestalt festschreiben und sich an ihr orientieren und deswegen zweifellos zu dem Schluss kommen, wir hätten zu wenig Priester.

Gläubigenmangel und Christenmangel sind statistisch gut zu belegen: seit Mitte der sechziger Jahre, in Wellen, verliert die Kirche an Mitgliedern, kommen immer weniger Menschen zur Kirche, wissen immer weniger Menschen um ihren eigenen Glauben.

Das ewige Murren

Dies lässt sich statistisch belegen – also ist es so. Doch ist es so einfach? Unsere Gesellschaft und die in ihr gestaltete Kirche leben in der weithin noch lebendigen Erinnerung an ein kirchliches Betriebssystem, das milieugestützt tendenziell alle Menschen in einer oder mehreren Konfessionen umfasste. Es gab nicht wirklich die Wahl, dem Glauben und der Glaubensgemeinschaft anzugehören, der Kirchgang war – in welcher Regelmäßigkeit auch immer – obligat. Der Glauben wurde durch ein Gesamt von Lebenseinstellungen, Festen, Einübungen in Familie, Schule und Umfeld eingeübt, „weitergegeben" an die kommende Generation.

Dieser Zusammenhang, so belegen Soziologen unermüdlich, ist schon zerfallen, oder er ist mindestens am Zerfallen. Der Einzelne, das Individuum, ist – auch in Glaubensfragen – freigesetzt. Die selbstverständlichen Traditionen tragen nicht mehr durch, die Milieus lösen sich auf.

Wir sollten uns hüten, die sich daraus ergebende Individualisierung als Tendenz zur Beliebigkeit zu denunzieren. Denn diese Beliebigkeit lässt sich nicht feststellen. Ganz im Gegenteil: jeder und jede von uns ist zu seiner eigenen Suchbewegung herausgefordert und gezwungen, und das ist dort schwer, wo es nicht nur um den Anschluss an eine bestehende religiöse Grundform geht, sondern um eine persönliche Glaubensentscheidung für Jesus Christus.

Nach dem Zusammenbrechen des milieuchristlich geprägten Betriebssystems stehen wir vor einer unübersichtlichen Situation: immer weniger Menschen gehören unserer Kirche an, lautet die Beobachtung. Aber sie übersieht die Zeitsituation. Damals und dort, wo 99 Prozent der Bevölkerung sich in die bestehenden Konfessionen aufteilten, wäre dies ein alarmierendes Zeichen gewesen. Aber im Raum überforderter Individualität ist eher erstaunlich, wie viele Menschen sich noch sehr deutlich zur Kirche positionieren.

Immer weniger Menschen gehen zur Kirche und praktizieren ihren Glauben. Damals und dort, wo der Einzelne keine echten

Die Zukunft in den Blick nehmen!

Alternativen vorfand, hatte er normgerecht praktiziert und war „gläubig", was immer auch damit gemeint war. Mich erstaunt aber immer mehr, wie viele Menschen heute zur Kirche kommen und wie bewusst sie das tun.

„Die Christen wissen immer weniger von ihrem Glauben", klagen die anderen. Natürlich ist klar: wo alle den Katechismus auswendig konnten, konnte es jeder auch. Aber heute? Ist es wirklich wahr, dass der Durchschnitt der engagierten Christen heute so viel weniger weiß? Oder ist es nicht vielmehr so, dass die persönliche Aneignung des Glaubens und damit auch ein echtes, von innen kommendes Verstehen des Glaubens verlangt ist – und dies einen langen Wachstumsprozess verlangt.

Diese Prozesse sind auch deswegen herausfordernd, weil eine eindeutige Orientierung nicht so leicht zu finden ist. So neigen die Christen heute im Gefolge der Individualisierung – wie andere suchende Zeitgenossen – zu selbst gestrickten Glaubensmustern. Soziologisch eindeutig ist auch, dass bestimmte Wissensstände ohne entsprechende soziale Resonanzräume verloren gehen. Im Grunde fehlt es nicht nur an der Aneignung des Glaubens, sondern auch an den Räumen des Glaubens. Es fehlt eine wirkliche Erfahrung von Kirche.

Möglicherweise ist so der Maßstab, der den meisten Mangeluntersuchungen und -diagnosen zu Grunde liegt, nicht wirklich geeignet. Denn er nimmt Maß an einem noch gut erinnerten Gesamtkomplex kirchlich-christentümlichen Daseins, von dem fast alle sich gelöst haben, von dem die meisten aber dennoch tief geprägt sind.

Der Verlust eines gut funktionierenden „kirchlichen Betriebssystems" – trotz aller Bemühungen, es zu erhalten – weist darauf hin, dass die Aneignung des Glaubens heute vor anderen Herausforderungen steht, die sich schwer messen lassen mit den bekannten Maßstäben. Und umgekehrt ist natürlich zu fragen, ob die wiederholte und differenzierte Anwendung bewährter Verkündigungsmuster überhaupt effektvoll sein kann. Ganz andere Fragen

Das ewige Murren

wären heute zu stellen: Wie können wir den Suchenden von heute den christlichen Glauben anbieten? Welche Orte sind dafür geeignet? Wie sieht eine zeugnishafte Katechese aus? Welche Wege und Orte des Wachstums des Glaubens stehen bereit?

So offenbart sich auch die Rede vom Christenmangel bzw. Gläubigenmangel als höchst ambivalent. Wird hier nicht auch – in der Form der Klage – ein vergangener Zustand der volkskirchlichen Fülle normativ gemacht? Mir fällt auf, dass dieses Klagen an allen Polen kirchlicher Gegenwart erklingt: von der traumatischen Kirchenkritik in „Publik-Forum" über die Anliegen von „Wir sind Kirche" bis zu den tiefsten Tiefen rechtskonservativer Initiativkreise. Überall ist zu spüren, dass der lange Atem volkskirchlicher Idealbilder unter dem Zeichen des Mangels und der Klage über den Verlust – bei konträren Analysen – weithin gefangen hält und den Blick auf andere Weisen des Kirche-Seins verstellt.

Je länger ich auf diesen vielfältigen Mangelbefund schaue, desto mehr kommt mir ein biblisches Bild in den Sinn. Das Volk Gottes, auf seinem Weg durch die Wüste, war offensichtlich seit seinem Aufbruch aus der Sklaverei durch die Mangelrede zu charakterisieren. Immer wieder wird deutlich, dass jede Schwierigkeit des Aufbruchs sofort den verklärten Blick zurück provoziert: Früher war alles besser.

„Das ewige Murren" – so könnte man den Weg des Volkes Gottes durch die Wüste charakterisieren und überschreiben. Das Murren ist umso erstaunlicher, als das Volk doch mit einer Verheißung durch die Wüste unterwegs war, ihm eine Vision des verheißenen Landes vor Augen gestellt wurde und zugleich mit Hilfe Gottes nie Hunger oder Durst leiden musste.

Das ewige Murren ist – so gesehen – die eigentliche und viel schwerer wiegende Gotteskrise: Trauen wir Gott? Ist er gegenwärtig und mit uns – oder sind wir auf uns allein gestellt?

Darf man diese biblische Perspektive in Anschlag bringen, ergibt sich ein ganz anderes, erschreckenderes Szenario, das für

Das ewige Murren

unsere Situation zu bedenken ist. Die Rede vom Mangel offenbart bei denen, in deren Mund sie liegt, einen erschreckenden Mangel: einen Glaubensmangel.

Die Kirche wäre dann unser Werk, je neu zu modellieren an Erfahrungen einer goldenen Vergangenheit. So paradox es klingt: Kirche wäre dann in der Tat einfach eine Institution, die eben – so gut es geht – immer wieder unserem historischen Bild entsprechend restauriert werden muss. Die Kirche, deren Mangelerscheinungen jetzt beklagt werden, erscheint mithin als eine Wirklichkeit, die in ihrer Sozialgestalt normativ hinter uns liegt, und die es irgendwie – die Rezepte dazu sind geradezu konträr – wiederherzustellen gilt.

Damit aber wird deutlich, dass Kirche sich – in einer solchen Perspektive – nicht zuerst dem immer neuen und kreativen Handeln Gottes verdankt, sondern vor allem unseren Bemühungen. Aber gerade diese Bemühungen sind nicht gespeist mit den Visionen, die er uns schenkt, sondern es geht darum, revisionär etwas wiederherzustellen, was seine gute Zeit gehabt hat.

Aus all dieser Rede vom Mangel spricht also ein Glaubensmangel. Die Geschichte, in der wir leben, wird als Dekadenzgeschichte gelesen, die uns vom goldenen Zeitalter der vollen Kirche hin in die wüstige Diaspora geführt hat. Die eigentliche Gotteskrise liegt in dieser Diagnose, die schon damals, zur Zeit des Exodus, immerwährende Versuchung der Menschen war.

Zu fragen ist also: Wie können wir den Weg durch die Wüste verstehen lernen als einen Verheißungsweg? Könnte uns die Umgestaltung der Kirche, in der wir stehen, nicht wegführen vom ewigen und verhängnisvollen Murren und Kreisen um uns selbst und öffnen für das Neue, das Gott gestalten will? So offenbart sich die Rede vom Mangel zweifellos als eine Frage an unsere eigene spirituelle Lebendigkeit: Wie tief vertrauen wir Gott auf dem Weg in das verheißene Land? Oder sind wir gebunden an uns selbst und die ewige, aber eben gottlose und verklärende Rückschau auf kirchliche Verhältnisse der Vergangenheit, die ganz sicher großen Reichtum in sich trugen, aber die der Geist Gottes heute weiterentwickelt? Genau hier liegt der eigentliche Mangel unserer Situation.

Auf dem Weg zur pastoralen Vision

Eine Vision ist keine Fantasie. Vielmehr ist sie eine Entdeckung, die sich durch Erfahrungen zu sehen gibt: neue Erfahrungen sind wie Puzzleteile, die sich nach und nach zu einem neuen Bild zusammenfügen und bestimmte Handlungsoptionen nahe legen. Genau dieses Erfahrungspuzzle habe ich in diesem Buch versucht zusammenzusetzen. In der Tat legen die einzelnen und oft Mut machenden Erfahrungen der Pastoral eine Perspektive nahe, die hier ausgefaltet werden soll.

Verschiedene Modelle des Christ-Seins

Zunächst ist ein Blick zu werfen auf das faktische Zueinander der verschiedenen gewachsenen Modelle des Christ-Seins, wie sie sich heute in der Praxis darstellen. Dabei wird deutlich ein Weg erkennbar, den Gott mit seinem Volk geht. Es lässt sich eine spirituelle Entwicklung des Christ-Seins und der entsprechenden Sozialgestalt der Kirche entdecken, die sorgsam gewürdigt werden will.

Ganz zweifellos stellt sich die spirituelle Entwicklung der kirchlichen Sozialgestalt sehr unterschiedlich dar. Aber gerade in den Verbänden und Gruppen, zu denen die älteren Gemeindeglieder gehören, ist ein hohes Maß an kirchlicher Spiritualität auf dem Grund ihres Christ-Seins eingeprägt. Die klassischen Formen der Volksfrömmigkeit, der Gottesdienst am Sonntag und an Werktagen, das persönliche, oft von Kindheit an gelernte Gebet und das vielfältige Engagement in der Gemeinde, verweisen auf eine tiefgegründete spirituelle Haltung. Sie ist „gelernt" und später „übernommen" worden, oft im Rahmen eines noch starken gemeindlichen Sozialmilieus. Solche Christen tun sich oft schwer, über ihren Glauben zu sprechen. Das war nicht Bestandteil ihrer christlichen Prägung. Wozu sollte man darüber sprechen, wenn es doch im Wesentlichen selbstverständlich ist. In der Tat, Selbstverständlichkeiten werden nicht diskutiert und reflektiert: „Es ist halt so." Von daher reagieren Christen, die diesem gewachsenen und geprägten Milieuchristentum entstammen, ziemlich pikiert und aggressiv, unterstellt man ihnen eine wenig spirituelle Haltung.

Die Versuche etwa, Formen der Glaubensreflexion oder des Umgangs mit der Schrift hier einzuführen, sind als interessantes Zwischenspiel oder auch als nicht notwendige Ergänzung bewertet worden. Überlegungen, die auf eine „neue Art des Kirche-Seins" zielen, werden hier häufig als kränkend empfunden. Das „Neue" wird gegen das „Alte" gestellt, die eigene Rolle als negativ bewertet empfunden: „Wir sind ein Auslaufmodell." So wahr dies auch ist, so wenig ist damit eine moralische Bewertung verbunden. Genau diese Bewertung macht es schwierig. Fakt ist aber auch, dass dieses Modell des Christ-Seins in der Folgezeit der sechziger Jahre kaum Nachfolger gefunden hat. Die Bitterkeit, die hier manchmal zum Ausdruck kommt, hat auch mit eigenen biographischen Erfahrungen zu tun. Die Unfähigkeit und die Machtlosigkeit in der Weitergabe des Glaubens werden oft als persönliche Niederlage empfunden. Obwohl es nur zum Teil so ist, denn die Entwicklungen hin zu einer Auflösung christlicher Milieus, die durch die Begriffe der Mobilität, der Individualität und der Pluralität holzschnitthaft beschrieben sind, machten die Instrumente der Glaubensweitergabe, die bis dato bekannt waren, unbrauchbar. Schon mit den sechziger Jahren zeichnet sich ein Wandel der Glaubensübernahme ab. Nicht mehr durch verpflichtende Einbindung in eine kirchlich geprägte Gesellschaft, sondern die persönliche Übernahme des Glaubens wird leitend. Hier ist es

Auf dem Weg zur pastoralen Vision

nun deutlich, dass immer weniger Christen der nächsten Generation den Glauben ihrer Eltern übernahmen.

Die heute tragende Gruppe der Christen in unseren Gemeinden lebt den sich ereignenden Übergang auf eine eigene Art. Zum einen sind sie weithin geprägt von den milieuchristlichen Koordinaten der klassischen Sozialgestalt der Kirche. Diese Prägung aber ist in mehrfacher Hinsicht vorfindbar, vor allem aber bestimmt sie die geheime Option des Herzens: eine volle Kirche, eine reiche Jugendarbeit, ein familiales Christentum. Diese geheime und oft nicht reflektierte Idealoption kontrastiert mit der faktischen Verhaltensweise. Auf der einen Seite haben sich die meisten der Gemeindemitglieder auf ihre Art auf die veränderte Situation eingelassen: Sie wählen.

Die meisten von ihnen haben eine engagierte Beteiligung am Leben der Kirche und an der Liturgie lange schon abgewählt. Es sind so viele, dass der Grundtyp des Christ-Seins als des „praktizierenden Katholiken" nicht mehr als Norm anerkannt wird. Normal im Blick auf die Faktizität ist vielmehr ein Christentum ohne kirchliche und persönliche Glaubenspraxis, das mit einem Glauben an Gott auskommt, der sich immer wieder selbst entwirft. Ein Bastelchristentum mit Resten der Tradition: „Ein Christ kann man auch ohne Kirche sein." Symptomatisch für diese Entwicklung ist das hohe Engagement vieler Eltern im Bereich der Kinderkatechese und Kinderpastoral. In dem Moment, wo die Kinder den Gottesdienst nicht mehr mitfeiern mögen, verlassen allerdings oft auch wieder die Eltern die Mitfeier der Eucharistie. Für viele ist der christliche Glaube ein Akzent des Kindseins.

Eine Minderheit von fünf Prozent hingegen ist die heute tragende Schicht der Gemeinden. Hochengagiert versuchen sie, das Gemeindeleben lebendig zu gestalten. Das hohe Engagement ist zweifellos Frucht einer spirituell gegründeten Glaubensentscheidung. Diese Glaubensentscheidung ist gewachsen aus traditionellen Prägungen und hat sich individualisiert und personalisiert. Die Reflexion über den Glauben spielt eine wichtige Rolle – die

Die Zukunft in den Blick nehmen!

Suche nach Spiritualität ist intensiv. Absatzbewegungen von einem zu kirchlich geprägten Glaubensleben sind deutlich spürbar. Die Bildung von Szenen in Bildungshäusern und im Umfeld von geistlichen Orten wie Klöstern und Pilgerwegen, aber auch das spirituelle Experiment sind Kennzeichnen dieser Gruppe. Die Teilnahme am Gottesdienst ist vielen aus diesem Kreis sehr wichtig, auch wenn er nicht mehr so selbstverständlich ist und auch gewählt werden muss. Dabei wird durchaus nicht selten das Prinzip aufgegeben, dass dieser Gottesdienst in der Pfarrgemeinde aufgesucht wird, vor allem dann, wenn andere Feierorte reizvoller erscheinen.

In diesen Kontext reihen sich auch die Erfahrungen der Exerzitien im Alltag, der Gruppen des BibelTeilens und viele Akzente geistlicher Gemeinschaften und kirchlicher Bewegungen ein. Auf der Suche nach einer tragfähigen Spiritualität verlassen darüber hinaus viele Erwachsene den gewohnten Rahmen einer Ortsgemeinde, um an geistlichen Orten, an geistlichen Zentren oder Gruppen aufzutanken und Nahrung zu finden. Gemeinde ist ein Ort des Engagements. Die Kraft für dieses Engagement finden sie an einem anderen Ort.

Schaut man auf diese Entwicklung der gemeindlichen Spiritualität, ergibt sich alles andere als ein negatives Urteil. Es zeigt sich, dass die Sehnsucht nach angemessener Vertiefung sehr stark ist. Dabei ist allerdings auch zu sagen, dass die engagierten Gemeindemitglieder entweder selbst tief verwurzelt sind und eine gewachsene Spiritualität durch die Zugehörigkeit in Verbänden und Gemeinschaften sowie der Mitfeier der Messe ausfüllen, oder aber einen Ort des Auftankens „außerhalb" und weniger innerhalb der Gemeinde gefunden haben. Mit anderen Worten: Sie sind gut versorgt.

Beiden Gruppen ist zudem gemeinsam, dass sie weithin geprägt sind von einem klassischen Gemeindebild. Hier scheint besonders wichtig zu sein, dass Kinder- und Jugendarbeit stattfinden. Denn die Einführung in den Glauben wird weiterhin klassisch als eine Angelegenheit des Jugendalters gesehen. Diese Perspektive wird weithin kontrafaktisch eingenommen, denn die heute durchgehende Erfahrung belegt eben gerade nicht, dass mit der Kinder- und Jugendpastoral, mit Kommunion und Firmung Menschen dem Geheimnis Gottes so nahe kommen, dass sie eine Entscheidung für Christus fällen können. Aber wie dann?

Angesichts dieser Situation, die einerseits eine häufig sehr intensive Suchbewegung von Christen in den Gemeinden beschreibt, andererseits aber auch belegt, dass die Weitergabe des Glaubens und vor allem die Weiterführung einer christlichen Existenz seit mindestens einer Generation nicht mehr gelingt, braucht es einen neuen und freien Blick auf die Situation. Und gerade hier rückt seit einiger Zeit der Katechumenat ins Blickfeld.

Auf dem Hintergrund des II. Vatikanums, das die Einführung Erwachsener in den Glauben wieder neu in den Blick rückte, wurden in den letzten dreißig Jahren vor allem in den USA und in Frankreich gute Erfahrungen mit dem Katechumenat von Erwachsenen gemacht. Dabei ist aber auch deutlich geworden, dass der Katechumenat weit mehr ist als eine Pädagogik des Glaubens für Erwachsene. Vielmehr beschreiben die Elemente des Katechumenats auch eine Sozialgestalt der Kirche, die sich stark für Suchende öffnet und differenziert auf ihre Suchbewegung eingehen kann. Diese Option für die Suchenden und die entsprechende Kirchengestalt liegen als Herausforderung vor uns: *„Ein Großteil der Christen von heute befindet sich faktisch im Katechumenats-Status, und das müssen wir in der Praxis endlich ernst nehmen"* (so Papst Benedikt noch als Kardinal Ratzinger). Was könnte es bedeuten, wenn die Kirche den Katechumenat als pastorale Leitvision ernst nimmt und ihre Praxis darauf ausrichtet?

Praktizierende Katholiken, Pilger und Konvertiten

Diesen Katechumenenstatus vieler Christen hat – aus soziologischer Perspektive – Danielle Hervieu-Leger treffend beschrieben.

Die Zukunft in den Blick nehmen!

Das Unbehagen der französischen Christentumssoziologin entzündet sich daran, dass die klassische Kategorie des „praktizierenden Katholiken" kaum noch aussagekräftig ist: Die Zahl derjenigen, die entsprechend den klassischen Kriterien „praktizieren", also dem Sonntagsgebot folgen, sich klassisch gemeindeorientiert verhalten und die Kirchengebote leben, tendiert zu einer solchen Minderheit, dass von hier aus in soziologischer Perspektive keine Norm entwickelt werden kann. Die Soziologie des Christ-Seins stößt vielmehr auf die „Pilger" und „Konvertiten", die Hervieu-Leger im Blick auf den Weltjugendtag 1997 in Paris wie auch auf die Jugendtreffen in Taizé analysiert.

Im Begriff der Pilgerschaft steckt die Beobachtung, dass Menschen heute sehr biographieorientiert und erfahrungsorientiert ihren Weg im Glauben gehen. Glauben lernen und Christ-Sein ist ein langwieriger und nicht immer vorzuplanender Orientierungsweg, der von besonderen Ereignissen und Begegnungen mit Zeugen und Zeugengemeinschaften lebt. Hier geschieht Orientierung und Perspektive, die dann aber persönlich übernommen werden will. Christ-Sein erwirbt mithin eine Weggestalt, die nicht von vornherein normiert werden kann. Die Erfahrungen in Taizé oder auch bei Weltjugendtagen zeigen junge und ältere Menschen, die nicht auf der Suche nach Integration in ein bestehendes institutionelles System sind, sondern nach einer Lebensorientierung und einem tiefen Sinn. Pilgerschaft entspricht diesem Horizont, und sie mündet in die Konversion, in die eigene Bekehrung, die gnadenhaft geschieht. „Konvertiten" sind mithin Menschen, die nach einer Wegstrecke des Suchens von Gott ergriffen sind und dies als persönliche Berufung erfahren. Diese persönliche Berufung drückt sich dann aus in der Sehnsucht nach der Gemeinschaft der Berufenen (und das heißt doch ekklesia) und einer missionarischen Aufgabe und Sendung entsprechend dem eigenen Charisma.

Die soziologische Feststellung zweier solcher „Typen" entspricht meines Erachtens genau der theologischen Analyse und stellt die Umbruchssymptome unseres Kirche-Seins noch einmal in ein neues Licht – und schärft zugleich auch die Elemente einer pastoralen Vision: Sie kann nur eine katechumenale Vision sein, denn der Wegcharakter und die Stufen auf dem Glaubensweg, die schon die alte Kirche entwickelt hat, werden hier verständlich: das Ineinander von Zeugnis und Zeugen, die Frage nach der Zeugengemeinschaft und der Vertiefung des Glaubens im Sinne eines Austauschs der Erfahrungen wie auch einer theologischen Deutung des Erfahrenen bezeichnen die Wegstrecke der Evangelisation und des Katechumenats, der ja gerade dann in Katechese und systematischer Vertiefung übergeht, wenn Bekehrung zum lebendigen Gott geschehen ist.

Von der Zugehörigkeit zur Zustimmung

Treffend wird in der französischen Pastoraltheologie in diesem Zusammenhang von einem Paradigmenwechsel der Kirchenzugehörigkeit gesprochen. Bis in die jüngste Vergangenheit war und ist weithin immer noch die Zughörigkeit zur christlichen Kirche selbstverständlich. Menschen wurden gewissermaßen in diese Zugehörigkeit hineingeboren, durch die Taufe wurde dies auch sakramental bezeichnet. Aber diese Zugehörigkeit war kein innerer Schritt, es war vielmehr eine selbstverständliche Zugehörigkeit zu einer Kultur und Gesellschaft, in der der christliche Glaube normativ war: die religiöse Prägung des Alltags in Familie und Umfeld, der notwendige Gang zur Kirche, die – wie auch immer innerlich vollzogene – Teilnahme an der Liturgie und die Prägung aller Lebens- und Zeitenwenden durch christliche Zeichen, die schulische oder kirchliche Sakramentalisierung und der Katechismusunterricht – all dies kennzeichnete das Christentum und die christliche Gesellschaftsform.

Alle Herausforderungen, die heute vor uns liegen, resultieren noch aus diesem Referenzrahmen, der so nicht mehr vorliegt, aber unterbewusst weiterhin das pastorale Handeln bestimmt.

Die Zukunft in den Blick nehmen!

Und dies gilt bei allen Bemühungen um Differenzierung und Aggiornamento:

Der Logik der Zugehörigkeit entspricht eine Pastoral religiöser Sozialisation, die das „Kind" und den „Jugendlichen" in die Mitte der katechetischen Bemühungen stellt. Was in dem beschriebenen milieugeprägten Rahmen durchaus stimmig ist, verliert dort seine Kraft und Relevanz, wo dieser Rahmen nicht mehr vorhanden ist. Unter der Hand wird die Einführung in die volle eucharistische Gemeinschaft auf einmal zu einem „Familienevent", der weitgehend ohne Kontext Kinder zum ersten und häufig auch zum letzten Mal mit der eucharistischen Gemeinschaft konfrontiert. Jede Katechese, die kurshaft agiert, steht schon bald vor dieser Herausforderung. Wohlgemerkt: soweit der milieuhafte Rahmen besteht und soweit er trägt, kann diese Einführungspastoral bestehen und bleibt sie stimmig.

Ein anderer gesellschaftlicher Rahmen verändert auch die Gestalt der Vorbereitung. Das ist nichts Neues, und die Konzepte der Erstkommunionvorbereitung, die hier erwähnt sind, arbeiten seit Jahrzehnten an genau dieser Erkenntnis mit hoher Energie. Aber häufig bleibt der Blick auf die Vorbereitung selbst und nicht auf den ekklesialen Rahmen gerichtet. Dann aber führt genau dies zu einer merkwürdigen Beobachtung: was immer für ein Kurskonzept vorgelegt wird, es führt nicht zu der eigentlich intendierten Einführung in die Glaubensgemeinschaft, sondern bleibt ein isoliertes Ereignis. Dies gilt ebenso für jeden anderen Vorgang sakramentaler Initiation. Ausnahmen bestätigen die Regel.

Während also in der fälschlich und kontrafaktisch vorausgesetzten Logik des Milieus und der Zugehörigkeit hier nur enttäuschende Ergebnisse zu Tage kommen können, ist dies im Rahmen einer Logik der Pilgerschaft und der Konversion und mithin soziologisch in einem Paradigma der Zustimmung ganz anders: Alle Vorgänge der Initiation geraten in die Perspektive der Pilger und Pilgerinnen – Eltern, Kinder und Jugendliche, die auf der Suche nach Orientierung diesen Ort aufsuchen und sich auf ein begrenztes Engagement einlassen. Da Glaube und Christ-Sein mit persönlichen und biographiebedingten Widerfahrnissen zusammenhängt, die in Kursen schlechterdings nicht „gemacht" werden können, verändert sich der Zuschnitt dieser Kurse und Begegnungen und ihr qualitativer Anspruch: Da niemand wissen kann, wann eine bekehrende oder orientierende Begegnung mit dem lebendigen Gott geschieht, besteht die Herausforderung darin, allen Menschen die deutliche und klare frohe Botschaft in Wort und Tat zu verkünden – dies geschieht dann in großer Absichtslosigkeit und mit der großen Leidenschaft, den Weg zu Christus zu eröffnen.

Eine Logik der Zustimmung nimmt also den Glaubensweg der Einzelnen ernst und rechnet mit einem Handeln Gottes an dieser Person zur richtigen Zeit. Die Machtlosigkeit und Armut der Möglichkeiten, dies zu bewirken, macht alle Pastoral – und gerade die Sakramentenpastoral – zu einer missionarischen Initiative.

In einem solchen Horizont ist dann noch einmal intensiv zu bedenken, wie eine Transformation der christlichen Initiationspastoral auf diesem missionarischen Hintergrund einerseits und auf dem Horizont einer Logik der Zustimmung andererseits zu gestalten ist.

Option für eine katechumenale Pastoral des „proposer la foi"

Der Begriff der Zustimmung macht jedoch eines schon deutlich: Der Schwerpunkt pastoraler Bemühungen liegt in einer demütigen und zugleich selbstbewussten Pastoral des „proposer la foi", wie die französische Kirche es benennt. „Proposer la foi" wird übersetzt mit „vorschlagen" oder „vorlegen" des Glaubens. Gemeint ist mit diesem französischen Begriff eine Weise der Glaubensverkündigung, die einen umfassenden Systemwechsel hin zur Logik der Pilgerschaft und Konversion und der Logik der

Zustimmung voraussetzt, dessen hintergründige theologische Matrix der Katechumenat ist.

Die Suche des Menschen nach dem Geheimnis Gottes entzündet sich an Ahnungen und Vorerfahrungen, die in unterschiedlichen Kontexten und häufig unthematisch gemacht werden: Begegnungen mit überzeugenden Persönlichkeiten, besondere Atmosphären, ein zufälliger Gottesdienstbesuch, die Verhaltensweise von Menschen – durch all dies werden Suchende zu Fragenden und Neugierigen, die der Orientierung bedürfen:

Eine Pastoral des „proposer la foi" ist hier in doppelter Weise herausgefordert: einerseits bieten sich christliche Schulen, Kindergärten, Krankenhäuser und Altenheime, aber auch das immer noch christlich durchdrungene Kulturschaffen und auch die entsprechenden Kunstwerke dazu an, einen unbefangenen Zugang zu Orten des christlichen Zeugnisses zu gewähren. Dem entspricht eine „Pastoral der Weite" (Medard Kehl): Schulen, Kindergärten und andere Institutionen und Kulturangebote geraten in ein anderes Licht, wenn sie als privilegierte Zeugnisorte des christlichen Lebens gelten können. Entsprechende Fragen ergeben sich an die beteiligten Personen.

Vor allem aber braucht es andererseits Orte – „Biotope des Glaubens" –, an denen Suchende und Neugierige Information, Orientierung, Erfahrung von Begleitung und Gemeinschaft machen können. Biotope des Glaubens sind nur dort, wo Zeuginnen und Zeugen selbstbewusst Anteil an ihrem eigenen Glauben geben und Strukturen geschaffen werden, bei denen Suchende, soweit und soviel sie wollen, Anteil erhalten können an der Gotteserfahrung Jesu Christi. Eine zentrale Bedeutung spielen hier Zeugen und Zeugengemeinschaften. Nicht umsonst suchen viele Menschen Ordenshäuser und geistliche Gemeinschaften auf, um dort Glauben zu erfahren und so zu erlernen.

Nicht zufällig scheinen lokale Gemeinden für diese neue Suche relativ unvorbereitet: eine Atmosphäre der Gastfreundschaft, eine inspirierende Atmosphäre des Glaubens, freimütiges Zeug-

Auf dem Weg zur pastoralen Vision

nis und Anteilgeben am eigenen Glaubensweg und schließlich Weggemeinschaften des Glaubens – all dies sind Akzente, die in einer weithin von der Logik der Erfassung und der Zugehörigkeit geprägten Gemeindelandschaft wenn dann eher beiläufig zu finden sind.

Genau eine solche Gestalt der Kirche, die in ihrer Mitte durch geprägte Zeugen Räume des Mitlebens, Betens, Feierns, Handelns und Verkündens eröffnet und damit Menschen einen biographieorientierten Zugang ermöglicht, ist die Vision und Verheißung, auf die wir zugehen.

Über den Jordan gehen!

Wie wird konkret, was wir gesehen haben? Was meint missionarischer Aufbruch? In welche Richtung führt uns ein katechumenales Paradigma? Das sind viele Fragen. Auf das Sehen und den Versuch einer Deutung sind nun, im Vertrauen auf die Verheißungen Gottes, erste Schritte zu wagen in das gelobte Land. Diese Schritte wird nur der gehen, der eine Vision vor Augen hat – eine reale Vorwegnahme dessen, was kommen wird. Hier ist noch einmal eine Vergewisserung von Nöten. Deswegen soll in einem ersten Schritt noch einmal die Praxis einer visionären Pastoral beleuchtet werden. Es wird sich zeigen, dass dann in einem zweiten Schritt der zur Zeit neu zu bedenkende Dienst des Priesters einen wichtigen visionären Anteil hat.

Zentral aber geht es um die Erarbeitung einer Agenda unter dem Zeichen einer missionarisch-katechumenalen Pastoral. Einige Aspekte sollen hierfür ins Licht gerückt und als Plädoyers zur Diskussion gestellt werden.

Für eine visionäre Pastoral

Wenn hier von visionärer Pastoral die Rede ist, dann müssen zugleich Abgrenzungen vorgenommen werden. Zu oft nämlich erfüllt der Begriff der Vision die Aufgabe, eigene Ideen und Überlegungen planvoll in die Wirklichkeit einzubringen. Ich will den Begriff der Vision hier strikter fassen: er will umschreiben, was sich von Gott her „zu sehen gibt". Visionäre Pastoral wäre dann

Für eine visionäre Pastoral

zu verstehen als ein der gesehenen Wirklichkeit entsprechendes Handeln.

Ziel der Pastoral wäre also nicht die Bestandswahrung und auch nicht das Ausprobieren immer neuer Impulse und Ideen, sondern eine sorgfältige Wahrnehmung des Handelns Gottes in unserer Kirche und ein gehorsames Mittun. Eine visionäre Pastoral verhindert also einen ekklesialen Atheismus; sie ist im Gegenteil ein zutiefst geistliches Ereignis der Unterscheidung der Geister. Pastorale Initiativen und pastorale Programme riskieren häufig, ohne diesen geistlichen Prozess der Unterscheidung, der alle Beteiligten einbezieht, zu einem wenig fruchtbaren Top-down-Prozess zu werden. Mangelnde Rezeption ist dann vorprogrammiert.

Orientierung gewinne ich dabei in der Heiligen Schrift. In der Apostelgeschichte lässt sich ein Prozess visionärer Pastoral nachverfolgen, der geradezu paradigmatisch auch für unsere Situation des Umbruchs ist.

Gemeint ist die Vision des Petrus in Joppe, die in Apg 10 den Weg der jungen Christenheit zu den Heiden eröffnet. Deutlich wird an dieser Erzählung, dass die Akteure – sowohl Petrus wie der Hauptmann Kornelius – nicht aus eigenem Ideenreichtum handeln, sondern im wahrsten Sinne dem gehorsam sind, was sie sehen und hören. So zeigt sich hier sogleich ein erstes Kriterium visionärer Pastoral: das gehorsame Handeln. Es ist ein Handeln in großer Freiheit, und es lebt aus der Begegnung mit dem lebendigen Gott. Konkret:

Am folgenden Tag ... stieg Petrus auf das Dach, um zu beten; es war um die sechste Stunde. Da wurde er hungrig und wollte essen. Während man etwas zubereitete, kam eine Verzückung über ihn. Er sah den Himmel offen und eine Schale auf die Erde herabkommen ... Darin lagen alle möglichen Vierfüßler ... Und eine Stimme rief ihm zu: Steh auf, Petrus, schlachte und iss! Petrus aber antwortete: Niemals Herr! Noch nie habe ich etwas Unheiliges und Unreines gegessen. Da richtete sich die Stimme ein zweites Mal an ihn: Was Gott für rein erklärt hat, nenne du nicht unrein! Das geschah drei Mal, dann wurde die Schale plötzlich in den Himmel hinaufgezogen. (Apg 10, 9–16)

Wichtig scheint mir – auch im Blick auf das Folgende – die Grundabsicht des Petrus. Er möchte beten. Und beten ist das Eintreten in die Beziehung mit dem lebendigen Gott. Eine solche Disposition des Herzens beinhaltet Wachsamkeit und Offenheit für Gottes Sprechen, und dies ist auch nötig für die nun folgende Begebenheit, die eines deutlich macht: Visionen sind keine Bestätigungen, sondern Herausforderungen, sich auf etwas bisher Unbekanntes einzulassen. Petrus wird herausgefordert, seine eigene heilige und von Gott stammende Tradition zu relativieren. Es ist Gott selbst, der ihn dazu auffordert.

Das bedeutet aber auch, dass eine Vision nicht zwingend angenehm, sondern eher grundsätzlich irritierend ist. Sie ist nicht ableitbar, sie ist zu empfangen und anzunehmen, und sie durchbricht die alltägliche Gewissheit. Die petrinische Vision reicht aber nicht aus, ihn zum Handeln zu führen. Was bleibt, ist Irritation und wachsame Offenheit.

Petrus war noch ratlos und überlegte, was die Vision, die er gehabt hatte, wohl bedeutete; inzwischen hatten sich die von Kornelius gesandten Männer zum Haus des Simon durchgefragt, und standen am Tor. Sie riefen und fragten, ob Simon mit dem Beinamen Petrus hier zu Gast sei. Während Petrus noch über die Vision nachdachte, sagte der Geist zu ihm: da sind zwei Männer und suchen dich. Steh auf, geh hinunter, und zieh ohne Bedenken mit ihnen; denn ich habe sie geschickt ... (Apg 10, 17–20)

Die Begegnung, die sich hier abzeichnet, ist ohne diese betende Wachsamkeit des Petrus und ohne den wachsamen Gehorsam aller Beteiligten nicht möglich und nicht vorhersehbar. Die nun stattfindende Begegnung eröffnet dann dem Petrus die Augen für eine vertiefte Erkenntnis Gottes und seines Handelns. Im Haus des Kornelius wird Petrus und allen Beteiligten deutlich, dass die Liebe Gottes alle Grenzen sprengt. Seine Verkündigung ist wirksam:

Für eine visionäre Pastoral

Noch während Petrus dies sagte, kam der heilige Geist auf alle herab, die das Wort hörten. Die gläubig gewordenen Juden, die mit Petrus gekommen waren, konnten es nicht fassen, dass auch auf die Heiden die Gabe des Heiligen Geistes ausgegossen würde ... Petrus aber sagte: Kann jemand denen das Wasser zur Taufe verweigern, die ebenso wie wir den Heiligen Geist empfangen haben? Und er ordnete an, sie im Namen Jesu Christi zu taufen. (Apg 10. 44–48)

Wie ihm Gott gezeigt hat, Grenzen zu überschreiten, so tut es Petrus hier auch radikal, indem er das faktische Ereignis der Geistausgießung auf Heiden durch die Taufe besiegelt. Der Mut des Petrus, der göttlichen Vision zu folgen und sich auf eine gänzlich unerwartete und neue Wirklichkeit einzulassen und dabei die eigenen göttlichen Traditionen und Dogmen hinter sich zu lassen, beschreibt die Herausforderung einer visionären Pastoral des Aufbruchs.

Noch einmal: verlangt ist für eine solche grenzüberschreitende und systemsprengende Pastoral eine tiefe und lebendige Gottesverwurzelung. Aus dieser Gottesbeziehung heraus vermag Petrus hinhörend wahrzunehmen und aufzubrechen. Es ist nicht der eigene Wille, nicht die eigene Idee, sondern tatsächlich die gehorsame Entsprechung. Es kann gar nicht überschätzt werden, wie sehr visionäre Pastoral quer steht zu gewohntem und gelerntem Handeln. Ein solcher Aufbruch kann also nur charismatisch und spirituell sein, weil nur hier die Ressourcen des irritierenden Aufbruchs die Kraft haben, den eingeborenen Konservatismus zu überwinden.

Gleichwohl bleibt das Handeln des Petrus eingebunden in die ekklesiale Wirklichkeit. Apg 11 berichtet eindringlich von einem quasi-synodalen Vorgang der Rezeption einer Vision. Deutlich wird, dass angesichts der Irritationen der Apostel und Brüder Petrus nichts anderes beisteuern kann als eine detailgenaue Erzählung seiner Erfahrung: ein Stück narrativer Dogmenentwicklung ist uns hier berichtet. Entscheidend bleibt bei der Rezeption die

Für eine visionäre Pastoral

Verwurzelung in Gott und in die Schrift. Petrus begründet explizit:

> *„Da erinnerte ich mich an das Wort des Herrn: Johannes hat mit Wasser getauft, ihr aber werdet mit dem Heiligen Geist getauft werden. Wenn nun Gott ihnen, nachdem sie zum Glauben an Jesus Christus, den Herrn, gekommen sind, die gleiche Gabe verliehen hat wie uns: wer bin ich, dass ich Gott hindern könnte? Als sie das hörten, beruhigten sie sich, priesen Gott und sagten: Gott hat also auch den Heiden die Umkehr zum Leben geschenkt."*

Die Vertiefung in die Schrift und die Erkenntnis aus der Schrift ermöglichen die Rezeption neuer Erfahrungen. Dies wird in ähnlicher Weise beim Apostelkonzil deutlich, bei dem – siehe Apg 15 – hart gerungen wird um den zukünftigen Kurs der Kirche. Auch hier ist es – überraschend oder nicht – die Schrift, die durch den doch eigentlich als konservativ geltenden Jakobus neu verstanden wird im Licht der Ereignisse, die den Aufbruch ermöglicht und Grenzen öffnet.

Für eine visionäre Pastoral wird also entscheidend sein, dass der eigentliche Akteur des Handelns Gott bleibt, der den Menschen neue Wege eröffnet, die jenseits ihrer Denkmöglichkeiten liegen. Die Wirklichkeit, die sich ereignet, will als göttlicher Weg erkannt werden, und gerade deswegen braucht es eine tiefe Verankerung im Gebet und in der Schrift. Aber all dies ist nicht nur ein individuelles Ereignis, sondern will als Rezeptionsprozess in einer Visionsgemeinschaft bewahrheitet werden.

Damit sind schon einige Kennzeichen visionärer Pastoral genannt, die auch für unseren Kontext wichtige Schwerpunkte ins Licht rücken: Erneuerung der Kirche lässt sich nicht administrieren, sondern vor allem wahrnehmen. Diese Wahrnehmung verlangt spirituelle Eingründung in Gebet und Schrift, damit die von Gott gegebene Wirklichkeit auch erkannt und gehorsam angenommen werden kann. Die spirituelle Verankerung der pastoralen Akteure hat also hohe Priorität, soll nicht das Alltagsgeschäft zur Zukunftsblindheit führen. Es verwundert also eher nicht,

Über den Jordan gehen!

wenn in der derzeitigen Umbruchssituation der Kirche eher wehleidig nach hinten geschaut wird. Das ist ein deutlicher Hinweis auf eine notwendige spirituelle Vertiefung.

Gleichzeitig ist visionäre Pastoral auch immer ein synodal-gemeinschaftliches Unternehmen der Unterscheidung der Geister. Auch dies ist kein demokratischer Prozess, sondern ein Weg, bei dem irritierende Erfahrungen neuer Praxis im Licht der Schrift neu gedeutet werden können und müssen. Was es braucht, sind also synodale Strukturen des Hinhören auf das aktuelle Handeln Gottes, die ihrerseits verwurzelt sind in einem gehorsamen Umgang mit der Schrift.

Deutlich macht auch gerade das Apostelkonzil, dass so entstehende Erneuerung sich nicht gegen das Bestehende richtet, sondern als Eröffnung neuer und weiterer Wege verstanden wird. Diese biblischen Anregungen müssen nun auf unsere Situation hin konkretisiert werden.

Für ein Neuverständnis von Priesteramt und Presbyterium

Ein Plädoyer für eine visionäre Pastoral löst Fragen aus. Es kann kein Zweifel daran bestehen, dass theologisch hier von der Anteilhabe am Prophetenamt Christi die Rede ist, die jedem Getauften zukommt. In besonderer Weise gilt dies auch für den, der einer Pfarrei vorsteht.

Die Rolle des Pfarrers ist im Umbruch. Die strukturellen Umbrüche, die er zu gestalten hat, verlangen geradezu nach einer neuen Perspektive, da er sonst Gefahr läuft, sich im Alltagsgeschäft zu erschöpfen. Denn wenn unsere Perspektive halbwegs Plausibilität besitzt, dann ist auch klar, dass eine veränderte Sozialform der Kirche auch den Pfarrer – ebenso wie seine MitarbeiterInnen – in eine neue Aufgabe führt. Die Aufgabe des Pfarrers,

Über den Jordan gehen!

die Rolle des Presbyteriums und des Bischofs und die Rolle des pastoralen Teams sind also neu zu bedenken. Derartig sensibilisiert stoße ich auf die Erzählung von der Wahl der Sieben, wie sie in Apg 6, 1–7 festgehalten wird:

„In diesen Tagen, als die Zahl der Jünger zunahm, begehrten die Hellenisten gegen die Hebräer auf, weil ihre Witwen bei der täglichen Versorgung übersehen wurden. Da riefen die Zwölf die ganze Schar der Jünger zusammen und erklärten: Es ist nicht recht, dass wir das Wort Gottes vernachlässigen und uns dem Dienst an den Tischen widmen. Brüder, wählt aus eurer Mitte sieben Männer, von gutem Ruf und voll Geist und Weisheit: ihnen werden wir diese Aufgabe übertragen. Wir aber wollen beim Gebet und beim Dienst am Wort bleiben. Der Vorschlag fand den Beifall der ganzen Gemeinden, und sie wählten Stephanus, einen Mann, erfüllt vom Glauben und vom Heiligen Geist, ferner Philippus und Prochorus, Nikanor und Timon, Parmenas und Nikolaus, einen Proselyten aus Antiochia. Sie ließen sie vor die Apostel hintreten, und diese beteten und legten ihnen die Hände auf. Und das Wort Gottes breitete sich aus …"

Ein Pfarrer, der nach neuen Lebensformen und Gestaltungsformen seines Dienstes sucht, findet in diesem Text eine Fülle von Anregungen. Die Erzählung berichtet davon, dass die Zahl der Jünger zunimmt, wie es auch durch die Vermehrung der Pfarrstellen für einen Pfarrer trotz prognostizierten Gläubigenmangels geschieht. Sind die Ausgangssituationen also denkbar unterschiedlich, bleibt das Problem doch überraschend ähnlich: Mit mehreren „Gemeinden" ist es nicht mehr möglich, auf die Einzelnen genauso umfassend zuzugehen, wie es „früher" – als es noch weniger waren – in einem kleinen Sozialraum möglich war. Das führt zur gefühlten und erlebten Ungerechtigkeit und Benachteiligung und mithin zum Protest der Betroffenen. Auch hier gleichen sich die Bilder: nicht alle Kranken mehr zu besuchen, nicht bei den Geburtstagen der Hochbetagten zu erscheinen, sich nicht mehr um die „ganze Gemeinde" zu kümmern (was immer damit

Für ein Neuverständnis von Priesteramt und Presbyterium

dann im Einzelfall gemeint gewesen sein mag), führt auch heute zu Spannungen: zwischen dem was erwartet ist, und dem was geschehen kann.

Solcher Ärger kommt in unserer Geschichte bei den Aposteln an, den Leitern der Gemeinden, und diese greifen die Situation in einer originellen Weise auf. Sie lehnen die direkte Zuständigkeit mit dem Hinweis ab, dass ihre eigentliche und unaufgebbare Aufgabe eine ganz andere sei: das Wort Gottes und das Gebet darf nicht vernachlässigt werden zugunsten der praktischen Aufgaben der Koordination zwischen Einzelnen und Gruppen. Nach unseren bisherigen Erwägungen stimmt diese Prioritätensetzung vollkommen überein mit dem Plädoyer für eine visionäre Pastoral: Gebet und Bleiben beim Wort sind die Voraussetzungen, um das Handeln Gottes und vor allem dessen unableitbare Neuheit wahrzunehmen und ihr zu entsprechen.

Dabei fällt sofort auf: Die Apostel verkünden ihre klare Option als ein „Wir". Sie haben diese Entscheidung als Kollegium getroffen. Wie ist es Ihnen gelungen, zu dieser Klarheit zu gelangen und sich nicht in die praktische Problemlösung hineinzustürzen? Auffällig ist auch das transparente Konfliktmanagement: Die Apostel rufen die gesamte Gemeinde zusammen, erklären ihren Standpunkt und ihre eigene Rolle, und verweisen die anwesende Gemeinde auf die ihr eigene Kompetenz zur Lösung dieses Problems. Sie leiten also, indem sie einen Raum eröffnen, in der kreative und ortsnahe Lösungen geschützt gefunden werden können und die Beteiligten in ihre Verantwortung gesetzt werden. Nachdem dann die Betroffenen den Aposteln die Lösung in Gestalt von sieben neuen Verantwortlichen aus ihrer Mitte vorstellen, nehmen die Apostel das Leitungsamt dadurch wahr, dass sie die Erwählten beauftragen und ihnen so eine neue Verantwortung geben. Sie sind nicht nur als geeignet erkannt, sie haben auch eine neue Autorität, die durch die Apostel gedeckt ist.

Aus diesen ersten Beobachtungen ergibt sich die Gliederung des folgenden systematischeren Nachdenkens: Welche Bedeutung

Über den Jordan gehen!

hat die kollegiale Unterscheidung der Geister – das „Wir" der Apostel – für einen zukünftigen Leitungsstil, und liegt dahinter nicht eine zukünftige Form des Pfarrerseins? Gefragt werden muss weiterhin dann nach der näheren Ausgestaltung der unaufgebbaren Aufgabe: Was meint es genau, dass die erste Aufgabe der Apostel das „Bleiben beim Gebet und beim Dienst am Wort" ist?

Das „Wir" des Priesters – ein Plädoyer für ein gelebtes Presbyterium

Vor dem Pfarrer-Sein steht das Priester-Sein. Vor dem Handeln das Sein. Vor dem „Wir" steht das „du": Die Evangelien bezeugen einhellig, dass die Berufung der Jünger und späteren Apostel ein sehr persönliches und überhaupt nicht kommunitäres Ereignis ist: Dem am Zoll sitzenden Levi sagt Jesus einfach nur „Folge mir nach" (Lk 5, 27). Und Levi steht auf und geht mit. Ein sehr persönlicher Ruf und eine sehr persönliche Antwort. Das erste und ursprüngliche „Wir" im christlichen Leben ist vor allem ein „Wir" zwischen Jesus und dem Einzelnen. Jesus macht den Levi zum Jünger. Und dieses Tun ist schöpferisch. Nicht zufällig lassen sich hier Analogien zur Schöpfungsgeschichte finden. Jesus „macht" einen Jünger, indem sein Wort an ihn ergeht – aber ein „Wir" der Jünger gibt es zunächst nicht.

Erst in einem zweiten Schritt konstituiert Jesus ein Wir. Markus berichtet eindrücklich: *Jesus stieg auf einen Berg und rief die zu sich, die er erwählt hatte, und sie kamen zu ihm. Und er setzte zwölf ein, die er bei sich haben und die er dann aussenden wollte, damit sie predigten und mit seiner Vollmacht Dämonen austrieben (Mk 3, 13ff).* Das „Wir" der Apostel ist somit nicht das sehnsuchtsvolle Wir der Einsamen und auch nicht kuschelige Sympathie und Wahlverwandtschaft, sondern „Schöpfung aus dem Nichts", wie zumindest die wiederum sich an die Schöpfungsgeschichte der Genesis anlehnende Wortwahl bei Markus nahe legt. Und auch das Ziel dieser „Schöpfung" wird beschrieben: Diese

Für ein Neuverständnis von Priesteramt und Presbyterium

Gemeinschaft bildet sich um Jesus herum und zugleich ist sie mehr: sie ist der Ort, wo Sendung geschieht – in seinem Namen und in seiner Gegenwart und in seiner Vollmacht. Die Gemeinschaft der Jünger ist also gerade als Sozialgestalt der Nachfolge ein theologischer, ein christophorer Ort: ein Ort der Gegenwart des Herrn.

Das wird in demselben Zusammenhang bei Markus noch deutlicher: Die Sozialgestalt der Nachfolge, eben jenes „Wir", schafft eine Familie Jesu, die sich am Willen Gottes orientiert (vgl. Mk 3, 31–35). Interessant ist in diesem Zusammenhang die Variation, die bei Lukas zu lesen ist. Die Familie Jesu besteht aus denen, die *das Wort Gottes hören und danach handeln (Lk 8, 21)*. Alle haben die Worte Jesu gehört – aber nicht alle haben sie als Wort Gottes gehört. Dort also, wo dies gnadenhaft geschieht, da ist die Familie Jesu – ein neues „Wir". Das wird auch dann deutlich, als Jesus die 72 Jünger zu zweit aussendet *„in alle Städte und Ortschaften, in die er selbst gehen wollte" (Lk 10, 1)*. Er geht in der Tat mit, geborgen in jenes „Wir" der zwei.

Und so wird noch einmal deutlich, was die Apostel wohl damit meinen könnten, wenn sie der versammelten Gemeinde klar machen, dass es für sie *„nicht recht ist, das Wort Gottes (zu) vernachlässigen" (Apg 6, 2)*. Sie wissen um das Geschenk, Familie Jesu zu sein. Denn diese Familie ist ein Ort der Gegenwart Jesu und seines Geistes, und erst diese Gegenwart macht es möglich, das Wort Gottes als Wort Gottes zu hören und zu verstehen und danach zu handeln. In diesem Wir ist „Er", der uns den Sinn der Schrift erschließt. Von daher wird deutlich, dass die Apostel mit ihrem „Wir" seine Gegenwärtigkeit im Wort bewahren wollen, damit nicht sie die Exegeten und damit immer Exegeten sind, sondern ER ihnen den Weg zeigen kann.

Hier wird also nicht nur eine visionäre Leitungsaufgabe beschrieben, sondern eine Existenzaussage gemacht: denn ohne diese wirkliche Gegenwart Christi existieren die Apostel nicht als Apostel, weil sie nicht nur nichts hören, sondern ohne dieses

Über den Jordan gehen!

Hören nicht sie selbst sind. Ein Lebensstil ist hier angedeutet, der in der Communio nicht die Erfüllung menschlicher Bedürftigkeit sieht, sondern vor allem den Reichtum seiner Nähe erfahrbar macht, Identität schenkt und Weg weist – für den Einzelnen wie für alle. In kurzen Worten: ohne dieses Bleiben beim Wort wäre Petrus nur Simon, wären die Jünger nur ein Erinnerungsverein an den Rabbi Jesus.

Das verdrängte Wir und die „kommunitäre Angst"

An dieser Stelle gilt es innezuhalten und einen Blick auf den Lebensstil der Priester heute zu werfen. So deutlich biblisch das „Wir" der Apostel profiliert werden kann als eine theologische Wirklichkeit und so sehr damit deutlich ist, was für die Apostel auf dem Spiel steht, sollte ihnen dieses „Wir" verloren gehen oder von ihnen vernachlässigt werden, so klar ist doch auch, dass die Wirklichkeit der heutigen priesterlichen Existenz weithin anders akzentuiert ist.

Priester sind häufig zu Einzelkämpfern ausgebildet und richten sich in einer konstitutiven Einsamkeit ein, oder leben in nur noch schwer nachvollziehbaren Gemeinschaftssituationen mit ihren Haushälterinnen. Priester haben sich zuweilen symbiotisch mit dem Wohl und Wehe der ihnen anvertrauten Pfarrgemeinden verknüpft.

In einer Zeit des konstitutiven Individualismus lastet zudem auf der Priesterausbildung die schwere Hypothek unreflektierter Gruppendynamik, die Plädoyers für Gemeinschaft eher als bedrohlich erfahren lassen. Während es also durchaus eine Sehnsucht nach Beheimatung gibt, wurde das faktische Zustandekommen solcher Gemeinschaften häufig der Dynamik der Gruppen – in Gemeinden wie Priesterseminaren – überlassen. Die damit einhergehenden Verletzungen und Aversionen lassen einen Communio-Gedanken von vornherein suspekt erscheinen. Entsprechende Erfahrungen lassen auch das Presbyterium als ideologisierte Größe erscheinen.

Für ein Neuverständnis von Priesteramt und Presbyterium

Auch die Versuche, kommunionale Akzente in die Priesterausbildung einzubauen, scheitern dann, wenn die Spiritualitätsgruppen und Equipes auf Zeit gemocht oder erduldet werden mit der Perspektive, dass nach der Priesterweihe doch eh alle auf sich gestellt sind.

Weithin gilt: ist die Strukturlogik unserer Kirche vielfältig auf dieses „Wir" hin angelegt, sei es in Synoden und Konzilien, zwischen Bischöfen, bis in die Wirklichkeit des Presbyteriums, so herrscht doch eine bedenkliche Unerfahrenheit vor. Weithin ist uns diese spirituelle Dimension des „Wir" nicht bekannt. Das führt zur Sklerotisierung solcher Strukturen. Auf allen Ebenen der Kirche lässt sich entdecken, dass Communio lediglich funktional gesehen wird. Aber selbst Kooperation wirkt dann am tiefsten, wenn ihr eine Communio vorangeht.

Von einem Priester wird zu Recht erwartet, dass er im Stande ist, Zellen des Evangeliums zu formen und Menschen zusammenzuführen. Er soll selbst Gemeinschafts- und kommunikationsfähig sein. Dazu braucht er selbst eine tragende Lebens- und Glaubensgemeinschaft, die meist nicht einfach schon durch das Leben in einer Pfarrei mit anderen Christen zusammen gegeben ist. Es bedarf vielmehr ausdrücklicherer priesterlicher Gemeinschaftsformen (zum Beispiel „mensa communis"). Eine besonders intensive ist die so genannte „vita communis", in der Priester miteinander wohnen und den Glauben teilen. Besonders diese Lebensform, in der man versucht, gemeinsam das Evangelium zu leben, vermag auch werbend in Kirche und Welt auszustrahlen. Sie ist auch eine Ermutigung vor „Gemeinden neues Stils", die von einer Reihe von Theologen und Kirchensoziologen für eine künftige kirchliche Struktur ins Auge gefasst werden ... Damit ändert sich das Bild von Seelsorge: weg vom Bild einer flächendeckenden Seelsorge – hin zu einer Seelsorge unter dem Leitwort von Oasen, die als leuchtende Zeichen des Lebens anziehen und stellvertretend für die Umgebung die Quellen lebendigen Wassers hüten.

Über den Jordan gehen!

So fomulieren die „Optionen" der Deutschen Regentenkonferenz unlängst diesen Zusammenhang.

Deswegen braucht es eine neue Option für das „Wir", gerade um des Zeugnisses und der Gegenwart Christi willen. Dass diese Option nicht zu Engführungen führen muss, sondern natürlich jedem Presbyter die weite Eigenständigkeit lassen kann, ist deutlich. Und umgekehrt darf hier auch nicht eine Polarisierung dominieren, die nur die Alternative zwischen „vita communis" oder Singularität kennt. Zuerst und vor allem geht es um eine Rekonstruktion des Presbyteriums, erst in zweiter Linie um die konkreten Formen der Gemeinschaft. Zudem geht es bei dem „Wir" nicht um die Sammlung gemeinschaftsfähiger Menschen, sondern um die Bereitstellung eines Raums erfahrbarer Gegenwart Christi und mithin der Möglichkeit gemeinschaftlicher Unterscheidung der Geister.

Wir Visionäre – zu einer wesentlichen Aufgabe des Pfarrers

„*Wir aber wollen beim Gebet und beim Dienst am Wort bleiben ...*" *(Apg 6,4)* So beschrieben die Apostel ihre vordringlichste Aufgabe. Nicht umsonst haben wir in diesem Beitrag zuerst über die Existenzform des Priesters länger nachgedacht. Das „Wir" geriet in den Mittelpunkt und sollte nicht zu schnell in seiner Funktion gesehen werden. Nun aber wird deutlich, dass aus diesem „Wir" auch ein klares Handeln hervorgeht.

Die erste Aufgabe der Apostel ist es, „visionär" zu sein. Was ist gemeint? Das gemeinschaftliche Bleiben beim Gebet und beim Wort und so in der Gegenwart des Auferstandenen macht die Apostel sensibel für den Weg Gottes mit seinem Volk. Es macht sie visionsfähig. Es lässt sie wahrnehmen, was Gott zu sehen gibt. Und dabei unterscheidet sich eine Vision ja fundamental von einer Idee oder einer eigenen Projektion. Es geht ja gerade darum, sich diesen Versuchungen zu entziehen.

Bleiben beim Gebet und beim Wort heißt mithin nichts anderes, als sich nicht von den eigenen Worten und Planungen oder von äußeren drängenden Fakten in die Notwendigkeit des Handelns führen zu lassen, sondern sich der unangenehmen Neuheit der Wirklichkeit und der unbequemen Neuheit des Wortes, das an mich ergeht, zu stellen. Dies zu tun, verlangt eine außergewöhnliche Wachsamkeit, eine Wachsamkeit des „Wir".

Wieder wird deutlich: Das erste Tun der Apostel ist das Hören, ist das Sein in der Gegenwart des Herrn, das sich im Gebet wie im Lesen der Schrift als ein „Wir" aktualisiert. Gemeinsam gehen die Apostel den Siegeszug des Wortes mit, indem sie wahrnehmen, was sich von Gott her zu erkennen gibt und diese Wirklichkeit daraufhin abhören, was darin wohl der Wille des Vaters ist. Das Gebet, die persönliche und gemeinschaftliche Spiritualität haben also einen Vorrang vor dem praktischen Tun und machen umgekehrt das praktische Tun zu einem Ausdruck des Handeln Gottes.

Damit ist auch der Übertrag für die wesentliche Aufgabe des Pfarrers beschrieben. Bei aller vorsichtigen Analogie lässt sich festhalten, dass gerade in Zeiten der Neuorientierung die erste Aufgabe des Bischofs und seiner Pfarrer darin besteht, hinhörend auf das Wort das Wirken des Geistes Gottes zu durchdringen, wie es sich zu sehen gibt. Mit anderen Worten: Zu unseren wesentlichen Aufgaben als Pfarrer gehört es, visionär zu sein. Und das geht nur in der Einheit des Presbyteriums. Von hier aus ergibt sich auch ein neuer Blick auf das Dienstamt der Einheit, das dem Pfarrer als Leiter zukommt. Wie das zu leben ist, darüber wird nun konkret nachzudenken sein.

Wem gehört die Gemeinde?
Zur sakramentalen Herkunft des Kirche-Seins

Ich habe mich immer schwer getan, von „meiner Gemeinde" zu sprechen. Und etwas zieht sich in mir zusammen, wenn ich so sprechen höre. Das besitzanzeigende Fürwort eignet sich nicht,

Über den Jordan gehen!

um die Rolle eines Pfarrers zu beschreiben. Es liegt zwar nahe, von „meiner Gemeinde" oder besser: „meinen Gemeinden" zu sprechen, aber diese Rede enthält nach meinem Empfinden eine Nähe und Dichte der Beziehung, die zwar menschlich verständlich ist, aber weder der erfahrbaren Wirklichkeit standhält, noch theologisch sinnvoll reflektierbar ist.

Doch ist es noch nicht lange her, da war eine solche Dichte der Gemeindebeziehung ideologisches Programm. Eine etwas problematische Brautmystik und eine überhöhte Christusidentifikation des Priesters führten zu einem engen Verhältnis des Pfarrers zu „seiner" Gemeinde. Diese Beziehung enthielt zudem Elemente eines pastoralen Deismus, den ich für zumindest fragwürdig halte. Dieser pastorale Deismus riskiert bis heute, dass die sakramentale Vollmacht mit einer persönlichen Gestaltungsmacht verwechselt wird. Und das heißt dann auch, dass eine Gemeinde – theologisch begründet! – Objekt und Projekt des gestaltenden Pfarrers wird.

Aber, so ist einzuwenden: Bleibt das Volk Gottes nicht immer „Sein" Volk? Erhellend ist für mich in diesem Zusammenhang ein Blick auf das Johannesevangelium. Hier wird im 21. Kapitel ein kurzer aber inhaltsreicher Dialog zwischen dem auferstandenen Herrn und Petrus beschrieben, der in dem bekannten Wort „Weide meine Schafe" mündet. Hier ist noch einmal genau hinzusehen: Der Auftrag des Auferstandenen betrifft die „Schafe", die aber bleibend dem Auferstandenen zugeordnet sind: „seine Schafe". Der Hirt kann niemand sein als der Auferstandene selbst. Es sind und bleiben seine Schafe. Zugleich gilt auch: Die Weide ist vom Beauftragten – von Petrus – nicht zu suchen, sie ist da. Es geht vielmehr darum, dafür zu sorgen, dass die Schafe auf der Weide genügend zu fressen bekommen.

Noch einmal deutlicher: Die Aufgabe des Petrus – die Aufgabe des Pfarrers als des Leiters – besteht „nur" darin, dass sie den Christen den Zugang zur Weide offen halten. Und das bedeutet zunächst nichts anderes, als die sakramentale Struktur der Kirche zu bewahren. Denn hier geht es darum, dass durch die Feier der Eucharistie und die Verkündigung des Wortes die Quellen Gottes gegenwärtig werden und in der Gemeinschaft der Gläubigen der Gott selbst erfahrbar werden kann. Communio in Christus – Gemeinschaft mit Gott in der Gemeinschaft der Gläubigen soll ermöglicht werden und deswegen gehört zu der ureigenen Aufgabe des Pfarrers auch, die Gemeinschaft der Gläubigen untereinander und mit der Gemeinschaft der ganzen Kirche zu bewahren. Mehr nicht. Weniger nicht.

Leiten als Bewahren – das ist ein erster und wichtiger Aspekt des Pfarrerseins. Es geht hier um eine identitätsstiftende sakramental gegründete Bestandswahrung und um die Bewahrung des Subjekt-Seins der Gemeinde, die durch die bleibende Christusgegenwart geschenkt ist. Damit wird noch einmal deutlich, dass der amtliche Dienst der Leitung weder für eigene pastorale Profilierungsversuche noch für eine eigene Heimatsuche noch für eigene klerikale Machtübernahme geeignet ist. Es bleibt ein Geheimnis zu bewahren, es bleibt das Geheimnis seiner Gegenwart unter den Menschen zu bewahren.

Doch dieses Leiten als Bewahren umfasst gerade auch einen visionären Leitungsstil. Denn mit einem solchen visionären Leitungsstil ist ja nicht einer Pastoral das Wort geredet, die sich in die subjektiv empfundene Zukunft flüchtet, die durchaus auch vergangenheitszugewandt sein kann, sondern ein Gehorsam gegenüber der geistvoll gewirkten Zukunft, die sich uns zu sehen gibt und die wir im Licht des Wortes verstehen lernen. Der Herr bleibt gegenwärtig als Hirte in seiner Kirche und in seiner Welt, und es geht darum, sich von ihm die Zukunft weisen zu lassen. Nur als gehorsame Visionäre bewahren wir die uns anvertraute Herde durch die Zeit und entdecken die je größere Zukunft, die uns geschenkt und eröffnet wird.

Dabei wird eines deutlich: ein solcher Leitungsstil ist nicht individualistisch zu verkürzen, sonst würden wir dem pastoralen Einzelgängertum das Wort reden und wären nicht mehr weit entfernt von der doch zu vermeidenden Top-down-Pastoral, die leicht einen klerikalen Machtmissbrauch riskiert. Ein solcher Leitungsstil setzt bei einem „Wir" an, das seinerseits starke Individuen mit all ihren Charismen und Talenten einfordert.

Dieses „Wir" drückt sich theologisch wie spirituell in der Wahrheit des Presbyteriums wie des faktischen Pastoralteams aus, die ihrerseits eben nicht nur Zusammenfassungen des Klerus bzw. der pastoralen Mitarbeiter sind, sondern eine theologische Größe, die die grundlegende und Christus tragende Dimension der Communio als unabdingbare Voraussetzung pastoralen Handelns sieht.

Doch hier beginnen die Fragen: Bei aller theologischen Rhetorik bleibt das Presbyterium eine vernachlässigte Größe. Es ist nicht anschaulich genug, was letztlich gemeint ist. Dabei, so die These der vorliegenden Überlegungen, liegt hier ein Schlüssel für die Zukunftsbeschreibung des priesterlichen und pfarrlichen Dienstes. Diesem Schlüssel kommt eine hohe Priorität zu.

Überraschende Erfahrungen und weltkirchliche Zeitansagen

Es sind vor allem zwei Erfahrungen, die dieser Vision ein wenig Farbe geben können. Ich erinnere mich noch sehr gut an die Visitationsreise eines Weihbischofs, die uns Hauptberufliche und Priester im Dekanat mit einer echten Herausforderung konfrontierte: Der Weihbischof wünschte im Rahmen der Visitation eine Woche lang jeden Abend ein gemeinsames Treffen des „Dies communis", vor allem der Priester. Ist das nicht übertrieben, so dachte ich mir. Und dennoch kann ich im Nachhinein sagen: In keinem anderen Moment meines priesterlichen Lebens habe ich das diözesane Presbyterium so intensiv erlebt. Das gemeinsame Essen mit dem Bischof, der Austausch der Erfahrungen in der Pastoral, die eigenen Freuden und Schwierigkeiten – all das konnte in großer Brüderlichkeit zum Ausdruck kommen.

Eine zweite Erfahrung durfte ich kürzlich in einer Fortbildung machen, in der wir – aus allen pastoralen Berufsgruppen,

Priester und Diakone – den Zukunftsentwurf einer kooperativen Pastoral projekthaft entwickeln sollten. Der Konsens war überwältigend und überraschend. Es wurde deutlich, dass viele von uns ein gemeinsames Zukunftsbild vor Augen hatten: pastorale Zentren, von denen aus die Pastoral in den vielen zusammengelegten Gemeinden visionär gesteuert werden sollte. Viel Raum und Zeit nahm dabei die gemeinsame Visionsarbeit und der Austausch ein. Wichtig war eine charismenorientierte Verteilung der Aufgaben, der eine klare pastorale Prioritätensetzung vorausgehen muss. Wichtig war aber auch, dass die gemeinsame Arbeit umfasst wurde von gemeinsamen Lebensvollzügen, dem gemeinsamen Essen und gemeinsamen Beten: ein gemeinsames pastorales Tun verlangt nach Formen gemeinsamen Lebenteilens.

Diese Erfahrungen fordern zum Nachdenken heraus: Wiewohl es ja auch sonst Strukturen der Gemeinschaft gibt – vom Priesterrat bis zum Dies communis – so ist doch auch wahr, dass diesen Strukturen häufig etwas sehr Formelles anhaftet. Sosehr sie einerseits das konstitutive und theologisch zu gründende „Wir" strukturell abbilden, so sehr wird auch deutlich, dass die Struktur auch einer „Spiritualität des Wir" bedarf, um ihre Potentialität zu entfalten.

Hier ist es geradezu prophetisch, was Papst Johannes Paul II. in seinem Schreiben „Novo Millennio Ineunte" formuliert:

„Die Kirche zum Haus und zur Schule der Gemeinschaft machen, darin liegt die große Herausforderung, die in dem beginnenden Jahrhundert vor uns steht, wenn wir dem Plan Gottes treu sein und auch den tief greifenden Erwartungen der Welt entsprechen wollen. Was bedeutet das konkret? Auch hier könnte die Rede sofort praktisch werden, doch es wäre falsch, einen solchen Anstoß nachzugeben. Vor der Planung konkreter Initiativen gilt es, eine Spiritualität der Gemeinschaft zu fördern, indem man sie überall dort als Erziehungsprinzip herausstellt, wo man den Menschen und Christen formt, wo man die geweihten Amtsträger, die Ordensleute und die Mitarbeiter

in der Seelsorge ausbildet, wo man die Familien und Gemeinden aufbaut."

Deutlich wird zugleich, dass eine Spiritualität des „Wir" eingeübt werden muss, um eine Lebenschance zu haben. Hier ergeht ein deutlicher Auftrag an die Ausbildung gerade auch der Priester. Ein echter Paradigmenwechsel liegt vor uns. Denn wann sind je in der Kirche die Erfahrung und die Erkenntnis fruchtbar geworden, dass in der Gemeinschaft der Nachfolgenden der auferstandene Herr wirksam handelt und dass deswegen die Einübung in ein Leben in Gemeinschaft in dieser christologischen und pneumatologischen Perspektive gesehen werden muss. In den Worten des Papstes wird darüber hinaus deutlich, dass es bei einer Spiritualität der Gemeinschaft nicht zuerst um eine Gemeinschaftserfahrung geht, sondern um eine gemeinschaftliche Mystik, um ein Leben im Modus der Gegenseitigkeit. Die Beschreibungen des Papstes muten von daher sehr viel zu, stecken sie doch den Rahmen eines Lebensstils ab, der aus der inzwischen hoch ideologisch besetzten Communiotheologie eine praktische Konsequenz entwirft.

Anders Pfarrer sein – Praktische Konsequenzen auf Bistumsebene

Für den Lebensstil des Priesters hätte eine solche Akzentuierung des „Wir" auch praktische Konsequenzen. Gerade in einer Zeit des Umbruchs muss es darum gehen, diese zu ermöglichen: Räume des Austauschs müssen geschaffen werden. Wenn hier eine klare Option für ein gelebtes Presbyterium getroffen wird, dann geht es nicht darum, die Dekanatskonferenzen zu ideologisieren. Das ist, wo es versucht wurde, gescheitert. Vielmehr ist deutlich, dass das Presbyterium erst zusammen mit dem Bischof sein volles Gewicht erhalten kann. Es gehört also zu den unverschiebbaren Prioritäten einer Spiritualität und Praxis des „Wir", dass Bischöfe immer wieder neu den Raum des Presbyteriums eröffnen, in dem Austausch und deswegen auch gemeinsames Hinhören möglich wird auf den, der die Kirche eigentlich führt und begleitet.

Was könnte dies konkret heißen? Die Zahl der Priester wird weniger, und schon droht eine diözesane Strukturplanung zu einer erneuten Diaspora der Priester zu werden: Auf 120 Pfarreien herunterzustrukturieren, ist angesichts von 120 Pfarrern sicher sinnvoll, kann doch wohl aber nicht heißen, dass sonst alles bleibt wie es ist. Im Gegenteil, an dieser Stelle muss es darum gehen, mit Kreativität und Phantasie den Lebensraum des „Wir" neu zu beschreiben. Die Lebensform der Priester als kommunionale Lebensform zielt auch auf eine strukturelle Neubeschreibung des Pfarrhauses als pastorales und geistliches Lebenszentrum. Ganz unabhängig davon, ob hier tatsächlich Menschen zusammen wohnen, wäre zu fragen, ob nicht alles zu fördern ist, was solche Zentren zu Erfahrungsorten des „Wir" machen kann. Natürlich würde es Ausbildung und Personalentwicklung und Personalpolitik entscheidend prägen, wäre die Existenzform des Priesters eine Priorität: Wie kann er mit anderen das Evangelium teilen? Welche Formen gemeinsamen geistlichen Lebens kann es geben? Ist nicht hier eine Teambildung zu fördern, die nicht nur operativ wirksam sein kann, sondern auch spirituell zu gründen ist?

Leicht und zu leicht geraten solche Erwägungen auch in die funktionalen Überlegungen zur Gestalt größerer pastoraler Räume. Doch diese Überlegungen, so berechtigt sie sind, dürfen den ersten Schritt nicht überspringen: das Leben des Priesters und seine Berufung zur Ehelosigkeit gehen nicht im Tun auf, sondern ermöglichen es.

Ein zweiter Vorschlag richtet sich an die Bischöfe. Wäre es nicht sinnvoll, dass auch in den deutschen Diözesen „Häuser des Presbyteriums" einzurichten, in denen ältere Priester mitwohnen können, in denen aber auch und vor allem immer wieder neu zusammen mit dem Bischof auf den Geist gehört wird. Solche Räume der presbyteralen Familie fehlen weithin. Gerade in einer Zeit, in der in allen deutschen Diözesen nach pastoralen Leitideen

Über den Jordan gehen!

gesucht und gefahndet wird, gilt es, diesen Prozess als einen gemeinschaftlichen Prozess der Unterscheidung der Geister anzulegen. Deutlich ist doch, dass in dieser Umbruchszeit vor allem die Priester – wie auch die Diakone und anderen pastoralen Mitarbeiter, von denen hier nicht die Rede sein soll – für einen gemeinsamen Weg gewonnen werden wollen. „Top – down" wird dies nicht gelingen. Solche grundlegenden Bewusstseinsprozesse erfordern ein hohes Maß an Dialog und Zeit. Ist es nicht erste Aufgabe des Bischofs, sein Presbyterium für diesen Weg zu gewinnen?

Ein Bischof nimmt sich Zeit für seine Priester, lädt sie ein, fragt sie nach dem, was sie bewegt, und tauscht sich mit ihnen aus über die vielfachen Erfahrungen von Abbruch, Umbruch und Aufbruch. Ich bin sicher, dass dann sehr bald eine Visionsgemeinschaft entstünde, die gemeinsam die Entwicklung einer Pastoral begleitet, die lange schon im Gang ist. Umgekehrt: wo dies nicht geschieht, gibt es schnell Blockaden. Konsequenz ist eine beispiellose Kommunikationslosigkeit über die kreativen und positiven Erfahrungen, ein fast vollständiges Fehlen gemeinsamer pastoraler Linienführung, die aber gerade heute so wichtig werden – und schließlich eine ungute Dialektik zwischen Ortskirche und Ortsgemeinde.

Anders Pfarrer sein – Einige praktische Konsequenzen für das pastorale Handeln

Statt einer flächendeckenden Pastoral, die angesichts größer werdender Flächen im herkömmlichen, priesterzentrierten Modus nicht lebbar ist, wird es zu einer darstellenden Pastoral kommen. Diese setzt voraus, dass Priester und pastorale Teams eine hohe „stabilitas" haben und antreffbar sind als Menschen mit Zeit und Ohr. So können sich mit der Zeit jene pastoralen und geistlichen Zentren bilden, die als Mitte pastoraler Räume Oasen des Glaubens sind. Um sie herum können „Glaubensschulen" entstehen, wo

Menschen Glauben lernen können. Diese Räume sind einladend, weil in ihnen Gemeinschaft erlebbar und erfahrbar wird als Gemeinschaft im Herrn, was sich gewiss in der Feier der Liturgie, aber auch in der Qualität der Glaubenskommunikation zeigen wird. Ein besonderes Augenmerk ist dabei auf die Art und Weise der Arbeit des pastoralen Teams zu richten. Es wird nicht in erster Linie ein „operatives Zentrum" sein, sondern ein Ort des Austauschs und der Evaluation, der Begleitung und der Förderung von Menschen, die sich engagieren. Auf diese Weise wird es ein visionäres Zentrum sein, an dem Menschen angeregt werden, gemeinsam die Zukunft zu bedenken.

Wie dies konkret „geht", ist ein Lernweg. Mir scheint aber, dass es dazu auch einer größeren Distanz zur Gemeinde bedarf. Der Pfarrer soll ja der Gemeinde nicht sein Abbild aufdrücken, sondern Zeuge des Bildes und des Handelns Christi sein. Insofern gilt auch hier, dass Leitung im theologischen Sinne vornehmlich auf einer anderen Ebene als der operationalen handelt, insofern sie den kritischen Maßstab des Evangeliums immer neu einbringt und dies durch die Feier der Sakramente zuhöchst tut.

Vor allem aber wird das Handeln des Priesters ein Handeln aus dem Wort sein. Für die Zeit des Umbruchs wird mithin eine Spiritualität des Umbruchs nötig sein. Vieles Visionäre lässt sich nicht umsetzen, sondern ist im Kairós zu erwarten. Wir müssen aushalten, dass wir schon gesehen haben, ohne dass der Kairós sichtbar ist. Von daher braucht es eine geduldige Arbeit an dem, was jetzt schon möglich ist und eine Spiritualität des Gekreuzigten, die die Spannungen aushält.

Zugleich verbietet sich der Blick zurück. Er lähmt und macht starr. Dennoch ist umgekehrt auch zu sehen, dass der geistliche Blick nach vorn verlangt, jene anderen bewährten Erfahrungen der christlichen Gestaltwerdung mitzutragen und in einer Art pastoraler Hospiz- und Trauerarbeit zu begleiten.

Über den Jordan gehen!

Für eine Theologie der ecclesiola

Wie kann Kirche missionarisch sein? Das ist eine neue Frage, die für die herkömmliche Gestalt der Gemeinde eher fremd ist. Diese ist nicht konstruiert im Blick auf eine missionarische Gestalt der Kirche, der leitende Aspekt ist die Hineinführung von jungen Menschen, die schon Christen durch die Taufe sind, in die Vollgestalt des Christ-Seins. Dies geschah und geschieht teilweise noch heute im Rahmen einer mithin eher volkskirchlich ausgerichteten Pastoral der Bestandswahrung und Begleitung. Die ständisch geordnete Gestalt der Gemeinde in ihren Gruppen und Verbänden hat hier ebenfalls keinen missionarischen Akzent, sondern will das Leben der Christen begleiten. Die deutliche Fokussierung des liturgischen Lebens auf die Eucharistie macht klar, dass nicht die Hinführung von Kirchenfremden im Zentrum des Bemühens steht, sondern das Feiern des Höhepunktes und der Quelle des Lebens eben der Christen, die schon zu einer Gottesbeziehung in der Kirche gefunden haben.

Doch faktisch, unter der Hand – und häufig zu wenig reflektiert im weithin gut funktionierenden Gemeindebetrieb – lässt sich die Hinführung zum Christentum, wie sie routiniert alljährlich in der Vorbereitung auf die Sakramente geschieht, als ein wesentlich missionarisches Ereignis beschreiben. Denn schon lange geht es bei Taufe, Kommunion und Firmung nicht mehr um Etappenfeiern der Initiation, sondern um Momente und Etappen der Erstverkündigung. Mithin ist nicht erwartbar, dass mit der Feier des Sakramentes eine Einführung in die Vollform des Christ-Seins gefeiert werden kann, vielmehr zeigen sich diese Etappen des Christ-Werdens als missionarische Momente der Erstverkündigung: Gespräche und Kurse mit Eltern anlässlich der Taufe, Vorbereitungswege zur Erstkommunion wie auch die Vorbereitung auf die Firmung – immer treffen wir auf Menschen, die meistens mit einer großen Offenheit aber ohne jede geprägte kirchliche Erfahrung sehr bewusst auf das Ereignis einer Teilfeier der Initiation zugehen. Immer dann also, wenn man von einer Teilfeier der Initiationssakramente erwartet, dass Menschen sich integrieren lassen in den klassischen Gestaltrahmen gemeindlich-kirchlicher Existenz, nimmt man die Ausgangssituation nicht hinreichend wahr: Wir stehen vor meist bewusst suchenden Menschen, die nicht in eine Tradition hineingewachsen sind und es auch bewusst nicht wollten oder konnten. Andererseits sind sie Pilger auf dem Weg, die sehr wohl geöffnet sind und geöffnet bleiben für die Begegnung mit Christus und nach einer lebbaren Form des Zugangs auf Christus hin suchen.

Mit anderen Worten: Kann das gewachsene und bewährte Modell von Gemeinschaft im geprägten Glauben die Suchenden nicht mehr erreichen, so lässt sich längs der instituierten Teilfeiern christlicher Initiation gemeinsam mit Suchenden ein Weg gestalten, der mit Sicherheit andere Formen und Gestalten gemeinschaftlichen Christ-Seins vor Ort aus sich hervorbringen wird: Formen, die der Suchbewegung der durchaus Neugierigen und Unerfahrenen entsprechen und die sie innerlich ansprechen und ihnen einen Weg in das Geheimnis weisen. Mystagogie für Suchende ist angesagt. Angemessene Formen der Erstverkündigung sind zu entwickeln, die diesem Anliegen gerecht werden. Ständische Gruppierungen wie Kindergruppen und Jugendgruppen, Familienkreise und Frauengruppen reichen nicht mehr hin, es braucht einen deutlichen Akzent katechechumenaler, liturgischer und mystagogischer Begleitung, die den Sucherstatus der Betroffenen ernst nimmt. Glaubenskurse, Gebetsschulen, kleine Glaubensgruppen für Suchende, Suchwege und Glaubenswochenenden für Jugendliche, Liturgien für Einsteiger – was zur Zeit neben der herkömmlichen Pastoral als Extra erscheint, ist vielmehr Weggestalt und Priorität für eine Kirche von morgen.

Die Anforderungen an diese Formen sind ungleich höher, als die gewachsene Gemeindegestalt sie heute kennt: Freiheit und Gemeinschaft, Offenheit und Vertrautheit, Zugänglichkeit und

Über den Jordan gehen!

Auskunftsfähigkeit sind verlangt. Die Erfahrung geschlossener Gemeinschaften, wie sie allenthalben Gemeinden kennzeichnen, die milieuhafte Engführung, die eher auslädt als einlädt, sind nicht hilfreich. Es braucht auskunftsfähige Zeugen und Zeugengemeinschaften, die genau das Kennzeichen der Freiheit und Verbundenheit authentisch durch ihr Leben belegen können. Es braucht die Erfahrung, gewünscht und geliebt zu sein. Zu fragen ist: Lieben wir die Menschen, denen wir begegnen und können diese die Liebe erspüren und erfahren? Zu fragen ist: Können wir Anteil geben am Herzen unseres Glaubens und so Suchende mitnehmen auf den Weg unseres Glaubens? Sind unsere Gemeinschaften und Gruppen einladend und bezeugen sie die Gegenwart des Auferstandenen? Diese einfachen Qualitätsmerkmale verweisen auf die Agenda der Umgestaltung der Initiationspastoral als einer missionarischen Pastoral, die den Glauben anbietet.

Ist so innerhalb des bestehenden Rahmens kirchlichen Handelns vor Ort ein Entwicklungsweg missionarischer Pastoral zu eröffnen, so ergibt sich ein weiteres Feld missionarischen Handelns im Blick auf kirchliche Institutionen und Trägerschaften: Kindergärten und Schulen in kirchlicher Trägerschaft, Krankenhäuser und Altenheime können privilegierte Orte missionarischer Kirche sein. Keine Frage, schon lange sind diese Orte entdeckt als Orte des niederschwelligen Zugangs zum christlichen Glauben. Aber mir scheint, dass die bisherige fixierende Zentralisierung aller dieser Orte auf die Normform des Gemeindechristentums den Blick für die missionarische Dimension eher verstellt. Solange hier vorausgesetzt wird, dass in diese Institutionen geprägte Christen kommen, solange hier angezielt ist, dass sich eine solche Einrichtung nur dann lohnt, wenn Menschen für die bestehende Gemeinde gewonnen werden, dann wird noch einmal unangenehm deutlich, wie fixiert auf eine bestimmte Gemeindegestalt unser Denken geworden ist.

Auch hier wird also der Anspruch ungleich höher. Es muss überlegt werden, wie Schulen, Kindergärten und Altenheime, Sozi-

Für eine Theologie der ecclesiola

alstationen und Krankenhäuser diesem Anspruch entsprechen können. Natürlich brauchen alle diese Einrichtungen einen hohen professionellen Standard. Doch zugleich braucht es hier eine Klärung der missionarischen Standards. Was ist gemeint?

Qualitätsmerkmal solch kirchlicher Orte mit missionarischer Prägekraft ist die Zeugenschaft und die Zeugengemeinschaft der Mitarbeiterinnen und Mitarbeiter. Hier liegen hohe Herausforderungen. Denn es wird ja immer mehr deutlich, dass katholische Einrichtungen keineswegs bei der Mitarbeitersuche und im Mitarbeiterbestand auf Personen zurückgreifen können, die dem „praktizierenden Normalkatholiken" entsprechen. Hier reicht es nun keinesfalls, diese Vorgaben lediglich formal zu verifizieren. Der Anspruch ist ein anderer: zu fragen ist doch, wie weit die jungen und älteren Mitarbeiterinnen und Mitarbeiter auf ihrem Weg zum Glauben sind und wie sie begleitet werden. Das ist nicht mehr vorauszusetzen, sondern existenziell einzuholen. Damit gerät die Ausbildung in ein neues Licht: welche existenziellen Sinn- und Glaubensfragen werden hier behutsam aufgearbeitet? Welches Bild kirchlicher Existenz wird hier vermittelt? Welche Spiritualität wird eingeübt? Um nicht missverstanden zu werden: Es geht nicht um eine Reintegration in die klassischen Muster, sondern um die verantwortete Öffnung von katechumenalen Wegen. In der Tat müsste die Ausbildung für eine kirchliche Einrichtung nicht an formalen Voraussetzungen festgelegt werden, sondern sehr existenziell die Wegoffenheit eines zukünftigen Mitarbeiters eruieren und ihm entsprechende Hilfe an die Hand geben: die spirituelle Begleitung der Mitarbeiter und die Ausbildung einer gemeinsamen Vision erscheint entscheidend. Gleichzeitig brauchen die Mitarbeiterinnen und Mitarbeiter Hilfen, wie sie ihren Weg zum Geheimnis Gottes gehen können und wie ihnen ein Zugang zur spirituellen und theologischen Tradition unser Kirche eröffnet werden kann.

Doch nicht nur die individuelle Offenheit für den eigenen Weg ist Voraussetzung, noch entscheidender ist an dieser Stelle die Frage, ob Menschen, die etwa Lehrer und Erzieher in christlichen Schulen und Kindergärten sind, auch einen gemeinsamen Weg gehen können. Entscheidend erscheint ja, dass ein missionarischer Ort des Glaubens Zeugnis gibt von der Gegenwart Jesu Christi inmitten der Seinen. Dazu braucht es die Einübung in eine spirituelle Weggemeinschaft, die von bestimmten Essentials des Miteinanders geprägt ist: die gegenseitige Annahme und Geschwisterlichkeit, die Bereitschaft zur Vergebung, die Offenheit für das Fremde, die Bereitschaft zum Zuhören, die Bereitschaft zum Neuanfang – die Kunst des Miteinanders gehört nicht nur deswegen zum Standard kirchlicher Einrichtungen, weil dies Menschlichkeit bezeugt und damit auch weiterträgt, sondern dieser Standard hat auch theologische Relevanz: Er verwirklicht den Anspruch des Kirche-Seins existenziell. Hier ist Gegenwart des Auferstandenen erfahrbar.

Auf diesem Hintergrund wird nun die Professionalität des Handelns, die Gestaltung der Räume und der Verfahrensweisen immer auch eine implizite und doch spürbare Einladung beinhalten, dem Gott Jesu Christi zu begegnen. Dazu bedarf es nicht immer expliziter Worte. Die Institutionen und Einrichtungen sprechen durch Taten und Gestaltungselemente, die das Leben der einzelnen Mitarbeiter und ihrer Dienstgemeinschaft belegen.

Ist das Zeugnis des Lebens aussagekräftig und beredt, dann darf auch ein demütiges und selbstbewusstes „proposer la foi" nicht fehlen: es werden sich im Gegenteil vielfältige Begegnungen und Gespräche ereignen. Dabei ist besonders in Schulen und Kindergärten zu entwickeln, dass diese Orte kirchlicher Existenz durchaus Räume des Katechumenats und der Initiation sein können.

Bislang werden die Wünsche von Eltern häufig kritisch beäugt, ihr Kind just kurz vor der Schulanmeldung taufen zu lassen. Auch Seelsorger in Gemeinden sehen kritisch, dass hier Taufe funktionalisiert wird. Ich vertrete eine gegenläufige These: Dass Eltern ihren Kindern ermöglichen wollen, in der Tat die beste der möglichen Schulen zu besuchen, ist sicher verständlich. Wenn hierbei katholische Schulen gut abschneiden, dann stellt es diesen im wahrsten Sinne ein gutes Zeugnis aus. Nun sind die Zugangsvoraussetzungen, zumal bei staatlichen Bekenntnisschulen, häufig mit dem katholischen Bekenntnis verbunden. Soll hier nicht formal gehandelt werden, eröffnet sich die Möglichkeit eines katechumenalen Weges, an dessen Ende die Taufe stehen kann: Kirchenrechtlich sind Katechumenen Mitglieder der Kirche auf dem Weg, und so entspricht es ja tatsächlich der Intention der Nachfragenden. Sie sind geöffnet für die katholisch geprägte Gestaltung des Schullebens und der Erziehung. Denkbar wäre doch, diese Öffnung auch durchaus als ersten Anstoß der Gnade zu begreifen und hier einen durchaus verbindlichen katechumenalen Weg zu eröffnen, an dessen Ende zum Ende der Schulzeit die Taufe stehen kann. Eine solche Taufe und Aufnahme in die Kirche wie auch die Vorbereitung sind nun nicht an die Kirchengemeinde zu knüpfen, die den meisten sehr fremd ist, sondern die Schule hätte sich nun zu verstehen als „Gemeinde", die ihrerseits Initiationswege gestaltet – und mit Hilfe des Pfarrers, der im pastoralen Raum Verantwortung für die Initiation trägt, diese zu feiern.

In ähnlicher Weise gilt dies für Taufwünsche und katechetische Bemühungen in Kindergärten, für Prozesse der geistlichen Begleitung in Krankenhäusern und Altenheimen wie anderen Einrichtungen der Caritas. Hier wird noch deutlicher, dass das Paradigma des Pilgers und des Konvertiten in der Tat neue Räume und Möglichkeiten, aber auch Herausforderungen freisetzt für Institutionen, die als offene Räume für alle Interessierten und Betroffenen aus einem starken christlichen und recht verstandenen kirchlichen Identitätsbewusstsein getragen werden. Wohlgemerkt geht es dabei nicht um die oft kritisch bedachte „Rekrutierung", die sich in der Tat auf die Gemeindefixierung und damit auf die Bestandserhaltung des bisherigen Kirche-Seins zu beziehen scheint – aber es geht sehr wohl darum, Menschen einen Zugang zur lebendigen und attraktiven Wirklichkeit der Gegenwart Christi zu eröffnen und ihnen diesen Schatz nicht vorzuenthalten. Dort, wo Christen dies nicht mehr wollen, fehlt ihnen doch die eigene Begeisterung für die Gegenwart Christi.

Für eine vernetzte und nachhaltige Berufungspastoral

Auf dem Weg zu einem katechumenalen Paradigma der Berufungspastoral: Pilger und Konvertiten

„Berufung" wird immer mehr zu einem zentralen Wort zukünftiger Pastoral insgesamt. Während bis vor kurzem noch das Binom Sammlung und Sendung im Vordergrund stand, und in der derzeitigen Kritik des real existierenden Gemeindekatholizismus eine Sendungsdefizienz festgestellt wird, die sich hinter dem Begriff der „diakonischen Ohnmacht" verbirgt, wird zunehmend deutlicher, dass kirchliche Sammlung ohne Berufung eine Sozialgestalt der Kirche festschreibt, die sich letztlich als Vereinswesen und Binnenkirche darstellt. Dies reflektiert die konstantinische Situation: man braucht nicht mehr nach außen zu gehen, weil es kein außen gab. Sendung und Mission führten nach innen – oder in die Ferne. Sendung in die Ferne hob mithin darauf ab, die Welt-Kirche nach der konstantinischen Gestaltlogik zu bilden. Nach innen ging es um Vertiefung, Verinnerlichung und Ausprägung christlicher Existenz.

Die Rede von der Berufung kommt in diesem Zusammenhang nur in den Blick, wenn es um Ordenseintritte und Priestertum geht. Wer in einem solchen vorgegebenen gesellschaftlichen und institutionellen Rahmen eine bewusste Christusbeziehung erahnte und in wem eine solche Sehnsucht sich entwickelte, der verließ diesen milieugepägten und kontrollierten Rahmen allgemeinen Christentums. Mindestens im günstigsten Fall.

Für eine vernetzte und nachhaltige Berufungspastoral

Kein Wunder: die konstantinische Kirchenlogik, die bis heute im Unterbewusstsein leitend ist, kennt die Berufung zum Christ-Sein nicht explizit. Man wird hineingeboren und übernimmt aus dem Milieu eine katholische Prägung, wird durch den Dreiklang von Familie, Schule und Kirche eingeführt in eine selbstverständliche und geprägte christliche Existenz. Das Wort von der Berufung zum Christ-Sein konnte hier zunächst entfallen – man war es, ob man es wollte oder nicht.

Der so gesteckte Rahmen und die darin verborgene Logik des Christlichen ist nun aber Vergangenheit. Der milieugeprägte Weg der Christ-Werdung ist Ausnahmesituation geworden. Eine selbstverständlich geprägte Christlichkeit gibt es in Ausnahmefällen. Dennoch hat sich die Gestalt und die Logik der Gemeinden kaum verändert: eine wirkliche Initiation in das Christ-Sein findet nicht statt, obwohl der Rahmen einer milieugeprägten und später pädagogisch weiterentwickelten Sozialisation am Leben gehalten wird: Taufe, Erstkommunion und Firmung sind weithin episodische und punktuelle Ereignisse, die nicht zu einer existenziellen Initiation in die Christusbeziehung und schon gar nicht zu einer Integration in vorfindbare Gemeindegestalten führt.

Damit aber ändern sich wesentliche Parameter. Danielle Hervieu-Leger hat darauf hingewiesen, dass der weithin zugrunde gelegte Typ des „praktizierenden Katholiken" nicht mehr repräsentativ ist: die formale und praktizierende Vollzugehörigkeit, die unbefragt kirchlich ist, kann es nach dem gesellschaftlichen Umbruch so nicht mehr geben. Neue soziologisch erfassbare Typen sind der „Pilger" und der „Konvertit": Der Pilger repräsentiert jene ständig wachsende Gruppe von Getauften und Ungetauften, die auf der gelegentlichen oder auch intensiven Suche nach Sinn und Orientierung und nach Gott sind. Das nicht immer bewusste Ziel dieses Weges, der – theologisch gesprochen – schon ein Weg der „zuvorkommenden Gnade" (gratia praeveniens) ist, ist die Begegnung mit Christus, die Konversion.

Über den Jordan gehen!

Entsprechend dieser soziologisch erhebbaren Typologie des Christ-Werdens, werden Charakteristika des Christ-Werdens unterstrichen, die in der konstantinischen Kirchenlogik weniger unterstrichen sind:
– Das Christ-Sein wird als persönliche Berufung erfahrbar.
– Der Weg zur Berufung ist häufig ein Pilgerweg und eine persönliche Entdeckungsreise, die verschiedene Stationen kennt.
– Christ-Sein gibt es nicht mehr ohne Christ-Werden als einem jahrelangen Prozess, der in unterschiedlicher Weise zu begleiten ist.
– Damit tritt der altchristliche Katechumenat mit seinen konstitutiven Elementen wieder neu in den Blick.

Mit anderen Worten: die Frage nach dem Christ-Sein als Berufung tritt in den Vordergrund, und damit wird gleichzeitig auch eine nachkonstantinische katechumenale Logik des Christ-Werdens, der Initiation und der Berufung entwickelt werden müssen.

Eine solche katechumenale Logik führt zu einer Agenda, die eine vernetzte und nachhaltige Berufungspastoral fördern will. Eckpunkte, die neben der klarsichtigen Wahrnehmung des Status quo, bedeutsam sind, ergeben sich dabei aus den Gestaltungselementen des Katechumenats:
– Der Katechumenat lebt aus einem gestuften erfahrungsorientierten Zugang. Er nimmt ernst, dass der Mensch, der von der Gnade angesprochen ist und also einen Ruf zum Christ-Sein verspürt, Schritt für Schritt in die Begegnung mit dem Geheimnis Gottes eingeführt wird – und dass diese Schritte nicht einer äußeren pädagogischen oder didaktischen Systematik folgen, sondern einer Biographie der Gnade folgen.
– Der Katechumenat lebt aus einer ekklesialen Spiritualität. So sehr der Weg der Berufung und der Gnade ein ganz persönlicher Weg ist, so sehr sind Menschen auf der Suche auf Zeugen und auf eine Zeugengemeinschaft verwiesen sind.

Ein Plädoyer für eine vernetzte und nachhaltige Berufungspastoral will diese Strukturelemente fruchtbar machen. Dabei knüpfe ich an eigene pastorale Erfahrungen an, die ich in den letzten Jahren im Bistum Hildesheim machen durfte.

Wahrnehmungen aus der Praxis: Gemeindliche Widerstände gegen eine Pastoral des Glaubenswachstums

Es fällt auf, dass in den Kirchengemeinden eine Pastoral des Glaubenswachstums noch weithin unbekannt ist. Im Rahmen eines klassischen administrativen pastoralen Ansatzes findet eine Pastoral des Glaubenswachstums im Rahmen der Erwachsenenbildung statt, deren Glaubensbildungsangebote eher wenig wahrgenommen werden. Erwachsene Gemeindemitglieder werden im besten Fall durch Angebote einer Gemeindemission (eher selten) oder neuerdings durch Exerzitien im Alltag angesprochen. Das Thema des Glaubenswachstums ist aber im Wesentlichen privatisiert – wie in unserer Gesellschaft insgesamt. Die tragende Generation in unseren Gemeinden versteht Gemeinden eher als Orte der „Arbeit": der Erhalt der bekannten Programm- und Gruppenstruktur steht im Vordergrund. Die spirituelle Bedürftigkeit ist privatisiert, und überdurchschnittlich viele Gemeindemitglieder haben sich auf eigene Wege begeben: Exerzitien oder Familienangebote in Ordenshäusern, aber auch Pilgerfahrten nach Santiago de Compostela, nach Israel und Rom, Reisen zu geistlichen Orten wie Loppiano, Paray le Monial, Taizé.

Ereignisse wie Katholikentage und Kirchentage und zuletzt der Weltjugendtag haben noch einmal sehr deutlich gemacht, dass es eine hohe Sehnsucht und eine hohe Bedürftigkeit für eine authentische geistliche Orientierung in allen Generationen gibt – gerade auch in jenen Menschen, die sich im herkömmlichen Setting der Angebots- und Gruppengemeinde nicht mehr wieder finden.

Die kritische Rede von der Eventisierung, die hier neuerdings moralisierend eingebracht wird, verweist auf eine vielfache Blindheit derjenigen, die hier den Zeigefinger warnend erheben. Leicht könnte hier ein Projektionsverdacht geäußert werden: die arbeitsame Kontinuität der klassischen Programm- und Gruppengemeinden kann nicht übersehen, dass gerade hier die spirituellen und initiatorischen Prozesse des Glaubenswachstums entweder nur eventhaft vorkommen, oder aber privatisiert worden sind. Selbst die sonntägliche Eucharistiefeier ist in diesen Sog geraten. Dass die Tauf-, Kommunion- und Firmpastoral als gelegentliche Events gesehen werden, die eben gerade nicht zur Integration in den Leib Christi vor Ort führen, ist evident.

Dieser Projektion des eigenen Verhaltens entspricht eine unscharfe Wahrnehmung der Situation: die jungen wie erwachsenen Gläubigen sind zum größten Teil im katechumenalen (manchmal sogar vorkatechumenalen) Status, selbst wenn sie getauft sind.

Die kritische Rede von der Eventisierung pflegt aber weiterhin auch den Mythos einer kontinuierlichen Gemeindefamilie, der seit der Auflösung konfessioneller Milieus ein nachhaltiges und glorifiziertes Bild auch in Priestern ist. Mithin ist die Wahrnehmung, dass so viele Menschen sich auf den eigenen und privaten Weg machen, ihren geistlichen Hunger „außerhalb" der Gemeinde zu stillen, immer auch negativ besetzt: „Sie ziehen sich aus der Gemeinde heraus."

Umgekehrt: Auf deutliches Unverständnis führt es, wenn Erwachsene wie Jugendliche innerhalb einer Gemeinde auf den Weg einer katechumenalen Berufungspastoral geführt werden. Die Rede von der „Berufung" ist in den Gemeinden negativ besetzt.

Eine paradigmatische Erfahrung: Im Frühjahr 2005 habe ich im Zusammenhang mit der bischöflichen Visitation gemeinsam mit dem PGR den Visitationsbericht erstellt. Dort wurde auch nach Initiativen zur Berufungspastoral gefragt. Ich formulierte, dass die Jugendgruppe, mit der ich mich wöchentlich treffe und in der wir singen, beten und über Glaubensfragen sprechen, ein Ort der Berufungspastoral sei. Dies löste Ängste bei den Eltern aus – sie wollten nicht, dass ihre Jugendlichen mit dieser Frage in Berührung kommen.

Für eine vernetzte und nachhaltige Berufungspastoral

Eine weitere Erfahrung: Überall wo in einer Pfarrei kleine Glaubensgruppen entstehen, wird das zuerst als Problem empfunden. Eine spirituelle Tiefenstruktur unseres Glaubenslebens zu formen, ist ungemein schwierig. Der Vorwurf der Exklusivität und des Elitären, der ja auch gegenüber den kirchlichen Bewegungen erhoben wird, kommt so sicher wie das Amen in der Kirche.

Es fehlt darüber hinaus weithin das Bewusstsein, dass Menschen auch in Gemeinden vorsichtig nach Glaubensorientierung suchen – der Blick richtet sich selbstverständlich und geübt nach innen, auf Bestandswahrung und Erfüllung eigener Bedürfnisse.

Option für eine katechumenale Berufungspastoral

Auf der anderen Seite lassen sich Konturen einer katechumenalen Berufungspastoral erkennen. Auch wenn entsprechende Erfahrungen erst ansatzhaft vorhanden sind, fehlt ihnen allerdings eine Nachhaltigkeit, die nur aus einem differenzierten Gesamtrahmen zu erwarten sind.

Die Perspektive einer evangelisierenden Berufungspastoral, die den katechumenalen Status der jungen wie erwachsenen Glaubenssucher ernst nimmt, lässt sich schon ablesen aus den charismatischen Erfahrungen der geistlichen Gemeinschaften und kirchlichen Bewegungen. Ihre irritierende Fremdheit rührt daher, dass hier gewissermaßen Elemente einer Zukunftsgestalt in Mikroverwirklichungen vorentworfen werden. Diese Elemente spiegeln die Überlegungen zu einem katechumenalen Paradigma der Berufungspastoral durchaus wider:
– Neue geistliche Gemeinschaften wie kirchliche Bewegungen und Orden haben eine ausgeprägte Netzwerkstruktur von Kleingruppen, in denen Glaube personennah eingeübt und gelebt wird. Es reicht nicht aus, dieses Phänomen mit dem Verdacht der geistlichen Kuschelecke zu belegen, der im Übrigen angesichts der Gemeindewirklichkeit ebenfalls wie ein Projektionsverdacht anmutet: wo wird mehr gekuschelt?

Über den Jordan gehen!

- Gleichzeitig unterstreichen geistliche Gemeinschaften, Bewegungen und Orden die Berufung und die persönliche Erfahrung des Einzelnen mit Jesus Christus. Der stark erfahrungsbezogene Ansatz der jeweiligen Spiritualität lebt zwar aus einer ekklesialen Spiritualität, zielt aber auf die persönliche Begegnung des Einzelnen mit Jesus Christus ab.
- Dabei ist die Zeugenschaft von großer Bedeutung. Ahnungen des Göttlichen bedürfen ja der Deutung, und die geschieht durch den Erfahrungsaustausch, die Mitteilung des Erlebten und der gemeinsamen Deutung. Das setzt voraus, dass es schon Erfahrene gibt, die den Einzelnen zum Geheimnis der Gottesbegegnung hinführen, mithin Mystagogen sind.
- Geistliche Gemeinschaften, Bewegungen und Orden kennen darüber hinaus auch explizite Jüngerschulungen: Exerzitien und vergleichbare Zeiträume, in denen im Licht des jeweiligen Charismas Menschen systematisch eingeführt werden in die Gottesbegegnung und in eine Praxis des Glaubens. Selbstverständlich rechnen diese Jüngerschulen damit, dass den Momenten intensiver Vertiefung das Leben in den beheimatenden Weggemeinschaften entspricht.
- Wie selbstverständlich rechnen geistliche Gemeinschaften und Orden damit, dass diese Hinführung in die Christusberufung eine längere Wegstrecke beinhaltet: von sporadischen Kontakten bei großen Begegnungen und Treffen hin zur Einbindung in Weggemeinschaften bis hin zur Berufungsentdeckung kann durchaus ein Jahrzehnt vergehen.

Von daher erscheinen auch erste Erfahrungen einer diesen Hinweisen entsprechenden Berufungspastoral in einem neuen Licht. Sie kreisen um mehrere Gestaltungselemente:

Option für Glaubensereignisse

Zum einen braucht es in der Tat Ereignisse und starke Momente, in denen immer wieder Menschen einen ersten Zugang und eine erste sporadische Kontaktnahme wagen können. Im Bis-

Für eine vernetzte und nachhaltige Berufungspastoral

tum Hildesheim sind hier Initiativen wie der „Friedensgrund", die „Jugendvesper" oder die „Nacht der Versöhnung" zu nennen. Hinzu kommen auch Ereignisse wie die jährliche Chrisammesse, Pilgerfahrten oder auch den Megaevent Weltjugendtag. Diese kleinen und großen „Events" des Glaubens sind für viele Suchende Anlaufstation.

In diesem Zusammenhang ist auch die Frage zu stellen, ob nicht in jedem größeren Bistum so etwas wie eine Katechumenats- bzw. Katechesekirche entstehen müsste. Die hier getroffene Differenzierung ist wichtig. Es braucht in dieser Zeit des Umbruchs sowohl Orte, an denen Menschen erstmalig Kontakt mit dem christlichen Glauben finden können, wie auch Orte, an denen eine vertiefende Katechese erfolgen kann. Katechumenale Erstverkündigung wird andere Gestalten kennen als die wahrscheinlich eher mystagogisch-liturgische Katechese, die ein Hineinwachsen in die Christusfreundschaft auch zeichenhaft ermöglicht. Der Begriff der Arkandisziplin ist wieder zu gewinnen – er meint nichts anderes, als dass Glaubenserkenntnis nicht unabhängig vom Stand der persönlichen Glaubenserfahrung vermittelt werden kann.

Solche Glaubensereignisse haben allerdings auch gehaltvolle Voraussetzungen: es braucht Zeugen und eine Zeugengemeinschaft, die dieses Ereignis tragen. An der Authentizität und Glaubwürdigkeit dieser tragenden Zeugengemeinschaft liegt viel: die Suchenden suchen ja die Begegnung mit Christus und können ihn erfahren, wo das Zeugnis einer gemeinschaftlich gelebten Spiritualität diese Christusnähe ansichtig erfahrbar macht (Mt 18, 20; Joh 1, 14).

Option für Jüngerschulen

Neben solchen Ereignissen, an denen die suchenden Pilger erste Ahnungen der Christusbegegnung und damit der Berufung machen können, braucht es dann aber auch vertiefende Erfahrungen.

Über den Jordan gehen!

Erste Erfahrungen in dieser Perspektive sind Glaubenskurse an einem geistlichen Ort. Wider alle Erwartungen ist das Bedürfnis nach einer gemeinschaftlichen Vertiefung des Glaubens sehr hoch. Viele der Suchenden wirken sehr vereinzelt und isoliert, sie scheuen keine Mühe und keinen Weg, um eine Gemeinschaft der Suchenden zu entdecken. Die Erfahrung zeigt, dass hier vor allem junge Erwachsene angesprochen sind – inzwischen sind es aber auch immer mehr Erwachsene im Alter zwischen 30 und 40 Jahren, die neidisch auf solche Angebote schauen. Das macht vor allem eines deutlich: Aufbruch im Glauben und Sinnsuche sind kein Phänomen der jungen Menschen, sondern betreffen genau jene Altersgruppe, die sich in der programm- und aktivitätsorientierten Betriebsamkeit der Kirchengemeinden unterernährt und nicht beheimatet fühlen.

Ganz bewusst haben wir im Bistum Hildesheim ein „CO" – ein „Christliches Orientierungsjahr" – eingeführt, das ausdrücklich das Thema der persönlichen Berufung zum Christ-Sein akzentuierte. Es sind zwischen 15 und 25 Personen, die inzwischen jährlich etwa 10 Wochenenden einen Weg der Vertiefung des Christ-Seins gehen. Die „Inhalte" der Wochenenden orientieren sich am Kirchenjahr, entscheidend ist dies aber nicht. Viel wichtiger ist das bewusste Eintreten und Sich-Aussetzen in einem „Biotop des Glaubens" und die Begleitung durch ein Team. Auch hier zeigt das Echo, dass die Suchenden den Begriff der Berufung und der Orientierung sehr weit fassen, es aber immer darum ging, den eigenen Weg als Weg der Berufung deutlicher zu klären.

Wichtig ist aber auch, dass solche Glaubenskurse oder Orientierungsjahre – die Initiativen ließen sich vervielfältigen – nicht Einmalerscheinungen sind, sondern im Rahmen einer evangelisatorischen Berufungspastoral ein „Markenangebot" werden. Es dauert nämlich eine Zeit, bis ein solches Angebot bekannt wird, zumal die Berufungssucher häufig sehr isoliert und privatisiert ihren Weg gehen, besser: gehen müssen. Denn in den Kirchengemeinden finden sie in der Regel keine Gesprächspartner (auch nicht bei den Priestern) und keine Gemeinschaft, in der sie in ihrem Glauben tiefer wachsen können.

So ergibt sich ein weiteres zentrales Desiderat: es braucht für Suchende wie für Berufene so etwas wie eine „örtliche spirituelle Tiefenstruktur", einen Lernort des Christ-Seins, der auch ein Lebensort des Kirche-Seins ist.

Option für Weggemeinschaften

Besuche in Taizé, Katholikentage, Chrisammessen – aber auch Glaubenskurse und Orientierungsjahre – verlangen nach einer Nachhaltigkeit, die vor Ort, in der Gemeinde, im Lebensraum, ein Weitergehen auf dem Weg der Berufung ermöglicht. Schon die ernüchternden Erfahrungen des Katechumenats in Frankreich zeigen ja auch, dass die Weise der Christ-Werdung auch eine Weise des Kirche-Seins urgiert, die sich in den herkömmlichen Gemeinden oft nicht finden lässt. Es braucht eine „spirituelle Tiefenstruktur" des Glaubens auf der lokalen Ebene. Hierfür reicht allerdings eine geistliche Begleitung nicht aus, es geht um mehr – nämlich um die konkrete Erfahrung des Kirche-Seins. Die geistlichen Gemeinschaften, die Orden und andere charismatische Aufbrüche in den Kirchen der Welt zeigen auf, dass auch vor Ort in überschaubaren Gemeinschaften, die sich um Christus und sein Wort versammeln, Glaube und Berufung sich weiter entwickeln kann. Die pastorale Option für „small christian communities" kann deutlich machen, dass um das Wort Gottes und aus der Erfahrung der Begegnung in ihm Berufungen wachsen können.

Das differenzierte Ineinander von initiatorischen Glaubenswegen führt auch dazu, dass sich in jeder Gemeinde zum einen einbürgern müsste, Glaubenskurse für Suchende zu gestalten, die dann nachhaltig in Weggemeinschaften weitergeführt werden müssten.

Dabei ist eines deutlich: angesichts der knapper werdenden personalen Ressourcen ist ein Netzwerk kleiner christlicher Gemeinschaften nur dann realistisch, wenn diese Weggemeinschaften von kompetenten Zeugen – und nicht von Hauptberuflichen oder Priestern – geleitet werden.

Es wird deutlich: eine evangelisatorische und katechumenale Berufungspastoral führt insgesamt zu einer langfristigen Veränderung der Kirchengestalt, die deutlicher missionarisch sein wird.

Voraussetzungen einer Option für eine Pastoral der Berufung

Die Voraussetzungen für eine solche Option sind – wie schon angedeutet sehr gehaltvoll. Dies betrifft zum einen zentrale Orte der Erstverkündigung wie der Glaubensvertiefung. Ein solcher Ort ist ein Ort des Glaubens erst dann, wenn an ihm durch eine Zeugengemeinschaft jener Glaube bezeugt wird, in den eingeführt werden soll. Mit anderen Worten: nicht weil eine Ordensgemeinschaft oder eine geistliche Gemeinschaft an einem Ort wohnt, ist dieser Ort als geistlicher Ort qualifiziert. Es geht vielmehr darum, dass an ihm Männer und Frauen leben, die eine Spiritualität in Gemeinschaft bezeugen.

Ist dieser Ort darüber hinaus ein Ort einer Ordensgemeinschaft, so ist darauf zu achten, dass hier das Gründercharisma lebendig ist. Das ist auch in Ordensgemeinschaften nicht immer selbstverständlich. Für eine katechumenale und evangelisierende Pastoral der Berufungen braucht es deswegen zuerst und vor allem eine Selbstevangelisierung der Orden als existenziellen Rückgriff auf das eigene Charisma.

In ähnlicher Weise gilt das für die lokalen Pfarrgemeinden. Es ist sehr auffällig, dass eigentlich nur dort Weggemeinschaften des Glaubens und kleine christliche Gemeinschaften, sowie die Perspektive evangelisierender Pastoral wächst, wo zum einen die verantwortlichen Pfarrer selbst aus einer solchen Erfahrung leben, und zum zweiten das Team der Hauptberuflichen eine evangelisierende Vision der Pastoral gemeinsam hat.

Für eine vernetzte und nachhaltige Berufungspastoral

Die hier angezeigte Situation führt zu einer klaren Option: Es braucht eine viel stärkere Einübung christlicher Existenz wie auch das Erlernen und Erfahren pastoraler Visionsarbeit in der Aus- und Weiterbildung der Priester, Diakone und aller pastoraler Berufsgruppen. Das ist weitgehend eine ausstehende Arbeit in der Aus- und Fortbildung. Natürlich ist klar, dass eine solche Bewusstseinsbildung sehr langem Atem braucht. Aber es gilt anzufangen.

Dort, wo Priester und Teams wirken, die diese Dimension schon in sich tragen, und dort, wo Ordensgemeinschaften und geistliche Gemeinschaften für einen solchen Neuaufbruch gerüstet sind, gilt es, erste Kundschaftererfahrungen zu machen.

Schließlich ist noch eine Herausforderung offen für die Verantwortlichen der Bistumspastoral: der Wert der Ordensgemeinschaften ist neu wahrzunehmen. Es geht darum, dass für eine zukünftige Berufungspastoral das Wechselspiel zwischen der Evangelisation auf lokaler Ebene und den überörtlichen Charismen neu eingeübt werden muss. Für eine Berufungspastoral hat eine pastorale Planung der Bistümer darauf zu achten, dass die Orden und geistlichen Gemeinschaften ihre eigenen Charismen ins Spiel bringen können.

Dabei gilt es zu beachten, dass erst im Zusammenspiel aller Charismen und aller Akteure der Pastoral eine evangelisierende und katechumenale Pastoral der Berufungen gelingt.

Wie könnte das geschehen? Weit intensiver als bisher ist das Gespräch zwischen Orden, Gemeinschaften und Bistum zu suchen, gemeinsam ist eine Option für die Berufungspastoral im Rahmen einer evangelisierenden Pastoral zu entwickeln. Dabei geht es gerade nicht um Vereinnahmung, sondern um einen gemeinsamen Weg zum Aufbau des Reiches Gottes.

Über den Jordan gehen!

Für eine Kirche in der Nachbarschaft

Seit den achtziger Jahren des letzten Jahrhunderts wuchs in der deutschen Kirche die Sensibilität für die Notwendigkeit einer spirituellen Erneuerung. Die oft bedrückende geistliche Leere und ein langsames Verdunsten einer selbstverständlichen Frömmigkeit, ein vielfach beschriebener aktivitätsorientierter „ekklesialer Atheismus" machten auf die Problemlage aufmerksam.

In dieser Zeit wurde – mit Hilfe von MISSIO – die in Südafrika entstandene Idee der „small christian communities" aufgegriffen. Der Gedanke kleiner Gruppen und Gemeinschaften, die aus dem Glauben leben, erschien als ein geeigneter Weg, zumal die weltkirchlichen Zeichen der Zeit in allen Konfessionen darauf hinweisen, dass Netzwerke von verbindlichen Glaubensgemeinschaften, die überschaubar personal bleiben, ein Zukunftsweg der Kirchen sind. Diese ökumenische Konvergenz lässt sich nicht übersehen.

Der methodische Umgang mit der Schrift in der 7-Schritte-Methode des BibelTeilens *(siehe S. 187)*, der zugleich mit der Idee der kleinen christlichen Gemeinschaften Einzug hielt, erschien als ein gangbarer Weg, „auf eine neue Art Kirche zu sein".

Im deutschsprachigen Raum jedoch wurde diese Idee an entscheidenden Stellen programmatisch amputiert und ihrer visionären Kraft beraubt. Zum einen wurde der ekklesiologische Entwurf, der hinter den „small christian comunities" steckte, nicht wirklich wahrgenommen. Denn hinter der Idee der kleinen christlichen Gemeinschaften steckt eben nicht zuerst der Wunsch einer spirituellen Erneuerung der Kirche, sondern ein weit reichender Reformentwurf hin zu einer Ekklesiologie der Communio. In deutschen Landen hingegen wurde diese Vision zurückgeschnitten auf die Frage nach der sammelnden und beheimatenden (Kuschel-)Gruppe. Waren nicht Verbände und gemeindliche Gruppen und auch geistliche Gruppen, bestehende wie entstehende, alle irgendwie

Für eine Kirche in der Nachbarschaft

BibelTeilen

Das BibelTeilen ist mehr als eine Methode des Umgangs mit der Schrift – es ist ein Weg, auf dem Christus in seinem Wort den Menschen nahe kommt, ihnen begegnet und sie zu seinem Leib macht.

1. Begrüßen – sich zu Christus setzen
   Wir begrüßen Christus, der in unserer Mitte ist, und sind selbst die Eingeladenen.
   Moderator: Wir werden uns bewusst, dass der Herr in unserer Mitte ist: Wer möchte Christus mit eigenen Worten willkommen heißen?
2. Lesen – das Wort Gottes hören
   Wir lassen das Wort Gottes erklingen durch unsere Stimme. Jede Stimme vermittelt sein Wort.
   Moderator: Wir schlagen in der Heiligen Schrift das Buch/das Evangelium/ den Brief ... Kapitel ... auf. (Wenn alle aufgeschlagen haben:) Wer möchte die Verse ... bis ... vorlesen? Wer liest den Text noch ein zweites Mal?
3. Verweilen – den verborgenen Schatz heben
   Wir lassen uns vom Wort Gottes ansprechen. Christus spricht in uns.
   Moderator: Wir sprechen jetzt Worte oder kurze Satzteile dreimal laut aus. Zwischen den Wiederholungen legen wir kurze Pausen ein.
4. Schweigen – die Gegenwart des Herrn wahrnehmen
   Wir schweigen in Gemeinschaft. Gott kann nun in uns sprechen.
   Moderator: Wir schweigen jetzt für ... Minuten und lassen in der Stille Gott zu uns sprechen.
5. Mitteilen – gemeinsam Gott begegnen, durch die anderen
   Wir teilen mit, was Gott in uns zur Sprache bringt. Dadurch wächst der Leib Christi unter uns.
   Moderator: Welches Wort hat mich angesprochen? Wir tauschen uns darüber aus, was uns im Herzen berührt hat.
6. Handeln – sich vom Wort Gottes anstecken lassen
   „Wozu sind wir konkret gesandt?" – Entscheidungsfindung als geistlicher Prozess der gemeinschaftlichen Unterscheidung der Geister.
   Moderator: Wir sprechen jetzt über eine Aufgabe, die sich uns zeigt und der wir uns stellen wollen.
7. Beten
   Alles, was gedacht und gesagt wurde, bringen wir noch einmal vor den Vater. Es vollzieht sich das gemeinsame Priestertum aller Gläubigen.
   Moderator: Wir beten miteinander. Wer möchte kann jetzt ein freies Gebet sprechen. (Danach:) Wir schließen mit einem Gebet oder Lied, das alle auswendig können.

Über den Jordan gehen!

„klein", „christlich" und „Gemeinschaft" – also kleine christliche Gemeinschaften?

Auch das „Gospelsharing" wurde missverstanden. War nicht das BibelTeilen eine neue interessante Methode der Bibelarbeit, auch wenn man sie nicht unbesehen übernehmen konnte: der sechste Schritt, das konkrete Tun für andere als Kirche, wurde grundsätzlich und programmatisch ausgeblendet.

Diese Methode war wie alle Methoden, hatte also den Charme der Neuheit, aber blieb wie alle Methoden austauschbar – vor allem dann, wenn der visionäre Hintergrund nicht wahrgenommen wurde.

Hinter dem BibelTeilen steckt aber eine tiefe Christologie: Es geht um eine kirchenzeugende Erfahrung der Gegenwart Christi. Im Hören des Wortes, das Christus spricht, geschieht „Fleischwerdung" des Wortes in seinem Leib. Und sein Leib ist die Kirche, die sich – wie Christus selbst – gesandt weiß, den Armen das Evangelium zu verkünden.

Das BibelTeilen wie die Idee der small christian comunities blieben weithin unterschätzt, zumal sich hier eine gewisse Selbstzufriedenheit über die noch gut funktionierende Volkskirche mit einer gewissen europäisch-deutschen Arroganz mischte.

Diagnose einer verkürzten Entwicklung

Was von diesem Programm blieb, waren kleine Gruppen, die als „strukturelle Randsiedler" am Rande der Gemeinde mehr oder weniger geduldete „Selbst- oder Lebenshilfegruppen im Glauben" (Bischof Wanke) wurden. Während die einen in dieser Entwicklung erste Anzeichen für die doch so gesuchten „Biotope des Glaubens" sahen, problematisierten andere, dass diese kleinen Glaubensgemeinschaften exklusive spirituelle Kuschelgruppen bildeten. Andere klagten deren diakonische Untätigkeit ein.

Die Problemlage war und ist – in Gemeindegruppen wie in den entstandenen – um ihre Pointe gebrachten – „kleinen christ-

Für eine Kirche in der Nachbarschaft

lichen Gemeinschaften" stereotyp ähnlich. Überall dort, wo Menschen sich in spirituellen Wahlverwandtschaften zusammentun und miteinander geistlich zu leben beginnen, aus dem Evangelium schöpfen, um ihren Alltag bestehen zu können, kommt es zu deutlichen Polarisierungen in unserer Gemeindelandschaft. Die zuweilen wechselseitigen Vorwürfe der Ausgrenzung, Exklusivität und Sektierertum, Elitebildung und mangelnder Offenheit bezeugen, wie einerseits die bisherige Sozialgestalt der Gemeindekirche ein zuweilen dogmatisch anmutendes Gestalt-Monopol erhebt, das sie nicht haben kann. Dabei werden auch eigene wie fremde Schwächen unbarmherzig offensichtlich: In der Tat kann nämlich andererseits der Vorwurf der selektiven und exklusiven geistlichen Wahlverwandtschaft nicht abgestritten werden. In der Tat sind die „kleinen christlichen Gemeinschaften", die sich in ziemlich großer Zahl im Anschluss oder im lockeren Kontakt mit geistlichen Bewegungen gebildet haben, vertraute und tendenziell exklusive Gruppen – sie folgen allerdings damit der Gemeinschaftslogik der Gruppen und Verbände unserer Gemeinden: wechselseitige Provokation und Projektion ist die Folge.

Es wird aber auch deutlich, dass im herkömmlichen Gemeindeleben der spirituelle Aufbruch und die Orientierungssuche vieler Suchender keinen Raum findet. Es ist mehr als offensichtlich, dass im Rahmen einer Gemeindetheologie der siebziger Jahre solche kleinen Gemeinschaften bestenfalls als spirituelle Supplemente fungieren und dabei jene Gemeindeform weiter festigen, die immer noch weithin von ihren selbstverständlichen Prägungen lebte. Gerade die Gruppe der 40- bis 60-Jährigen ist in ihnen vertreten. Gerade diese Gruppe spürte als erste das spirituelle Ungenügen klassisch geprägter Kirchlichkeit.

Sowohl die klassische Gemeinde, die sich inzwischen zu einer Gemeinschaft spiritueller Selbstversorger entwickelt hatte, wie auch das Entstehen vieler kleiner Gemeinschaften haben also einen gemeinsamen Hintergrund: Es geht immer um die eigene Gemeinschaft und um die Binnengestaltung des Kirche-Seins.

Über den Jordan gehen!

Was weithin fehlt, ist die Gastfreundschaft, ist der missionarische Impuls der Sendung in die Welt – und damit verbunden – die diakonische Sensibilität und der diakonische Vollzug des Kirche-Seins.

Damit aber wurde und wird das lange nicht wahrgenommene Grundproblem mehr als deutlich: Die Übernahme einer biblischen Methode bei gleichzeitiger Loslösung von ihrem visionären Hintergrund führte zum einen dazu, dass BibelTeilen zu einem Weg spiritueller Selbstvergewisserung wurde, die den Einzelnen stärken konnte – letztlich damit aber die Privatisierung und Individualisierung des Glaubensweges abstützte. Zum anderen verblieb die Idee der kleinen christlichen Gemeinschaften im Rahmen einer immer stärker selbstreflexiven Gemeindeideologie, mehr geduldet als geliebt. So unterbot die deutsche Rezeption dieser weltkirchlichen Perspektive der Erneuerung das Potential dieses Ansatzes im Interesse einer Bestandswahrung und spirituellen Regeneration des in die Jahre gekommenen Gestaltprogramms der Gemeinde.

Dies alles ist ohne Vorwurf gesagt, denn die Prägekraft der Leitidee der „Pfarrgemeinde", die ja erst seit wenigen Jahren durchaus als problematisch empfunden wird, ist nicht zu unterschätzen. Dennoch scheint jetzt der Moment gekommen, bei dem angesichts der Umbrüche und strukturellen Veränderungen auch die ekklesiologische Leitidee, die mit dem Gestaltprogramm der kleinen christlichen Gemeinschaften und der spirituellen Wegweisung durch das BibelTeilen mitgegeben ist, Kraft gewinnt und sich als zukunftsträchtig darstellt.

Nachbarschaft jenseits der Wahlverwandtschaft

An einer ersten und zentralen Sollbruchstelle des Themas lässt sich das gut darstellen. Faktisch scheinen jene kleinen Gruppen und Gemeinschaften, die sich durch unterschiedliche Anlässe und auf unterschiedlichen spirituellen Hintergründen seit den neunziger Jahren immer stärker am Rand der Pfarreien entwickeln konnten, als exklusive spirituelle Wahlverwandtschaften zu profilieren. Sie nahmen damit programmatisch ein Element nicht auf, was im afrikanischen und asiatischen Kontext konstitutiv zur pastoralen Konzeption der „small christian communities" (SCC) gehörte: die Nachbarschaft.

„Das geht bei uns nicht", war die stereotype Meinung in deutschen Landen. Ich erinnere mich noch deutlich, dass auch ich eigentlich immer dieser Meinung war. Und ich erinnere mich noch an meinen ersten Studientag zum Thema im Jahr 2002, bei dem einer der Gründerväter der Idee – Bischof Fritz Lobinger – deutlich auf diese Frage hinwies. Auf unsere Einwände und Bedenken antwortete er lächelnd: „Ich wäre so naiv, es auszuprobieren." Das folgende Kundschafterprojekt berücksichtigte jedoch genau diesen Aspekt nicht. Auch hier entstanden zunächst Gruppen, die sich als Wahlverwandtschaften bildeten – mit den typischen Schwächen, die diese Reduktion auslöst.

Was ist genauerhin mit Nachbarschaft gemeint? Sofort ist man geneigt, dieses Thema mit der Leitfrage „Ich und meine Nachbarn" zu übersetzen. Genau dies aber ist nicht die Intention. Es geht vielmehr darum, eine eucharistische Ekklesiologie zu entfalten: die Eucharistie schafft den Leib der Kirche, und die Leibhaftigkeit christlicher Existenz soll während des Alltags eben nicht individualistisch oder privatistisch reduziert werden. Auch im Alltag soll Kirche erfahrbar bleiben, in Sammlung und Sendung. Mithin bildet sie sich lokal, im Nahraum, indem hier alle, die an diesem Ort leben, jene gemeinsame Kirche sind. Erst so gewinnt auch Sendung ihre Konkretion.

Eng zusammenhängend mit dieser ersten Reduktion, die sich im Folgenden als ekklesiologisch bedeutsam erweisen wird, ist nämlich auch jener zweite neuralgische Punkt: der sechste Schritt des BibelTeilens unterbleibt im deutschen Sprachraum nahezu überall programmatisch. Stattdessen kommt es hier zur im deutschen ekklesialen Kontext typischen Individualisierung und Privatisierung des Umgangs mit dem Wort der Schrift: ein persönliches Motto hilft dem Christen in seinem Alltag. Die eigentliche ekklesial-diakonische Intention des BibelTeilens wird reduziert auf allgemeine christliche Vorsätze.

Warum ist dies so fatal? Die Idee der kleinen christlichen Gemeinschaften ist ganz gewiss ein spirituelles Aufbauprogramm der Gemeinde, die ja durchdrungen werden soll von einer biblisch-existenziellen Perspektive der Gläubigen, aber hier geht es um mehr. Kleine christliche Gemeinschaften sind ein Weg, wie Kirche am Ort – im Nahraum, im Lebensraum oder Wohnraum und vielleicht auch im Raum alltäglicher Arbeit – existenziell erfahrbar und sichtbar wird. Die Erfahrbarkeit der Kirche ist aber letztlich nicht zu verwechseln mit der Vergemeinschaftungssehnsucht von Menschen. Es geht um mehr: um eine Erfahrung von Kirche im ursprünglichen Sinne als Gegenwart des auferstandenen Herrn in seinem Leib.

Hinter all dem steht eine dem II. Vatikanum verpflichtete Theologie der „ecclesiola", der kleinen Kirche, die Christus durch sein Wort sammelt. Also ist ganz klar, dass nicht die menschliche Sympathie und spirituelle Kompatibilität Gemeinschaft bildet, sondern der Ruf Christi ist es, der auch sehr unterschiedliche Menschen sammelt: Menschen auf der Suche, Menschen, die schon gefunden haben, und vielleicht auch Menschen anderer Konfessionen. Kriterium der Sammlung aber ist die Nähe dessen, der sammelt, mithin ein territoriales, lebensraumorientiertes Kriterium. Deswegen spiegeln diese Gemeinschaften (ob es wohl glücklich ist, den Begriff der community mit dem der Gemeinschaft zu übersetzen?) auf sehr ortsnaher Ebene Kirche wieder. Dabei sind sie natürlich immer bezogen auf die Pfarrei, die der Ort der Eucharistie ist und mithin jener Raum, in dem Einheit geschenkt, symbolisiert, gelebt und aufgebaut wird. Kleine christliche Gemeinschaften sind eucharistische Gemeinschaften

Kleine christliche Gemeinschaften spiegeln also auch dadurch die Universalität des Kirche-Seins der Pfarrgemeinde wieder, insofern hier jeder von Christus eingeladen ist, ihm im Wort und in der Gemeinschaft im Wort zu begegnen.

Kein BibelTeilen ohne den sechsten Schritt

Es war geradezu paradox: Im Austausch mit den Fachleuten für „small christian communities" aus Singapur und Indien wurde deutlich, dass dort beim BibelTeilen niemals der sechste Schritt fehlte – er war gewissermaßen die Pointe dieses Weges – während er in unseren Breitengraden grundsätzlich ausgeblendet oder individuell transformiert wurde.

Warum ist dieser sechste Schritt so zentral? Ich muss zugeben und gebe es gerne zu: Zwar hatte ich immer eine Hochachtung vor dem Weg des BibelTeilens, habe aber diese Methode grundsätzlich unterschätzt. Ich habe ihren ekklesiogenetischen Charakter nicht gesehen, und mithin blieb mir auch der Wesenssinn des sechsten Schritts verborgen. Und darum ist das BibelTeilen ganz gewiss eine Methode, aber eben nicht eine Methode der Bibelarbeit, sondern des Gemeindeaufbaus und der Verwirklichung einer neuen Gestaltwerdung von Kirche.

Es gibt den sechsten Schritt nicht ohne die anderen Schritte. Die einzelnen Schritte beschreiben dabei einen gemeinschaftlichen Weg des Kirchewerdens in einer spirituellen und letztlich mystischen Tiefe: Es geht darum, dass Kirche als Gegenwart des Leibes Christi ins Leben kommt, dass Christus unter den Menschen lebt.

Die Erfahrung des einladenden Betens ist dabei in meinen Erfahrungen des BibelTeilens entscheidend geworden. Es geht nicht einfachhin darum, dass jemand ein Gebet spricht – es geht um mehr: Jeder und jede ist eingeladen, den Christus, der unter uns gegenwärtig sein will, mit einem kurzen Satz einzuladen. Das verändert, so erfahre ich es, den „Ort" des BibelTeilens: wir sind nun wirklich in seiner Gegenwart – Er, nicht wir, soll nun sprechen. Der erste Schritt des BibelTeilens bestimmt den Auslegungsweg der Schrift. Es geht nicht um ein Bibelgespräch und auch nicht um eine exegetische Auslegungsdiskussion, auch nicht um einen Austausch über eigene Lebens- und Glaubenserfahrungen, sondern um eine Begegnung mit dem lebendigen Christus, der uns formt. Insofern fordert das einladende Gebet zum Beginn des BibelTeilens auch uns ein: Wir öffnen uns als Empfänger des Wortes Gottes ganz für Seine Gegenwart im Wort, die uns verwandeln soll.

Das Lesen des Wortes Gottes geschieht mithin ja schon in seiner Gegenwart, und derjenige, der liest, leiht dem gegenwärtigen Christus seine Stimme. Ganz angelehnt an den liturgischen Dienst und an die Theologie des Lektors wird hier Christus der, der uns anspricht. Genau das wird ja deutlich, wenn nun die Angesprochenen die Sätze oder Worte, die sie angesprochen haben, drei Mal langsam aussprechen und danach im Schweigen das Wort in uns weiterwirken darf. Auch der Austausch über das, was angesprochen hat, wird in dieser Logik zur Vertiefung der Christusgegenwart. Hier entsteht ein Weg des Gotteswortes, bei dem es sich gewissermaßen inkarniert in den Einzelnen wie auch die Gemeinschaft im Wort aufbaut: Das Hören des Wortes macht noch einmal deutlich, dass es hier um einen schaffenden, kreativen Akt des Wortes Gottes geht, das von außen – und doch aus unserer Mitte – zu uns spricht. Schon dann, wenn die Einzelnen mitteilen, welches Wort sie angesprochen hat, scheint es oft, als ob hier Christus in seinem Leib spricht und das „Heute" seiner Gegenwart unterstreicht. Das Schweigen und der Austausch über das Wort beschreiben jene Transformation und Veränderung, die das Wort Gottes und die Gegenwart Christi in uns auslösen.

Ist also dieser Weg hin zum sechsten Schritt ein praktischer und denkbar einfacher Weg der Begegnung mit Christus und der Kirchwerdung als eines Raumes der Christusgegenwart unter Menschen, so ist deutlich, dass dieser Weg der Berufung und der Sammlung in die Sendung des Kirche-Seins mündet.

Es ist der sechste Schritt, der diese Sendung verwirklicht. Es geht darum, welchen Auftrag der Leib Christi an dem Ort hat, wo er ins Leben gekommen ist. Es geht also nicht darum, dass Einzelne ein Motto aus der Erfahrung der Wort-Werdung in ihren Alltag nehmen – es geht vielmehr darum, dass das Wort, das Leib Christi geworden ist, in den verschiedenen Subjekten als Leib agiert: die Liebe Christi will weitergehen.

Dabei kann gar nicht einfach genug gedacht werden: Was braucht es hier und heute, um diese Liebe zu verdeutlichen und ins Leben zu bringen? Welche Menschen begegnen uns? Was sind ihre Fragen? So wie Christus im Evangelium seinen Dienst der Liebe tat – nämlich punktuell und zeichenhaft – so geschieht dies heute in der Gemeinschaft seines Leibes.

Die kirchliche Sendung wird hier im wahrsten Sinne verortet – und so kann es darum gehen, sich um den einsamen Menschen in der Nachbarschaft zu kümmern, oder auch die Situation der Schlüsselkinder in den Blick zu nehmen oder ein Straßenfest zu veranstalten. Wichtig dabei ist allerdings ein doppeltes: Das konkrete Handeln des Christusleibes ist nicht künstlich abzuleiten, sondern orientiert sich am Anruf und dem Hinsehen in der Umgebung. Zugleich ist dieses Hinschauen ein anspruchsvoller Prozess der gemeinschaftlichen Unterscheidung der Geister, eine Art und Weise, wie die Einmütigkeit der Gläubigen zu einer konkreten Handlung führt.

Der sechste Schritt ist also die Pointe des BibelTeilens, insofern erst hier die missionarische und diakonische Sendungsgestalt des Kirche-Seins ans Licht kommt. Sie wird im siebten Schritt, dem zusammenfassenden Gebet, noch einmal deutlich als priesterliches Tun der Kirche. Im Beten für die Anliegen, die auf diesem Weg deutlich wurden, realisiert sich das gemeinsame Priestertum der Gläubigen.

Eine neue Sozialgestalt der Kirche vor Ort – eine visionäre Perspektive

Derzeitige Umgestaltungsversuche der Kirche sind häufig mangelgeleitet: Die Strukturveränderungen führen zu größeren pastoralen Räumen, die dann zu „pastoralen Revieren" (P. Zulehner) verkommen, wenn damit keine pastorale Vision und Zukunftsgestalt der Kirche verknüpft ist, sondern lediglich ein faktisches „Downsizing", das das Bestehende auf einem unteren Level erhalten will. So notwendig Strukturveränderung ist und so deutlich erkennbar sie durch Geld- und Personalmangel angestoßen ist, so wenig darf eine zukunftsgerichtete pastorale Vision fehlen. Diese Vision wird bis heute nur sehr undeutlich sichtbar, sollte sie denn überhaupt vorhanden sein. Wo aber kein attraktives Bild der Zukunft gemalt werden kann, wirkt die Rede vom Neuaufbruch abstrakt und verschleiernd.

Die Erfahrung und das Programm der kleinen christlichen Gemeinschaften als einer Kirche in der Nachbarschaft kann helfen, erste Konturen und kräftige Pinselstriche in dieses Bild der Zukunft einzutragen.

Vielleicht ist ein erster bedeutsamer Akzent die deutliche Zentrierung dieses Programms einer Kirche am Ort auf die Begegnung mit dem lebendigen Christus. Im Unterschied zu einer weithin kirchen- und gemeinschaftszentrierten Perspektive (oder ihrem Gegenteil) rückt hier eine deutliche Christuszentriertheit in den Mittelpunkt: Es geht um seine Vision vom Reich Gottes und damit ist jede Ekklesiozentrik aufgebrochen. Und gerade diese Zentrierung auf die Begegnung mit Christus schafft Gemeinschaft, lässt Kirche erfahrbar sein.

Genau hier liegt nun aber die Aktualität der vorgetragenen Perspektive. Je größer die strukturierten pastoralen Räume werden und je binnenorientierter die gruppenzentrierten Kerngemeinden sind, desto notwendiger ist es, nach neuen Sozialgestalten des Kirche-Seins zu fragen, die den Nahraum als Ort des Kirche-Seins gestalten. Und hier sind deutliche Akzente bei den kleinen christlichen Gemeinschaften gesetzt.

Zum einen entsteht hier Kirche an den Orten, wo Menschen leben und arbeiten. Das bedeutet tatsächlich ein Mehr an Subsidiarität und zugleich eine deutliche Dezentralisierung der Strukturen – und eine deutliche Deinstitutionalisierung: Die Kirche, die am Ort ist, ob in der Familie, im Kindergarten, in der Schule, im Betrieb oder an den Wohnorten, vollzieht und konstituiert sich – aus der Eucharistie kommend – in der Begegnung mit Christus im Wort, und lebt ihr Kirche-Sein in einer Graswurzeldiakonie, in Verkündigung und Glaubensweitergabe, und ist in ihrem Kern „Liturgia verbi".

Die Begleitung und Vorbereitung der Taufe und der anderen Initiationssakramente, der Dienst der Trauerbegleitung und der Beerdigung, die Caritas vor Ort, die politische Diakonie – alles, was vor Ort möglich ist, kann anfanghaft auf dieser Ebene geschehen.

Damit zeigt sich eine Gestalt der Kirche, die das gemeinsame Priestertum der Gläubigen einerseits und andererseits die dringend einzufordernde Charismenorientierung der Freiwilligendienste zu integrieren vermag.

Die kleinen christlichen Gemeinschaften sind also deutlich mehr als nur spirituelle Gruppen. Sie sind Kirche am Ort und als solche eucharistisch. Nicht deswegen, weil sie selbst Eucharistie feiern – das kommt der ganzen Pfarrei zu und dem Dienstamt. Aber die „Kirche am Lebensort" ist eucharistisch, weil sie die Hingabe und Liebe Christi nach innen wie nach außen hin lebt.

Um die Erkennbarkeit und Sichtbarkeit dieser eucharistischen Ekklesiologie geht es. Es reicht ja nicht die Feier der Eucharistie, es geht um den Lebensvollzug der Eucharistie, den Lebensvollzug des Leibes Christi im Alltag. Was Eucharistie in den Gläubigen wirkt und transformiert, darf nicht allein individuell und privat dargelebt werden. Sie sind und werden ja Leib Christi. Er gewinnt seine Gestalt im kirchlichen Vollzug vor Ort, in einer Spiritualität der Gemeinschaft, wie sie schon in „Novo Millennio Ineunte" von Papst Johannes Paul II. vorgeschlagen wird und sich im recht verstandenen BibelTeilen vollzieht. Und er gewinnt auch politische Bedeutung durch die konkrete diakonische Perspektive, wie sie – vomselben Papst – in „Mane nobiscum domine" für das Jahr der Eucharistie angeregt wurde.

So stellt sich eine pfarrliche Sozialgestalt der Kirche als ein vielschichtiges pluriformes Gebilde dar. Die Größe des pastoralen Raumes ermöglicht ein Netzwerk ganz unterschiedlicher Orte des Kirche-Seins, die alle lokal angesiedelt sind und von innen her von der Eucharistie leben.

Neben den bewährten kerngemeindlichen Gruppenstrukturen, die bis auf weiteres das bewährte Leben der Gemeinden tragen, wird dieses Netzwerk kleiner Kirchen am Ort *(ecclesiola)* entstehen, das von seiner jeweiligen spirituellen Christusmitte den Leib Christi ansichtig macht.

Die Bedeutung der pfarrlichen Ebene mit dem leitenden Pfarrer und den hauptberuflichen pastoralen Mitarbeitern wandelt sich. Zum einen versammelt sich auf der Ebene der Pfarrei das Volk Gottes, um immer wieder neu durch die Feier der Eucharistie zum Leib Christi geeint zu werden und von dort eine kirchliche Sendung zum Kirche-Sein vor Ort zu erhalten. Die Versammlung, Förderung, Formung und Gestaltung dieses Netzwerkes ist zentrale Aufgabe des Dienstes an der Einheit, der dem Priester zukommt. Es ist ein Dienst an der vielfältigen Wirklichkeit und an den vielfältigen Charismen – ein Dienst an den Diensten, ein Dienst am Volk Gottes, zu dem auch die Hauptberuflichen als Begleiter und Ausbilder der Leiterinnen und Leiter der verschiedenen Kirchen am Ort bestellt sind.

Viele Fragen ergeben sich hier, die an dieser Stelle nicht zu klären sind.[8] Deutlich wird aber, dass mit dieser Perspektive wesentliche Herausforderungen sowohl der Strukturdebatten als auch der Fragen einer missionarischen Pastoral aufgegriffen werden können. Das Plädoyer für eine Kirche in der Nachbarschaft als eines territorialen wie kategorialen Netzwerkes kleiner christlicher Gemeinschaften weist diesen Weg.

Über den Jordan gehen!
Für eine mystagogische Initiationspastoral

Die Diagnosen stimmen überein – die Perspektiven sind undeutlicher. Die Frage bleibt: Wie und auf welche Weise können Menschen heute Christen werden.

Es reicht zu erinnern: Das katholische Milieu, das es ermöglichte, in das Christ-Sein hineingeboren zu werden und hineinzuwachsen, gibt es nicht mehr. Die daran orientierte Gestalt der christlichen Initiation feierte die Sakramente als selbstverständliche Etappen eines Glaubensweges, der selbstverständlich begonnen hatte und zu dem es keine Alternative gab – es sei denn, man wollte ein Außenseiter sein. Der selbstverständliche Lebens- und Glaubenszusammenhang aber hat sich aufgelöst, und die Suche nach einer neuen Gestalt und eines neuen Weges des Christ-Werdens ist im vollen Gang.

Soziologisch gesprochen ist die These weiterführend, die Danielle Hervieu-Leger eingeführt hat. Die Rede von neuen Grundtypen des Christ-Seins, die sich in den Begriffen des Pilgers und des Konvertiten kristallisieren, ist hilfreich. Denn sie macht deutlich, was der Grund so vieler frustrierender Erfahrungen in der Sakramentenkatechese ist. Die Erwartungen sind falsch justiert: Es kann angesichts der veränderten Situation nicht erwartet werden, dass Kinder, Jugendliche und ihre Eltern in die weithin noch in Resten milieuhaft geprägten Kirchegemeinden hineingenommen werden. Die Voraussetzungen dazu fehlen. Zum einen gibt es kaum noch eine selbstverständliche familiäre Einführung in den Glauben. Zum anderen ist die Kirche vor Ort selbst im Umbruch, oder besser: im Abbruch begriffen. Die Reste milieuchristlicher Volkskirche haben zu einer unerträglichen Privatisierung des Glaubens beigetragen. Die Erfahrung der Christusgegenwart in der Mitte der Seinen, die Menschen sammelt und eucharistisch eint, um sie dann zu senden, ist den selbstverständlich geprägten und lebenden Christen eigentlich nicht fremd, aber wir haben nicht gelernt, die Dynamik der Christusgegenwart als spirituelle und gemeinschattliche Lebensform ins Spiel zu bringen. In dieser umfassenden Umbruchsphase gilt es nun, die Erfahrungen des Aufbruchs zu sammeln und fruchtbar zu machen.

Plädoyer für Erfahrungen der Erstverkündigung

Eine Grundfigur des zukünftigen Christen ist der Mensch, der Christ werden will – der Pilger. Der Pilger ist kein Überzeugter, sondern – bewusst oder unbewusst – auf der Suche nach der Überzeugung. Entsprechend ist ein erster Schritt der Pastoral der Initiation zu gestalten. Schon jetzt zeigt sich, dass die klassische Pastoral der Initiation einen stark katechumenalen, wenn nicht sogar erstverkündigend-evangelisierenden Charakter annimmt. Die Voraussetzungen bei Taufeltern, Kommunioneltern und ihren Kindern und gerade auch bei Firmbewerbern sind gewiss sehr unterschiedlich, aber der gemeinsame Nenner ist doch ein deutlicher Wunsch nach der Feier des Sakraments bei gleichzeitiger weitgehender Voraussetzungslosigkeit: Tradiertes christliches Wissen ist nicht vorhanden. Eine geformte Praxis des Christ-Seins und eine Praxis gemeinschaftlichen Christ-Seins fehlt. Nachhaltige Prägungen sind nicht vorhanden, weder positive noch negative. Gleichzeitig ist auch eine neugierige Offenheit, gepaart mit einer vorsichtigen Skepsis zu bemerken.

Eine Initiationspastoral, die diese Perpektive positiv würdigt, und nicht defizitär verurteilt, braucht einige Weichenstellungen, die klare Akzente setzen:

Zum einen braucht es die Erfahrung der Gastfreundschaft. Gastfreundschaft setzt aber einen Raum und eine Gemeinschaft voraus, bei der ich Gast sein kann: Damit ist klar, dass es vor einer neuen Initiationspastoral zunächst einmal die gastfreundliche Gestaltung alter wie neuer Sozialformen des Glaubens braucht. Der institutionelle Zugang ist demgegenüber zweitrangig – und unter der Voraussetzung der Gastfreundschaft auch nicht problematisch. Von den Erfahrungen aus dem evangelischen Bereich können wir hier lernen: auch eine klassisch geprägte Gemeinde kann Wege der Gastfreundschaft durch ein offenes Pfarrzentrum und eine offene Kirche, vor allem aber durch ansprechbare und ansprechende Personen eröffnen.

Aber auch neue Sozialformen des Glauben sind hier bedeutsam: Dies können kleine christliche Gemeinschaften als Kirchen in der Nachbarschaft sein, ebenso Gruppen, die bereit sind, einen Menschen auf dem Glaubensweg als Zeugengemeinschaft zu begleiten. In jedem Fall reicht es nicht mehr aus, den Zugangsweg zum christlichen Glauben auf Kenntnisse des Glaubens und auf formale (kirchenrechtliche) Vorgänge zu begrenzen. Der christliche Glauben ist eine Lebensform, die gemeinschaftsbezogen ist und braucht deshalb Zugangswege, die dieser Lebenspraxis entsprechen

Wie kann das praktisch aussehen? Ansätze sind ja schon vorhanden. Taufelternkreise z.B wollen die Gemeinschaftsbezogenheit des Taufgeschehens auch im Umfeld der Vorbereitung der Feier verdeutlichen. Doch dies kann nur ein erster Schritt sein. Es geht darum, dass Eltern aufgenommen werden in eine Zeugengemeinschaft. Entscheidend ist doch, dass auch nach der Taufe – die ja nur die erste Teilfeier der Initiation ist – die Möglichkeit angeboten wird, Erfahrungen gemeinschaftlichen Christ-Seins zu machen.

Dabei ist auf ein Stichwort zu verweisen, das im französischen Kontext in den letzten Jahren Kraft gewonnen hat. Es ist die „gratuité". Der Glaube und die ihm entsprechende Praxisgestalt des Glaubens können vorgelebt und einladend angeboten werden – aber es bleibt ein freibleibendes Angebot.

Das spricht gegen eine gelegentliche Veranstaltungspastoral und für niedrigschwellige und leicht zugängliche Lebens- und Lerngemeinschaften des Glaubens: Ein regelmäßiger Glaubenskurs, der einen Weg des Glaubens einübt, Glaubensabende, die regelmäßig Eltern einer bestimmten Altersstufe betreffen, können Akzentsetzungen auf einem solchen Weg sein, der ja in der Taufe,

Über den Jordan gehen!

der Erstkommunion oder der Firmung immer eine – aber durchaus eine bedeutsame – Station auf der Pilgerschaft ist.

Damit ist auch gesagt, dass ein Stationsweg auf der Pilgerschaft des Glaubens eher evangelisierenden und katechumenalen Charakter hat. Eine vertiefende Katechese ist hier meist noch nicht möglich. Ein geordneter katechetischer Lernprozess, der ein umfassendes Glaubenswissen weitergibt, ist ja erst möglich, wenn Menschen eine tiefgehende Erfahrung mit Christus gemacht haben, und so in ihrem Glauben wachsen wollen.

So werden die tradierten Gestalten der christlichen Initiation zu Begegnungsstationen auf einem Weg, der differenziert gestaltet werden muss, sind auf ihm doch vor allem suchende Pilger zu erwarten. Differenzierung heißt, dass die unterschiedlichen Stufen auf dem Glaubensweg ernst genommen werden müssen.

Der Charakter der Erstverkündigung, den früher durchgängig systematisch-katechetische und vertiefende Einführungen in den Glauben jetzt annehmen, ist noch deutlicher zu beschreiben und zu ergänzen.

Die traditionelle Jahrgangskatechese ist schon heute der missionarische Ort der Kirche schlechthin. Jedoch ist diese Form missionarischer Erstverkündigung an einen familialen Kontext geknüpft. Und so wird deutlich, dass es auch noch ergänzende Formen gestalteter Erstverkündigung geben muss.

Gemeint ist hier nicht jene reiche kulturelle und gelegentliche Verkündigung, sondern eine ausdrückliche „erste Verkündigung", wie sie in den evangelischen „seeker services" der Freikirchen zu Hause ist, aber auch in Taizé oder bei den Weltjugendtagen praktiziert wird.

Es geht hier um ein Aufgreifen der starken Suche nach Orientierung und nach Werten, die – in einer mystagogischen Perspektive – ja schon Hinweis auf das verborgene Wirken des Geistes sind. Diese spirituelle Aufbruchsbewegung geht zur Zeit häufig an den Kirchen vorbei, weil wir noch keine hinreichende Sensibilität entwickelt haben für die spezifische Bedürftigkeit der

Für eine mystagogische Initiationspastoral

Suchenden. Es geht darum, sich auf diese Suchenden einzulassen.

Dies geschieht in modellhafter Weise in den seeker services. Eine Atmosphäre glaubwürdiger Geschwisterlichkeit und Gastfreunschaft, dann aber auch eine zeitgemäße Musik und eine würdigende und doch deutliche Verkündigung gehören zum „Setting" dieses Ansatzes. Die in diesem Buch beschriebenen Ansätze und Erfahrungen der Freikirchen und besonders die Erfahrung von Willow Creek könnten hier fruchtbar sein.

Dies geschieht geradezu modellhaft auch in Taizé: Eine Zeugengemeinschaft lebt in großer Selbstverständlichkeit ihre Spiritualität und lädt Jugendliche dazu ein. Im Raum und in der Atmosphäre dieses Lebens findet dann eine erste Verkündigung statt, die zum einen orientierendes Angebot ist („proposer la foi"), zum anderen den Jugendlichen die Gelegenheit zur Auseinandersetzung bietet. So themenzentriert und systematisch die wöchentlichen Katechesen auch sind, entscheidend bleibt die „gratuité" – und wichtig ist für die Jugendlichen eine dialogische Annäherung an den Glauben.

Das gilt ebenso für die Katechesen der Weltjugendtage, die ihrerseits eingebunden sind in einen gestalteten Raum der Begegnung zwischen Hunderttausenden Jugendlichen. Aber in diesem Begegnungsraum wird „Katechese" angeboten. Auch diese häufig systematischen Glaubensorientierungen sind – zumal dann, wenn sie fesselnd gestaltet werden und der beteiligte Bischof authentisch ist – eingebunden in einen liturgisch gestalteten Begegnungs- und Dialograum. Der Wunsch nach Orientierung und erstem Wissen ist in der Tat bei Jugendlichen groß – dennoch bleibt diese Katechese wichtige erste, manchmal auch vertiefende Verkündigung für Pilger auf dem Weg.

Suchende kommen und gehen. Sie fühlen sich angezogen und binden sich, wenn die Menschen, die ihnen begegnen in diesen Veranstaltungen sie annehmen und aufnehmen, wie sie sind. Und wenn die Botschaft nicht banal ist, sondern deutliche Orientie-

Über den Jordan gehen!

rung verheißt. Sie bleiben, wenn sie gefunden haben –dies kann zwar erleichtert werden, nicht aber gemacht werden: es bleibt ein Ereignis der gnadenhaften Nähe Gottes.

Bisher – und das schreckliche Wort der Rekrutierung vermerkt dies kritisch – haben wir zuweilen zu stark auf Selbsterhalt unserer traditionellen Gestalt gesetzt. Wir suchten Menschen hineinzuziehen in unseren Weg des Christ-Sein – und haben es dann resigniert aufgegeben.

Es braucht aber einen neuen Aufbruch und eine neue Leidenschaft für die Suchenden. Das verlangt nicht eine Abschwächung der eigenen Identität und Botschaft, sondern eine deutliche und identitätsstiftende erste Verkündigung, die zugleich lebensrelevant ist.

Ist es wahr, dass Predigt und Musik selbst für viele „praktizierende" Katholiken häufig wichtiger sind als die Eucharistie, so gilt dies noch stärker für die Suchenden. Die Atmosphäre und die authentische Zeugengemeinschaft, die Gastfreundschaft ausstrahlt, gehören wesentlich dazu, genauso wie die deutliche Beschreibung der Glaubensinhalte und eine praktische Einführung in die christliche Spiritualität.

Wege der Erstverkündigung und Evangelisierung sind in Zukunft deutlicher, mutiger, kreativer und nachdrücklicher zu erforschen und auszuprobieren.

Eine solche Idee könnte – im Anschluss an den Weltjugendtag in Köln – die Einrichtung von regionalen oder ortskirchlichen „Katechesekirchen" sein. Es ist natürlich nicht damit getan, einfach eine Predigt zu halten, auch die eines Bischofs reicht hier nicht aus, aber wenn auch die deutschen Bischöfe in ihrem neuesten Schreiben „Katechese in veränderter Zeit" sich die Frage nach ihrer Verantwortung als erste Verkündiger im Glauben stellen, dann könnte hier ein wichtiger Antwortversuch liegen: Die Gestaltung eines solchen Raumes und der damit verknüpften Begegnungsmöglichkeiten und einer „Kathedra der suchenden Pilger" erscheint mir mehr als wichtig. Erfahrungen aus dem Bistum

Mailand, ich denke an die „Kathedra der Nichtglaubenden" von Kardinal Martini, ermutigen zu solchen Versuchen.

Es geht – das sei eigens vermerkt – nicht nur um junge Menschen, sondern um alle, die auf der Pilgerschaft sind und sein wollen. Von daher ist eine Option für die erste Verkündigung und Katechese nicht zugleich Option für die Jugend, sondern eine klare Option für die Suchenden.

Plädoyer für eine entschiedene katechumenale Elementarisierung der Katechese

Vor dem Katechumenat die Evangelisierung, vor der systematischen Katechese kommt der Katechumenat. Sind Menschen – junge wie alte – angerührt und angesprochen und machen sich auf dem Weg – egal ob sie schon getauft wurden oder noch nicht, dann ist eine neue Phase erreicht: der Weg des Katechumenats. In einem Vortrag in Trier im Jahr 2003 hat der damalige Kardinal Ratzinger darauf hingewiesen, dass der größte Teil der Christen in einem katechumenalen Status lebe – und dass dies ernst zu nehmen sei. Noch ernster ist aber zu nehmen, dass inzwischen ein mehrheitlicher Teil der deutschen Bevölkerung eher in einem vorkatechumenalen Status lebt. Und das heißt auch, dass auch die inhaltlichen Akzente einer Pastoral der Initiation sehr verändert sind.

So steht die Weitergabe des Glaubens vor der Herausforderung der Elementarisierung: In der Tat kann ja in der Vorbereitung von Taufe, Kommunion und Firmung eine Hinführung in das Geheimnis der Gottesbegegnung mit Jesus Christus in der Konzentration auf die dem Sakrament eigene Systematik erfolgen. Damit aber geht es nicht um einen meist reduzierenden Kurzkatechismus, sondern um das Eintauchen in die Mitte des Glaubens.

Hier werden natürlich ernste Herausforderungen für den Katecheten benannt: denn um Taufe, Eucharistie und Firmung angemessen zu entschlüsseln und so zu einer entsprechenden Elementarisierung der Katechese zu gelangen, braucht es einen eigenen tiefen Zugang und eine entsprechende Praxis des Glaubens.

Ein solcher Zugang ist mystagogisch. Der Katechumenat lehrt einen Weg der Glaubensvermittlung, der nicht intellektualistisch ist: Es geht um eine Einweisung in die Christusbegegnung, die liturgisch und biblisch gestaltet ist. Die Feier des BibelTeilens, bei der sich Menschen der Botschaft des Evangeliums von innen her nähern lernen, aber auch der Schatz liturgischer Stufenfeiern, wie der Katechumenat sie bereithält, stellen einen solchen elementarisierten Weg des Christ-Werdens bereit.

Die Erfahrung, sich auf eine mystagogische Weise der Liturgie einzulassen, ist überwältigend. Die mystagogischen Erfahrungen in Taizé, die sich dann in der Pfarrei fortsetzten, das Echo der Jugendlichen, der Kinder und der Eltern sind beeindruckend: tiefer als durch kognitive Katechese möglich geschieht hier erste und tiefe Begegnung mit dem Geheimnis Gottes.

Wer sich in der katechetischen Landschaft umschaut, bemerkt schnell, dass in den vergangenen Jahren dieser liturgisch-mystagogische Zugang ein ganz neues Gewicht bekommen hat. Die Erfahrung der Weltjugendtage, aber auch diözesane Erfahrungen mit der Jugendvesper machen vor allem eines deutlich: nicht nur bei Jugendlichen, auch und gerade bei Erwachsenen gibt es ein Bedürfnis, sich dem Geheimnis Gottes zu nähern. In der einfachen und sorgfältigen mystagogischen Stufenfeier geschieht Begegnung, die später – in einer neuen Form mystagogischer Katechese, die schon die Kirchenväter kannten – reflektiert werden kann.

Solche Formen mystagogisch-liturgischer Einführung unterscheiden sich deutlich von den Versuchen, Liturgie durch Katechese interessant zu machen. Hier ging es – durch Geschichten, Anspiele und Aktion – um eine Möglichkeit, die für unverständlich erachtete Liturgie gewissermaßen in den Hintergrund zu rücken. Zentral war die letztlich intellektualistische oder „verkindernde" Katechese.

Für eine mystagogische Initiationspastoral

So wenig dieses Vorgehen weiterführend war und weiterhin ist – es macht doch eines deutlich: Liturgie ist in der Vergangenheit für die meisten Christen unzugänglich geblieben. Ein formaler Vorgang, der seine Richtigkeit haben muss, um gültig zu sein. Dabei unterschied niemand zwischen traditionellen Formen und Anpassungen und der Gestalt der römischen Liturgie.

Die Folgen sind weiterhin gravierend: auf der einen Seite sind jene, für die jede Veränderung an äußeren Formen einer Häresie gleicht: „Sie haben die Sustanz der Messe geändert", höre ich, und wenn ich weiterfrage, was gemeint ist, geht es um Dinge wie den Ort der Kerzen, die Einführung des Evangeliar, die Blumen, die nicht mehr auf dem Altar stehen, Kommunion unter beiden Gestalten. Denn in der Tat: nichts anderes hatte sich verändert.

Auf der anderen Seite durfte die Liturgie im Wesentlichen so bleiben, aber weil sie langweilig war (weil nicht von innen verstanden), musste sie aufgepeppt werden durch Musik, Anspiel, Symbol, Vorführung. Ich höre: „Das wichtigste an der Messe ist für mich die Predigt und die Musik." Überkatechetisierung und Überwortung der Liturgie war die Folge – nicht ihr tieferes Verstehen. Natürlich kam es so zur Häresie der Formlosigkeit, zur subjektivistischen Gestaltung der Liturgie – zu all dem, was heute – mit Recht – vor allem von konservativen Kreisen kritisiert wird.

Auch die dort spürbare Nostalgie nach der tridentinischen Gestalt der Messfeier weist darauf hin, dass Liturgie nicht nur und zuerst „verstanden", sondern erfahren und gelebt werden will. Ein mystagogischer Zugang zur Liturgie überwindet die Grenzen beider Ansätze: Es geht darum, sich von den geformten Zeichenhandlungen in die Mitte der Gottesbegegnung führen zu lassen, um dann zu verstehen, was an mir geschehen ist. Ein so gestalteter mystagogischer Zugang zum Geheimnis Gottes schließt Katechese nicht aus, sondern ordnet sie ein: Die Begegnung mit Gott steht vor dem gemeinsamen Vertiefen und Verstehen dieser Begegnung.

Über den Jordan gehen!

Ein Plädoyer für katechumenale Weggemeinschaften

Entsprechend wichtig ist die katechumenale Weggemeinschaft als Gemeinschaft gegenseitigen Bezeugens. Ganz deutlich trägt nämlich die gewohnte Gestalt der Katechese einen privatistischen Grundzug in sich. Der Einzelne soll zum Sakrament geführt werden. Natürlich gibt es hier die Sehnsucht nach Gemeinschaftserfahrungen – aber sehr oft wird die Gemeinschafserfahrung nicht kritisch und vor allem nicht mystagogisch vertieft. Genau hier liegt das Problem. Denn zentral für eine christentumsspezifische Einführung in den Glauben ist die Communio-Erfahrung als eine Erfahrung der Gegenwart Christi, der die seinen sammelt und ihnen einen Vorgeschmack des Lebens in Fülle schenkt. Dies ist allein durch das Erleben von Gemeinschaft nicht gegeben – es braucht eine Mystagogie und noch mehr: es braucht Mystagogen der Gemeinschaft – Erfahrene der Christusgegenwart, die anderen an dieser Erfahrung teilgeben können und auch kritisch die christliche Communio von andersartigen Gemeinschaftserfahrungen abgrenzen können – oder positiv: die wichtige Ereignisse des gemeinschaftlichen Erlebens mystagogisch erschließen können.

So gehören zu katechumenalen und später katechetischen Prozessen wesentlich auch Erfahrungen katechumenaler Weggemeinschaft. Eine solche Gemeinschaft lebt aus der Erfahrung des gemeinsamen Weges zu Gott, und es ist diese Gottesahnung und Gotteserfahrung, die Menschen zusammenführt. Das Teilen der eigenen Glaubenserfahrung und das gemeinsame existenzielle Suchen und Lernen unterscheiden sich deutlich von „Kursangeboten".

Dieser Unterschied spricht nicht gegen Kursangebote, macht aber deutlich, dass Kursangebote wohl zunächst und zuerst Angebote der Erstverkündigung sind, die im Verlauf der Christ-Werdung übergehen in eine gemeinschaftliche und in der Tat mystagogische Form der Glaubensaneignung, die nicht unabhängig von ihrem ekklesialen und liturgischen Rahmen gewonnen werden kann.

Um es deutlich zu sagen. Eine der heutigen Situation angemessene Einführung in den Glauben wird ohne den Dreiklang von mystagogischer Liturgie, mystagogischer Katechese und christuszentrierter existenzieller Weggemeinschaft – wie sie zum Beispiel kleine christliche Gemeinschaften vorleben – nicht gelingen. Eine verborgene Privatisierung des Christ-Werdens ist nicht angemessen, sondern würde eine Formung zum Christ-Sein privilegieren, wie sie zwar in funktionierenden Milieukirchen gelingen konnte, aber in einer Kirche der nachchristlichen Diaspora nicht weiterführend ist.

Es gehört zu den Herausforderungen der Weiterentwicklung christlichen Lebens, dass Erfahrungen ekklesialer Communio eher rar gesät sind und entsprechend erfahrene Mystagogen der Communio nicht leicht zu finden sind.

Mehr Zeit zum Christ-Werden – für eine neue Arkandisziplin

Genau die Privatisierung des Christ-Werdens ist bis heute weithin die Regel. Aus der Zeit des Konvertitenunterrichts und der raren Sonderfälle nicht katholischer Milieufremdlinge, die nun nachgenordet werden mussten, blieb die Privatisierung und die damit einhergehende Institutionalisierung des Christ-Werdens. Und es zählt häufig die „formale" kursorientierte Einführung, nicht aber die qualitative Frage nach einer existenziellen Einführung.

Nur auf diesem Hintergrund ist es verständlich, dass Jahr für Jahr kursorische Einführungen in die Feier der Sakramente erfolgen, ganz unabhängig von den existenziellen Erfahrungen. Die personale und existenzielle Einführung in den Glauben ist zu wenig berücksichtigt. Wichtig ist, dass in einer bestimmten Zeit mit einer bestimmten Gruppe ein „Projekt" der Glaubensvermittlung durchgeführt wird. Höhe- und zugleich auch Endpunkt ist die sakramentale Feier selbst.

Das gilt nicht nur für den Zusammenhang kind- und jugendgerechter Tauf-, Erstkommunion- und Firmpastoral, das gilt ebenso für Konvertiten und erwachsene Katechumenen. Sind sie einzelne, werden sie häufig von Hauptberuflichen begleitet oder in Kursen zusammengefasst. Bei aller verantwortbaren und gut gestalteten Einführung in den Glauben bleibt die konkrete sakramentale Eingliederung ein privates Ereignis. Da von vornherein solche Anwege zum Glauben die existenziell-ekklesiale Dimension außen vor lassen, stellt sich für den Bewerber entweder gar nicht die Frage, wie er nachher als Christ weiterleben kann, oder diese Frage kann nicht beantwortet werden, weil in den Gemeinden keine gemeinsam gestalteten Wege des Christbleibens entstanden sind.

Ich sehe mit Trauer und ein wenig Zorn, wie sehr diese häufig kursorische Form des Glaubenlernens die ekklesiale Ohnmacht unserer Kirchengemeinden zeigt. So spiegelt die Vorbereitung auf die Feier der Sakramente genau jene Gestalt von Kirche wider, die hinter uns liegt.

Damit ist auch hier ein deutliches Plädoyer vonnöten. Je ernster ich den Wunsch des Bewerbers nehme, Christus zu begegnen und so Kirche zu erfahren, desto mehr Zeit muss sich unsere Kirche für den gestalteten Weg des Christ-Werdens nehmen und desto deutlicher müssen alle Elemente dieses Weges, die wir schon benannt haben, profiliert werden.

Das spricht auch dafür, dass gerade die Wege erwachsener Katechumenen noch deutlicher geordnet werden – und dies gerade im Hinblick auf das Recht des Katechumenen, eine seiner existenziellen Glaubenssituation angemessene und garantierte kirchliche Einführung zu erhalten. Es kann nicht dem Zufall und dem Gusto des jeweiligen Pfarrers überlassen bleiben, wie er die Einführung gestaltet. Dies führt zu einer stillschweigenden Entrechtung des Katechumenen, der ja keine Möglichkeit hat, den Weg der Initiation vorauszuwissen.

Für eine mystagogische Initiationspastoral

Dabei bleibt die Differenzierung katechumenaler Wege weiter in der Verantwortung der Pfarrer, diese aber wird begrenzt – und muss begrenzt werden, zumal auch kirchenrechtlich die Verantwortung für die Eingliederung Erwachsener ausdrücklich beim Bischof liegt.

Vor allem aber braucht es mehr Zeit: Denn auch wenn die Bewerber schon einen langen Weg mit vielen Stationen der Erstverkündigung gegangen sind, ist doch die Entscheidung des bewussten Christ-Werdens verbunden mit dem Eintreten in eine noch nicht bekannte Welt. Das Hineinwachsen in die Gemeinschaft des Glaubens und in ihre Tradition braucht Zeit.

Die Erfahrung des Neokatechumenalen Weges – so umstritten sie im Einzelnen auch durchaus ist – ist hier zu berücksichtigen und fruchtbar zu machen. Christ-Werden umfasst einen existenziellen Zeitraum mehrerer Jahre. Entsprechend sind diese Wege zu gestalten.

So sinnvoll also erstverkündigende Grundkurse des Glaubens sind, so sehr ist die existenzielle Aneignung des Glaubens nicht mehr mit solchen Kursen abzugelten. Schon der altchristliche Katechumenat rechnete mit einem existenziellen Zeitraum von ein bis drei Jahren, und wir wissen aus der Geschichte, dass viele Bewerber aufgrund ihrer eigenen Prioritätensetzungen längere Zeit im Katechumenat verbrachten – weil sie existenzielle Konsequenzen nicht ziehen wollten oder konnten.

In einer Kirche der Pilger und Konvertiten, einer Kirche, die sich auf das Land der Verheißung jenseits des Jordans einlässt, braucht es keine Eile, sondern ein Mitgehen der Wege Gottes mit dem einzelnen Menschen. So kommt auf der einen Seite deutlich zum Vorschein, dass eine tiefer gehende Initiation zum einen den ekklesialen Horizont der kleinen christlichen Gemeinschaften am Ort oder anderer Weggemeinschaften provoziert als einer gemeinsamen Lebensgestalt des Christ-Werdens und Christbleibens. Das Amt der Paten gewinnt hier einen neuen Rang, weil diese Erfahrenen die Einzuführenden auf ihrem Lebensweg begleiten können.

Über den Jordan gehen!

Auf der anderen Seite kommt hier die Arkandisziplin neu in den Blick. Gemeint war in der frühen Christenheit eine Korrespondenz zwischen existenzieller Christuserfahrung und Erklärung des Glaubens. Auch hier gab es einen Dreischritt: mit der Erfahrung des Hineinwachsens in den Glauben wurde die Feier der Initiation möglich, weil jetzt das in der Taufe gefeiert wurde, was sich durch Bekehrung und Hinführung zu Christus im Leben des Bewerbers schon zu erleben gegeben hatte. Und erst danach konnte – in den mystagogischen Katechesen – erläutert werden, was der Einzelne erfahren hatte. So: „Leben – Deuten – Feiern – Erkennen" könnte dies auf eine Kurzformel gebracht werden.

Naturgemäß können Kurse genau diese Balance nicht halten – es braucht Weggemeinschaften des Glaubens, in denen ein solcher langsamer Weg gegangen werden kann und in dem Menschen Schritt für Schritt in das Arkanum eingeführt werden können.

Dieser existenzielle Weg geistlichen Wachstums orientiert sich an persönlichen Wachstumsschritten: die personale Begegnung mit Jesus Christus und die Ausbildung einer Spiritualität des Gebetes, der Anbetung, des Lobpreises und die Entdeckung der persönlichen Berufung des und der Einzelnen – wie die Erfahrung der Christusgegenwart in seinem Leib, die Einübung in eine Spiritualität in Gemeinschaft kennt ihren Rhythmus – und setzt Begleiterinnen und Begleiter voraus, die als Zeugen wie als Zeugengemeinschaft immer wieder Wegweiser sind, die in die Tiefe der Teilnahme am Paschageheimnis führen, das in den Sakramenten gefeiert und teilgegeben wird.

Der Prüfstein: Christ werden heißt für andere zu leben

Zentrale Bedeutung hat für eine so gestaltete Pastoral der Initiation ihre diakonische Zuspitzung. Für die frühen Christen war es selbstverständlich, dass sich der Weg des Christ-Werdens an

Für eine mystagogische Initiationspastoral

der Frage entschied, ob der Bewerber seine Berufung durch sein Handeln bezeugte. Eine wichtige Aufgabe der Taufbegleiter, Bürgen oder Paten bestand genau darin zu bezeugen, dass der Bewerber oder die Bewerberin sein Leben ausrichtet auf die Armen. Nicht das Wissen und die Kenntnisse, auch nicht die persönliche Reflexion, sondern das Zeugnis der Liebe für den bedürftigen Nächsten ist entscheidend.

Diese Zuspitzung ist für mich eine neue und faszinierende Erkenntnis. Eigentlich ist es logisch. Die Einführung in den christlichen Glauben ist eine Einführung in die christliche Praxis. Und wenn hier die Nächstenliebe im Zentrum stehen muss, wie unbestritten ist, dann erweist sich eine Einführung in den Glauben hier als defizient, wenn sie diese Alltäglichkeit der Nächstenliebe nicht ins Spiel bringt.

Aber es geht nicht um kursorische Praktika, die im Rahmen der Sakramentenpastoral durchaus schon möglich und üblich sind. Dieser Ansatz unterbietet die Herausforderung, auch wenn – im Rahmen der Erstverkündigung – solche ersten Erfahrungen einen Vorgeschmack bieten können.

Nein, Christ-Werden meint Leben für andere. Und entsprechend bleibt die diakonische Perspektive ein wesentlicher Prüfstein des Christ-Werdens. Die Erfahrungen, von denen wir in diesem Buch gesprochen haben, zeigen eine deutliche Richtung an. Die Entwicklung des Christ-Seins ist geknüpft an die Liebe zum anderen. Diese Liebe ist nicht allgemein und sie ist nicht zu privatisieren. Es geht darum, in einer Erfahrung des Kirche-Seins, in Gemeinschaft für andere da zu sein. Die Lilienthaler Erfahrung der Firmpastoral, die sich anlehnt an die Gemeinschaft Sant'Egidio, und auch erste Erfahrungen, die ich in diesem Zusammenhang machen durfte, zeigen deutlich: die Herausforderung zum gemeinsamen Dienst am Nächsten ist unserer privatisierten Kirche auf den ersten Blick fremd. Doch nirgendwo entwickelt sich und reift das Menschwerden und Christ-Werden so tief wie in konkreten Projekten des Dienens.

Für eine mystagogische Initiationspastoral

Es ist ja auch kein Zufall, dass Kirche sich für den heutigen Menschen dort am glaubwürdigsten bezeugt, wo sie für andere da ist.

Hier gelangt Mystagogie zu ihrer alltäglichen Vertiefung: die Begegnung mit Christus im bedürftigen Bruder und in der bedürftigen Schwester stärkt – so haben es mir viele Firmbewerber erzählt – auf ungeahnte Weise und Tiefe den eigenen Glauben.

Diese Mystagogie der Diakonie führt in die ekklesiale Grunderfahrung. Denn Nächstenliebe – und vor allem die Liebe zu den Ärmsten – ist ja eine konkrete und zugleich mystische Erfahrung des Leibes Christi und also eine Begegnung mit dem lebendigen Christus. Eine Pastoral der Initiation auf der Höhe der Zeit darf diese Dimension nicht unterbieten.

Und die Katechese? Plädoyer für eine neue systematische Katechese des Lebens

Das Plädoyer für eine mystagogische Initiationspastoral ist ausgerichtet auf eine systematische Bemühung um die Jugend- und Erwachsenenkatechese. Der Weg, der hier bisher durchschritten worden ist, macht deutlich, dass Katechese neu positioniert werden muss. Im Unterschied zu Zeiten volkskirchlicher Initiation, die – wie wir heute deutlicher wahrnehmen – Katechese auf die Zeit der Kindheit und Jugend beschränkte, ist in der Kirche der Pilger und Konvertiten der Ort der systematischen Katechese neu zu bestimmen. Er fällt eher in die Zeit der Jugendlichen, der Erwachsenen und gerade auch der Älteren. Hier ist dann aber in der Tat – nach dem langen Weg der Initiation – eine systematische Katechese und ihr entsprechende Lernerfahrungen notwendig.

Solche geregelte und gestaltete systematische Katechese für Erwachsene gibt es eher wenig. Die schon angesprochenen Glaubenskurse sind hier nicht gemeint, sondern eine Art „Glaubensschule", die von kundigen theologischen Lehrern – wäre das nicht auch die vordringliche Aufgabe von Pfarrern? – gestaltet wird.

Es ist deutlich, dass eine solche systematische Durchdringung des Glaubens voraussetzt, dass Gläubige zu einer Lebensform und Lebensgestalt des Christ-Seins gefunden haben. Kleine christliche Gemeinschaften, die alltägliche Diakonie, die sonntägliche Liturgie sind existenzielle Voraussetzungen solcher vertiefenden Katechese.

Umgekehrt: angesichts des dringenden Bedarfs an Zeuginnen und Zeugen des Glaubens braucht es eine echte Schulung auch des Glaubensverstandes, damit diese Zeugen nicht nur durch das Leben, sondern auch in ihrer Theologie glaubwürdig und authentisch sind.

Das Plädoyer für eine mystagogische Initiationspastoral erweist sich als anspruchsvolle Agenda, die weiter diskutiert und vor allem ausprobiert werden will. Eine zukünftige kirchliche Katechese wird im Dialog und in kritischer Sichtung der neuen Erfahrungen wachsen.

Für eine Spiritualität in Gemeinschaft

Die Erfahrungen und die Überlegungen, die Plädoyers und Kundschafterwege verweisen auf eine gemeinsame Mitte. Und diese Mitte ist der Herr selbst. Die Frage nach seiner Gegenwart unter uns ist zugleich die Frage nach der Kirche und nach ihrem existenziellen Vollzug.

Der Weg des Exodus, der Weg über den Jordan in das verheißene Land ist der Weg einer Gemeinschaft, die immer wieder nach der Gegenwart des Herrn fragen musste, und die gleichzeitig immer dann stehen blieb, regredierte, in Todesgefahr geriet, wenn sie dieser Gegenwart nicht mehr vertraute.

Aber was ist mit dieser Gegenwart gemeint, die eigentlicher Prüfstein der Existenz des Volkes Gottes ist? Ist diese Gegenwart erfahrbar, kann in diese Erfahrung eingewiesen werden – ist sie

Über den Jordan gehen!

Gegenstand einer Mystagogie, die dann communional zu bestimmen wäre?

Spiritueller Individualismus und die Berufung des Einzelnen

Auch hier ist ein kurzer Problemaufriss notwendig: „Wir Älteren waren doch von unserer Herkunft und Erziehung her auch spirituell Individualisten", so kann Karl Rahner in einem bemerkenswerten Beitrag anmerken. Geisteserfahrung und Spiritualität galten früher „wie selbstverständlich als rein individuelles Vorkommnis des Einzelnen für sich je allein ... Wo wurde deutlich und in einer gewissen Allgemeinheit an eine gemeinsame Geisterfahrung gedacht, sie ersehnt und erfahren, wie sie doch offenbar am ersten Pfingstfest der Kirche auftrat, das doch vermutlich nicht das zufällige Beisammensein einer Summe von individualistischen Mystikern war, sondern Geisterfahrung einer Gemeinschaft als solcher?"[9]

Dem Hinweis Karl Rahners ist nachzudenken. Der Entwicklungsweg der Kirche weist auf eine Grenze des milieuhaften Christ-Seins, auf die wir bei unseren Kundschaftergängen immer wieder gestoßen sind. Mit dem Ausfall oder Wegbrechen der selbstverständlichen und sozial bestimmten Christlichkeit, die sich gewissermaßen weitervererbte und durch den gesetzten Rahmen eine mehr oder weniger individuelle Ausprägung des eigenen Glaubensweges zuließ, kam und kommt es zu einer fundamentalen Krise der bisherigen Kirchengestalt und der ihr entsprechenden Praxis des Christ-Seins.

Auf der einen Seite riskieren wir, dass die Praxis der Communio sich in nichts unterscheidet von den uns bekannten Vereins- und Geselligkeitsstrukturen, auf der anderen Seite wird Spiritualität und christliche Praxis privatisiert, auf die Innerlichkeit zurückgeworfen. Beide Phänomene des Umbruchs, die wir hinreichend analysiert haben, sind Seiten derselben Medaille: Sowohl die religiöse Einsamkeit des Individuums und seine Angst vor kollektiver Vereinnahmung, als auch die gemeinten Vereinsstrukturen unserer Kirche entsprechen nicht den Herausforderungen, die unsere Zeit stellt.

Mystik der Communio

Es braucht eine neue Mystik, es braucht eine Mystik der Communio. Eine solche tiefe Spiritualität in Gemeinschaft ist zweifellos ein Zeichen der Zeit – und zugleich eine spirituelle Revolution. Denn bislang und bis heute wird Spiritualität berechtigterweise als Sache des Individuums, als persönliche Berufung verstanden. Entsprechend groß ist die kirchliche Erfahrung: Exerzitien ignatianischer Prägung und andere Formen geistlichen und spirituellen Lebens schließen zwar nie den gemeinschaftlichen Aspekt aus, thematisieren ihn aber nicht hinreichend existenziell. Das ist gut erklärbar: Der Hintergrund der spirituellen Wege und Aufbrüche der großen christlichen Tradition war immer eine selbstverständliche Kirchlichkeit. Erst heute, wo dies so nicht mehr erfahrbar ist, entsteht auch die Frage nach einer gemeinschaftlichen Spiritualität.

Protagonisten sind zunächst wieder Propheten wie der schon genannte Karl Rahner, aber auch charismatische Aufbrüche und Bewegungen: Gerade diese prototypischen Erfahrungen der neueren kirchlichen Bewegungen zeigen deutlich, dass die Berufung des Einzelnen zu Christus immer wieder hineingenommen ist in eine Gemeinschaft der Berufenen. Und dies geschieht eben nicht nur, weil der Einzelne zu schwach wäre und sich deswegen aufstützen müsste. Nein, es geht um mehr: Berufung des Einzelnen ist wesentlich immer auch Berufung in die Gemeinschaft der Kirche, so wie eine spirituelle Praxis des Einzelnen ohne eine Einbindung in die kommunionale Praxis des Kirche-Seins nicht ausreichend ist.

Hier reicht es nicht, formale Kriterien zu benennen, wie dies in früheren Zeiten vielleicht genügte. Die aktive Beteiligung am Leben einer Kirche vor Ort, die Mitfeier der Eucharistie am Sonntag – all dies will existenziell gefasst werden. Genauso würde heute niemand die Beachtung der formalen Gebetszeiten des Einzelnen und des andächtigen Hörens der Messe schon als gereiften spirituellen Vollzug der Person gelten lassen.

Communio spirituell zu leben, das heißt aber zuerst, sich der spirituellen Tiefendimension einer Gemeinschaft bewusst zu werden. Die eigentlich herausfordernde Frage lautet: Wie lässt sich der Herr in der Gemeinschaft der Gläubigen erfahren? Genau hier beginnt die auch theologische Ratlosigkeit: „Aber wer wird Gemeinde – Kirche – heute wirklich so – als den greifbaren Christus – erfahren? ... Es geht hier nicht um schwärmerische Gemeinderomantik, sondern entscheidend darum, ob Gemeinden, ob die Kirchen es als ihre eigentliche Berufung ansehen, vom Geist Jesu Christi nicht nur zu sprechen, sondern ihn darüber hinaus leibhaft zu bezeugen."[10]

Die Erfahrung des auferstandenen Herrn in der Mitte der Seinen, die Erfahrung der Gemeinschaft der Gläubigen, die Bonhoeffer beschreibt mit der Formel „Christus als Gemeinde existierend" und dabei die Erfahrung des Leibes Christi vor Augen hat, schlägt sich schon im Neuen Testament nieder: „Wo zwei oder drei in meinem Namen versammelt sind, da bin ich mitten unter ihnen" (Mt 18,20). Nicht der Erhalt einer bestimmten soziologisch gewachsenen Kirchengestalt ist entscheidend, sondern die Einweisung in eine Praxis des Kirche-Seins, in der die Communio authentischer Ort der Gegenwart des Herrn ist und in der auch die sakramentalen Strukturen ihren dienenden Ort finden.

Dass dies ein zentraler Aspekt der beschriebenen Kundschaftererfahrungen ist, steht außer Frage: Immer wieder, vom Weltjugendtag bis nach Taizé stoßen wir auf Gemeinschaftserfahrungen, die mehr sind als gewöhnlicher Enthusiasmus. Es ist fatal, wenn immer wieder diese spirituellen Gemeinschaftserfahrungen unter eine Hermeneutik des Misstrauens geraten. Nein, es geht hier nicht um enthusiatische Gruppendynamik, sondern um ein tiefes Empfinden dafür, dass Kirche eben vor allem der gelebte gemeinschaftliche Vollzug der Gegenwart des Auferstandenen ist – Selbstvollzug und Leben des Leibes Christi.

Wahr bleibt allerdings auch: während diese Gegenwart des Auferstandenen häufig ein unbegreifliches und tiefes Widerfahrnis bleibt, das immer wieder zurückverweist auf eine Zeugengemeinschaft, wie sie sich etwa in Taizé zeigt und die Anteil gibt an ihrer Erfahrung mit dem auferstandenen Herrn in ihrer Mitte, braucht es für die Zukunft eine kommunional ausgerichtete Mystagogie, bei der Menschen nicht nur eine persönliche Spiritualität und Beziehung zu Jesus Christus erfahren und einüben – etwa in Gebetsschulen, Exerzitienkursen und ähnlichem –, sondern auch immer tiefer eingeführt werden in das Geheimnis einer Leib-Christi-Existenz, einer eucharistischen Existenz der Einheit als einem Ort der Erfahrung des Auferstandenen.

Elemente einer Spiritualität in Gemeinschaft

Der Glaube, auch die persönliche Spiritualität, findet seine eigentliche Gestalt erst in der Gemeinschaft der Kirche. Doch genau diese Gemeinschaft will gelebt und erfahren sein als eine Erfahrung der Gegenwart Christi. Entsprechend braucht es eine Gestalt des Kirche-Seins, die als Gemeinschaft erfahrbar werden lässt, dass der Herr in der Mitte der Seinen anwesend ist.

Papst Johannes Paul II. hat deswegen in seinem Brief „Novo Millennio Ineunte" Aspekte einer solchen Spiritualität beschreiben können:

„Spiritualität der Gemeinschaft bedeutet vor allem, den Blick des Herzens auf das Geheimnis der Dreifaltigkeit zu lenken, das in uns wohnt und dessen Licht auch auf dem Angesicht der Brüder und Schwestern im Glauben neben uns wahrgenommen werden muss. Spiritualität der Gemeinschaft bedeutet zudem die Fähigkeit, den Bruder und die Schwester im Glauben in der tiefen Einheit des mystischen Leibes zu erkennen, d.h. es geht um ‚einen, der zu mir gehört', damit ich seine Freuden und seine

> *Leiden teilen, seine Wünsche erahnen und mich seiner Bedürfnisse annehmen und ihm schließlich echte, tiefe Freundschaft anbieten kann. Spiritualität der Gemeinschaft ist auch die Fähigkeit, vor allem das Positive im anderen zu sehen, um es als Gottesgeschenk anzunehmen, und zu schätzen: nicht nur ein Geschenk für den anderen, der es direkt empfangen hat, sondern auch ein ‚Geschenk für mich'. Spiritualität der Gemeinschaft heißt schließlich, dem Bruder ‚Platz machen' können, indem ‚einer des anderen Last trägt' (Gal 6, 2) und den egoistischen Versuchungen widersteht, die uns dauernd bedrohen und Rivalität, Karrierismus, Misstrauen und Eifersüchteleien erzeugen."*

Der Erfahrungshintergrund der geistlichen Gemeinschaften und Bewegungen ist hier evident. Die Bewegungen bringen eine originelle Hermeneutik der Botschaft Jesu in den Blick, bei der das Gebot der gegenseitigen Liebe, die Hingabe des Lebens für den anderen, die Nächstenliebe in den Raum einer vitalen Wirklichkeit des Leibes Christi gerückt ist:

Weil die Liebe Christi sich uns gegeben hat und uns geeint hat, deswegen ist die Entsprechung zu dieser von Gott geschenkten Wirklichkeit die Nächstenliebe, die den mystischen Leib Christi verwirklicht. Hier wird noch einmal deutlich, dass auch die diakonische Perspektive der Nächstenliebe wirklicher Prüfstein gerade auch einer Spiritualität ist, die die Communio betont. Es geht bei der Communio ja um eine existenzielle Vorausnahme jener weltumspannenden Wirklichkeit der Gemeinschaft in Christus, die alle Menschen umfasst. Der Dienst am Nächsten ist nichts anderes als eine Verwirklichung jener Wahrheit des Leibes Christi, die auch den Nächsten schon umgreift. Gerade auch die diakonische Zuspitzung unterstreicht eine Spiritualität der Gemeinschaft, deren Wesensmerkmal die Kenosis, die Hingabe an das Leben des Anderen ist. Erst in dieser Hingabe liegt die Möglichkeit der Communio.

Wenn also auf diesem Hintergrund nach neuen Sozialgestalten des christlichen Glaubens Ausschau gehalten wird, dann geht es um Gemeinschaftsformen, die dieser Spiritualität der Communio entsprechen.

Kleine christliche Gemeinschaften und andere Weggemeinschaften des Glaubens weisen hier einen deutlichen Weg: Die persönliche Berufung des Einzelnen wird hineingenommen und mitgelebt in einer Gemeinschaft, die sich durch Wort und Sakrament konstituiert, also Kirche im sakramentalen Sinne ist. Herausforderung ist jedoch, dass solche Gemeinschaft erlebbar und lebbar ist, und so die Frage positiv beantwortet werden kann: Ist der Herr in unserer Mitte oder nicht?

Für eine eucharistische Kirche

Die Feier der Eucharistie ist Höhepunkt und Quelle des gesamten kirchlichen Lebens. Sie ist die identitätsstiftende Mitte unseres Kirche-Sein. Das stimmt und ist unbestritten wahr. Wäre es nicht so, würde Kirche nicht (mehr) sein. Sie lebt aus der Eucharistie. Sie ist Eucharistie.

Aber genau hier beginnen die Herausforderungen. Und genau hier beginnt das manchmal berechtigte Misstrauen. Von allen Seiten. Beginnen wir unser Plädoyer von außen und gehen wir immer mehr zur Mitte.

Das Feiern der eucharistischen Liturgie

Welche Herausforderungen die liturgische Feier der Eucharistie bietet, ist schnell zu beschreiben:

Auf der einen Seite wird bei vielen Mitfeiernden der Eucharistie deutlich, dass die eucharistische Spiritualität ganz und gar in den erlernten Formen aufgeht. Die Form ist alles, weswegen dann auch eine Liturgiereform zu einer „Häresie der Formlosigkeit" stilisiert wird. Das trifft auf die Liturgiereform der Konzilsväter

Über den Jordan gehen!

mit Sicherheit nicht zu, wohl aber vielleicht auf die durch Formabsolutismus gekennzeichnete Gemeindeliturgie. Was ist gemeint: Je weniger liturgische Bildung den Gläubigen unberechtigterweise vorenthalten wurde, desto fataler wirkte sich die Liturgiereform aus. Zwei Beispiele mögen das erläutern:

In der Kirchengemeinde, in der ich vor einiger Zeit Pfarrer sein dufte, stand eine Renovierung an. In diesem Zusammenhang kam ich ins Gespräch mit einem älteren Gemeindemitglied. Er berichtete von der vorherigen Reform, bei der der „Volksaltar" eingeführt wurde. „Wir verstanden das nicht, und wollten das auch nicht – aber der Bischof ließ uns sagen: Wenn ihr es nicht macht, dann komme ich nicht zur Firmung ... also haben wir es gemacht." Eine solche Reform von oben erreicht nun aber genau zwei Ergebnisse, die sie sich nicht wünschen kann.

Die Feier der Liturgie wirkt „positivistisch": nicht der tiefere Sinn wird erkannt, sondern positivistische Machtausübung. Damit aber wird sie letztlich auch beliebig gestaltbar. Wenn nicht von oben – dann von unten.

„Wir stehen vor dem Altar – das ist für die Musik besser." Wie oft habe ich dies in den vergangenen Jahren gehört. Wie oft bin ich konfrontiert worden mit Chorräumen, die zur Inszenierung katechetischer Momente dienten – und wie wenig Verständnis fand ich dann, wenn ich darauf verwies, dass der liturgische Raum keine „Bühne" ist und die Musik in der Liturgie dienende Funktion – und nicht unterhaltende Funktion hat.

Es reicht, die einschlägigen Zeitschriften und Blättchen konservativer und besorgter Mitchristen nachzulesen – ein wenig haben sie Recht: An vielen Orten wurde die eucharistische Liturgie zum unverständlichen Rahmen, der in vielfältiger Weise verständlicher, interessanter und lustiger werden musste.

Dass daraus nicht, wie mancher Liturgiekritiker es sich wünscht, eine für heilsnotwendig erachtete Rückkehr zu einem zur norma normans stilisierten tridentinischen Ritus postuliert werden kann, ist mehr als evident.

Und dennoch findet sich hier Wahres. Denn der Verlust der mystagogischen Dimension der Liturgie und der ihr innewohnenden Mystik der Gottesbegegnung führte ja zur Logorhoe und Gestaltungspanik vieler liturgischer Feiern. Dieser Protest ist angekommen – und vor allem bei der jüngeren Generation ist eine deutliche Sensibilität für eine bewusste und mystagogische Mitfeier der Liturgie vorhanden. Wären doch alle Vorsteher denn auch Mystagogen!

Genau hier liegt ein weiteres Desiderat liturgischer Bildung. Wie tief ist – jenseits formaler Nachweise aus dem Studium und dem Priesterseminar – die durchschnittliche liturgische Bildung der vorstehenden Pfarrer? Eine entscheidende Frage, die sich weniger auf die durchschnittliche Rubriken- und Negrikentreue bezieht, sondern auf die eucharistische Spiritualität. Die Hinweise auf einen Nachholbedarf, die hier in den vergangenen Jahren Papst Johannes Paul II. gegeben hat, sind nicht zu überhören.

Dabei spiegelt sich im Klerus, was für das Volk Gottes insgesamt gilt. Die spirituell gegründete und nicht auf Kunstfertigkeit reduzierte „ars celebrandi" des Priesters und des Gottesvolkes verweist auch auf einen Ausfall eucharistischer Spiritualität im Gottesvolk. Je weniger Formen allein tragen, weil sie nicht in der Systemlogik der Kirche aufgehoben sind, je mehr zählt die innere Einsicht und das innere Schmecken, die wirkliche Sehnsucht nach dem Leib des Herrn, die uns – Vorsteher wie Mitfeiernde – Eucharistie feiern lässt.

Hier aber tun sich Fragen auf: Wie kann es sein, dass Menschen – durch die Sonntagspflicht geschult und geprägt – dann ihre eucharistische Praxis aufgeben oder reduzieren, wenn die Messe nicht mehr in einer bestimmten Kirche gefeiert wird? Und wie kann es sein, dass die auch durch die Liturgie selbst eingeforderte stärkere Profilierung der Zeichenhandlungen – das Brotbrechen sei nur als Beispiel genannt – zu einer irrationalen Widerständigkeit führt. Erklärungen helfen nicht weiter – es entsteht so etwas wie eine Häresie der postvatikanischen Form, die zudem manchmal auf eine bestimmte Zeit fixiert sind.

Nicht selten entsteht auch der Eindruck, dass die Eucharistie eine „Veranstaltung" ist, die man besucht. Von daher tut auch die Sorgfalt der Sprache gut. Ist es eigentlich sinnvoll, von „Gottesdienstbesuchern" zu sprechen? Mein Verdacht ist, dass hier letztlich ein formales, wenn nicht sogar ein präkonziliares Kriterium Urstände feiert: es geht doch bei der Eucharistie nicht darum, wie viele Menschen bei dieser Feier „anwesend" sind, sondern wer im tiefsten Sinne teilnimmt.

Für eine Weitung und Vertiefung eucharistischer Spiritualität

Die beschriebenen Problemfelder und die sich daraus ergebenden Herausforderungen verweisen auf die innere Mitte des eucharistischen Geschehens: auf die Begegnung mit dem lebendigen Christus.

Angesichts der Beobachtungen, die wir beschreiben konnten, liegt die eucharistische Gretchenfrage sehr nahe: Entspricht der Regelmäßigkeit des Kommunionempfangs auch eine entsprechende tiefe Spiritualität der Eucharistie? Mit anderen Worten: Wie tief geprägt sind die Christen von dem Bewusstsein, dass sie eins werden mit dem erhöhten Herrn und gerade dies dankbar feiern?

Die Frage nach einer eucharistischen Spiritualität kann eben nicht abgegolten werden mit dem Hinweis, dass so viele Menschen weiterhin an der Kommunion teilnehmen – zu fragen ist danach, wie ein innerer Zugang ermöglicht werden kann.

Im Blick auf die alte Kirche lässt sich eines feststellen: Die ersten Christen behüteten die Eucharistie als ihren tiefsten Schatz. Nicht umsonst gab es eine langwierige Einführung in den christlichen Glauben und seiner Bewährung in einem christlichen Leben. Die meiner Meinung nach dringend wiederzugewinnende

Für eine eucharistische Kirche

Arkandisziplin – sie ist zu verstehen als Kriterium der existenziellen Korrespondenz zwischen Leben und gefeiertem Geheimnis – stellte sicher, dass das Mitfeiern der Eucharistie ein inneres und spirituelles Geschehen war. Eine so verstandene Arkandisziplin macht aber auch deutlich, dass der Zugang zum innersten Geheimnis des eucharistischen Geschehens gerade nicht zuerst durch eine häufige Mitfeier der Eucharistie erwächst, sondern durch einen katechumenalen Weg der Einführung in die Existenz Christi.

Selbstverständlich ist hier vorausgesetzt, dass ein Mensch, der von Christus angerührt und angesprochen ist, in der Gemeinschaft der Mitglaubenden in die Logik des Evangeliums eintritt und von den erfahrenen Zeuginnen und Zeugen Schritt für Schritt und Stufe für Stufe die Größe und Weite des Geheimnisses Christi am eigenen Leib erfährt.

Das ist kein privater Prozess, sondern ein ekklesialer: auch die weithin individualistische Eucharistiefrömmigkeit in unseren Gemeinden unterbietet das Ereignis der Eucharistie – das macht ein Blick auf die Praxis des Katechumenats mehr als deutlich. Die Begegnung mit Christus im Evangelium und das Eindringen in das Leben aus dem Evangelium lässt gnadenhaft Gemeinschaft im Glauben wachsen, ist eine Erfahrung des Kirche-Seins.

Wenn der Umgang mit dem Wort Gottes nicht in diese kirchliche Erfahrung einmündet, bleibt er neuzeitlich verengt, entfaltet das Wort Gottes nicht seine ekklesiogene Kraft und bereitet mithin den Bewerber und Christen nicht auf die Feier des Geheimnisses vor.

Eucharistische Spiritualität beginnt also schon lange vor dem Empfang der Eucharistie. Wenn in der Tat die Feier der Eucharistie Höhepunkt und Quelle des gesamten kirchlichen Lebens ist, wie uns das Konzil nachdrücklich in Erinnerung ruft, dann ist Eucharistie ein voraussetzungsvolles Geschehen: die Erfahrung der Gegenwart des Herrn im Einzelnen wie die ekklesiale Erfahrung der Christusgegenwart und einer ihr entsprechenden Existenz sind verlangt, damit wahr werden kann, was Augustinus so treffend formuliert: „Empfangt, was ihr seid: Leib Christi – Werdet was ihr empfangt: Leib Christi."

Das „Leib-Christi-Sein" ist aber keine statisch-metaphysische Beschreibung, die metaphorisch zu verstehen ist (ich befürchte, dass dies häufig geschieht), sondern eine Beschreibung, die entsprechend existenziell gelebt werden will.

Von daher ist der Ausgangspunkt wie der Zielpunkt der Eucharistiefeier eben jene schon beschriebene Spiritualität in Gemeinschaft, die das Ereignis des Kirche-Seins und der in ihr sich verherrlichenden Einheit und Gegenwart Gottes ins Leben bringt.

Auch Erfahrungen können dies belegen: Eucharistiefeiern auf dem Weltjugendtag etwa oder auch in Taizé sind in ihrer Intensität unvergleichlich dicht: „Ich hatte den Eindruck, wir sind alle verbunden", teilte mir eine Jugendliche nach der Feier im Kölner Stadion mit. Die Feier der Eucharistie, so sagten dieselben Jugendlichen, gewann ihre Kraft aus dem Leben in den Tagen in Köln. Ein Leben intensiver Begegnung und Erfahrung des Kirche-Seins, die aus der gigantischen Feier auf dem Marienfeld ein tiefes geistliches Ereignis machen konnte.

Die Erfahrung gelebter Gemeinschaft in Christus – jenseits und diesseits euphorischer Gruppenerfahrungen – und die persönliche Verbundenheit mit Christus sind also Voraussetzung dafür, dass die Feier der Eucharistie ihre Kraft im Einzelnen wie im Leib entfalten kann.

Gerade die Feier der Eucharistie macht dann nämlich noch einmal deutlich, dass das Innewerden der Christusgegenwart und das Erleben des Kirche-Seins nicht selbst gemachte Phänomene der Askese und der Gruppendynamik sind, sondern dass sich die Christusbegegnung allein der Gnade des sich schenkenden Herrn verdankt – ein sakramentales Ereignis sind, das den Dank vervielfacht.

Gleichzeitig baut die Eucharistie den Leib Christi auf. Auch hier gilt es, die eucharistische Spiritualität zu vertiefen. Es ist im höchsten Maße unglaubwürdig, wenn die Feier der Eucharistie, die uns „ein Leib und ein Geist in Christus" werden lässt, sich als folgenlos erweist:

Keine Frage, es lässt sich nicht und in keiner Weise beurteilen, ob und wie der Einzelne durch die Feier der Eucharistie neu geschaffen wird – aber: wir sind „einer in Christus" (Gal 3, 28), und es stellt sich die Frage, wie glaubwürdig wir diese Wirklichkeit leben. Ist Menschen die Gnade der Einheit geschenkt, dann wird sie sich auswirken: „Daran werden alle erkennen, dass ihr meine Jünger seid, wenn ihr einander liebt." (Joh 13, 34)

Die schon beklagte Vereinzelung und Privatisierung des Christ-Sein ist Folge einer gnadenlosen Anpassung an nachneuzeitliche Phänomene, nicht aber Zielrichtung der Eucharistie. Eucharistische Spiritualität zeigt sich darin, dass im Alltag diese Leibhaftigkeit des Kirche-Seins sich zeigen will. In Christus, so wiederholen wir die Lehre der Kirche, ist Kirche doch Sakrament d.h. Zeichen und Werkzeug der Einheit der Menschen mit Gott und untereinander (Lumen Gentium Nr. 1). Welche Erfahrungen können dem entsprechen und welche eucharistische Sorgfalt wäre hier neu zu lernen.

Dabei muss immer deutlich sein, dass eine solche Existenzweise des Christus „als Gemeinde existierend" (Dietrich Bonhoeffer) sich gerade nicht in der Sammlung und also in schöner christlicher Gemeinschaft erfüllt. Schon Bonhoeffer hob hervor, dass Sammlung im Dienst an der Sendung steht, und diese Sendung ist die leibhafte Gegenwärtigkeit Christi in seiner Hingabe an die Armen. Diakonie ist also das Ziel der eucharistischen Sammlung, und diese ist eben gerade nicht institutionell oder individuell abzugelten. Einen bemerkenswerten Hinweis zum Gemeinten verdanken wir Papst Johannes Paul II. in seinem Scheiben zum vergangenen Jahr der Eucharistie:

„Warum sollte in diesem ‚Jahr der Eucharistie' nicht ein Zeitraum geschaffen werden, in dem Diözesen und Pfarrgemeinden sich in besonderer Weise dafür einsetzen, dass jeder der vielen

Über den Jordan gehen!

Armutserscheinungen in unserer Welt mit brüderlicher Anstrengung begegnet wird? Ich denke an das Drama des Hungers, der hundert Millionen Menschen quält, ich denke an die Krankheiten, welche die Entwicklungsländer geißeln, ich denke an die Einsamkeit vieler älterer Menschen, an die Beschwernisse der Arbeitslosen und an die Widrigkeiten, mit denen die Immigranten konfrontiert sind. Diese Übel kennzeichnen – wenn auch in unterschiedlichem Maße – selbst die reichen Länder. Wir können uns nicht täuschen: an der gegenseitigen Liebe und insbesondere an der Sorge für die Bedürftigen erkennt man uns als wahre Jünger Christi." (Mane nobiscum Domine, Nr. 28)

Eucharistische Spiritualität ist also wesentlich ein diakonischer Existenzvollzug des Kirche-Seins – die Liturgie selbst in ihrer Gabenbereitung und Kollekte, aber auch die biblische Kunde aus den ersten Gemeinden lässt daran keinen Zweifel.

In dieser Weise Christus und seinem Leib zu dienen in den Armen und Notleidenden führt – und das ist meine ermutigende Erfahrung – in die tiefe Sehnsucht nach Anbetung. Die eucharistische Anbetung und das tiefe Einswerden, was darin geschieht, lässt sich dann nicht als mittelalterliche Frömmigkeitsentwicklung verabschieden, sondern wird neu gewonnen gerade aus der Feier und dem Leben der Eucharistie.

Vielleicht ist sie sogar ein wichtiges Kriterium für die Authentizität des Weges: Leben aus der Dankbarkeit, eucharistische Sammlung und Diakonie führen immer tiefer hinein in die persönliche Begegnung mit dem Herrn – und es wächst Anbetung und Lobpreis aufgrund der überwältigenden Erfahrungen seiner Nähe.

Die Kirche ist eucharistisch, oder sie ist nicht

Auf dem beschriebenen Hintergrund wird auf einmal auch selbstverständlich, dass Kirche-Sein sich nicht anders denn eucharistisch verstehen kann. Ohne die Verwurzelung in der Eucharistie verkommt die Kirche zu einer weltlichen Institution und einem biederen Verein. Ein solches Missverständnis, das letztlich Kirche organisierbar und planbar als Produkt und Summe menschlicher Bemühungen versteht, verkennt ihre geschenkhafte sakramentale Struktur. Im Grunde genommen erweist sich die Kirche dann – mitten in der Gebrochenheit des Menschlichen – als Frucht der erlösenden Gnade, als Gestalt der Rechtfertigung, die ihre eigene Gestaltungslogik hervorbringt.

Die Diskussion um die Leitung der Pfarrei ist hier emblematisch: Wenn die Kirche eine letztlich menschliche Gemeinschaftsform ist, dann gibt es gute Gründe, die Leitung der Pfarrei dem einzelnen Begabten oder einem Team zu übergeben. Der Priester wäre dann der Kultdiener und Seelsorger.

Aber dies entspricht nicht einer eucharistischen Ekklesiologie. Da Eucharistie mehr ist als Kult einer Religion – eben geschenkhafter Ursprung und Gegenwart des Leibes Christi, muss die Feier der Eucharistie als innerste Mitte und Quelle des Kirche-Seins geschützt werden vor dem zugreifenden Verlangen des Menschen.

Und da der Herr selbst nicht nur deistisch Herr seiner Kirche ist, sondern präsent leitet, ist das Amt des Vorstehers ebenfalls sakramental dem Zugriff des Menschen entzogen. Die spezifische Form der Leitung lässt sich nicht delegieren, denn gerade das Sakrament des Ordo „ordnet" die Kirche dergestalt, dass es immer der Herr selbst ist, der sie leitet.

Die derzeitige Diskussion um die Leitung der Pfarrei greift dann zu kurz, wenn sie diesen sakramentalen Charakter der Leitung durch den Herrn selbst nicht hinreichend wahrnimmt.

Allerdings ist auch wahr, dass die Art der Machtausübung, die durch geweihte Amtsträger geschieht, nicht immer wirklich glaubwürdig Zeugnis gibt vom Herrn, der leitet. Umso dringender ist eine tief greifende Vergewisserung nicht nur der Sakramentalität der Kirche und des Amtes, sondern auch der anspruchsvollen menschlichen wie spirituellen Voraussetzungen des Eintretens in diesen Weg.

Epilog
Dietrich Bonhoeffers prophetische Kirchenvision

Dietrich Bonhoeffer, der am 4. Februar 2006 seinen 100. Geburtstag feiern würde, ist zweifellos einer der ersten Theologen, der den notwendigen Weg der Kirche über den Jordan vorausgeahnt hat. Es ist immer noch erstaunlich, mit welcher Hellsichtigkeit Bonhoeffer den Weg der Kirche begleitete. In kurzen Strichen soll deutlich werden, wie kraftvoll und aktuell seine Vision einer Kirche der Zukunft ist.[11]

„Was mich unablässig bewegt ..."

Ein doppelter Ausgangspunkt kennzeichnet das Denken Dietrich Bonhoeffers. Auf der einen Seite gründet sein Denken in einer mystischen Erfahrung – und diese mystische Erfahrung trifft den jungen Bonhoeffer bei seinem ersten Auslandsaufenthalt in Rom. „Ich glaube, ich fange an den Begriff ‚Kirche' zu verstehen", schreibt er damals in sein Tagebuch.

In der Karwoche 1924 war der achtzehnjährige bei der Mitfeier der Liturgien und auch bei der Beobachtung der vielen ernsthaft Glaubenden nicht nur ins Denken gekommen. Vor dem Denken stand eine Art mystischer Erfahrung, die ihn nach eigener Aussage geprägt hat, wie kaum eine andere Erfahrung. Und genau die Frage, was er da eigentlich in Rom erlebt hatte, hat ihn unablässig denkerisch und später auch existenziell bewegt. Kirche nicht zuerst als staatsverbundene Institution, sondern als Erfahrung der Christusgegenwart – wie kann das theologisch verstanden werden, aber dann auch: wie kann das gelebt werden? Diese

Fragen kennzeichnen bis zum Ende seines Lebens seine Theologie.

Schon in der kurz darauf erarbeiteten Promotionsschrift „Sanctorum Communio" findet sich eine Ekklesiologie des „Christus präsens". Es geht Bonhoeffer nicht um die Frage einer Kommunität in sich und auch nicht um eine Konzentration auf die Kirche, sondern vor allem um Christus selbst. Es ging ihm um die konkrete Erfahrbarkeit und „Sichtbarkeit" des auferstandenen Christus, um „Christus als Gemeinde existierend".

Genau die gedankliche Durchdringung dieser tiefen mystischen Erfahrung bewegte ihn fortan. Und zugleich erfährt er in seiner Kirche, dass gerade diese Tiefe der Christusbegegnung nicht bekannt zu sein scheint und auch deswegen in der bisherigen Gestaltung des gemeindlichen Lebens nur schwerlich möglich scheint. Die Erfahrungen seiner Vikariate in Berlin und Barcelona Ende der zwanziger Jahre und vor allem das klägliche Scheitern der evangelischen Kirche im Dritten Reich machen ihm deutlich, dass es unbedingt zu einem neuen Aufbruch des Christ-Seins – und auch des Kirche-Seins kommen muss.

„Die Restauration der Kirche kommt gewiss aus einer Art neuen Mönchtums, das mit dem alten nur die Kompromisslosigkeit eines Lebens nach der Bergpredigt in der Nachfolge Christi gemeinsam hat."

Als Bonhoeffer diese Zeilen 1935 in einem Brief an seinen Bruder schreibt, sind dieser Überlegung schon verschiedene Erfahrungen und Pläne vorausgegangen: die existenzielle Erfahrung von Kirche, das Einleben in einer Gemeinschaft in Christus fand Bonhoeffer nicht in der landeskirchlichen und gemeindlichen Erfahrung wieder. Er suchte es sogar zunächst lange Zeit in Indien: eine kirchliche Erfahrung schien ihm authentischer und deutlicher vorhanden zu sein in der Erfahrung Mahatma Gandhis als in Europa. In dieser Zeit hatte er auch schon immer wieder Vorerfahrungen einer vita comunis mit seinen Studenten gemacht – eine Erfahrung, die dann intensiv im Predigerseminar in Finkenwalde erlebt werden konnte – eines Predigerseminars der Bekennenden

Epilog

Kirche, das 1937 von der Gestapo geschlossen wurde. Früchte dieser Zeit – bis heute beeindruckend und wegweisend – lassen sich in seinen Büchern „Nachfolge" und „Gemeinsames Leben" finden.

Die Erneuerung der Kirche, die ihn unablässig bewegte, ist aber nur die Rückseite einer anderen und weitaus wichtigeren Frage. Ihn bewegte, wie Christus den Menschen heute nahe kommen kann. Es ist die durch eigene Erfahrungen erlittene soziologische Analyse der religiösen Situation seiner Zeit, die ihn antreibt. Im April 1944 schreibt er im ersten seiner theologischen Briefe aus dem Gefängnis in Tegel:

„Was mich unablässig bewegt, ist die Frage, was das Christentum oder auch wer Christus heute für uns eigentlich ist. Die Zeit, in der man das den Menschen durch Worte – seien es theologische oder fromme Worte – sagen könnte, ist vorüber, ebenso die Zeit der Innerlichkeit und des Gewissens, und d.h. eben, die Zeit der Religion überhaupt. Wir gehen einer völlig religionslosen Zeit entgegen."

So sehr heute dieser These die offensichtliche Sehnsucht nach Spiritualität und Religiosität so vieler Menschen entgegengehalten werden kann, so wenig treffen diese Beobachtungen die Bonhoeffersche Analyse. Unter Religion versteht er nämlich nicht eine allgemeine Religiosität, wie wir sie heute – und zu allen Zeiten – ausmachen konnten, sondern mit „Religion" meinte er ein bestimmtes Gestaltprogramm und eine bestimmte Gestaltwerdung des Christ-Seins, des Kirche-Seins und der inneren Suche, wie sie sich in der Volkskirche zeigte – und dabei durchaus in der Vergangenheit die religiöse Grunddimension des Menschseins eingebunden und „getauft" hatte. Dieses Programm, diese Gestalt, diese Verbindung von Religiosität und Christ-Sein sah Bonhoeffer unwiderruflich zu Ende gehen.

Er spürte sehr deutlich, dass wir einem epochalen Umbruch des Christ-Seins und des Kirche-Seins gegenüberstehen – einem Umbruch, der eine längere Zeit brauchen wird.

Die massive Religionskritik Bonhoeffers ist also letztlich Kritik an der bisherigen milieugeprägten Sozialgestalt des Christentums. In der Lebensgestalt des Christen und seiner praktischen Spiritualität konnte bis dato auch Innerlichkeit und abstrakte Theologie ihren Ort finden. Das ist nun, so fühlt und spürt er präzise, mit dem Zusammenbruch des Milieus der christlichen Gesellschaft nicht mehr gegeben.

„Unsere Kirche ... ist unfähig ..."

Bonhoeffer erahnt einen epochalen Umbruch in der Kirchengestalt:

„Unsere Kirche, die in diesen Jahren nur um ihre Selbsterhaltung gekämpft hat, als wäre sie ein Selbstzweck, sie ist unfähig, Träger des versöhnenden und erlösenden Wortes für die Menschen und für die Welt zu sein. Darum müssen die früheren Worte kraftlos werden und verstummen, und unser Christ-Sein wird heute nur in zweierlei bestehen: im Beten und im Tun des Gerechten ... Bis du groß bist, wird sich die Gestalt der Kirche sehr verändert haben. Die Umschmelzung ist noch nicht zu Ende, und jeder Versuch, ihr vorzeitig zu neuer organisatorischer Machtentfaltung zu verhelfen, wird nur eine Verzögerung ihrer Umkehr und Läuterung sein."

In diesem Taufbrief, den er aus dem Gefängnis 1944 als Pate an sein Patenkind schrieb, steckt eine Zeitansage, die an Aktualität kaum zu übertreffen ist. In der Tat wirft Bonhoeffer seiner Kirche vor, die Bestandswahrung um ihrer selbst willen in den Mittelpunkt gerückt zu haben. Kirche ist zu einer Glaubensinstitution geworden und hat die Dimension eines auch gemeinschaftlich geprägten Lebens aus Christus vergessen. So wahr im Einzelnen die metaphysisch gegründeten Glaubenswahrheiten sein mögen, so deutlich Religiösität in der Kirche weithin unter dem Zeichen einer privat oder in kleinen Kreisen gelebten Spiritualität gelebt wird, so wahr ist für Bonhoeffer, dass diese Gestalt

Epilog

des Kirche-Seins sehr nach innen orientiert ist und deutliche Züge eines Selbstbewahrungsbetriebs trägt.

Was Bonhoeffer hier für seine Zeit diagnostiziert und was sich durchaus auch in unserer heutigen Situation erkennen lässt, hat aber gravierende Folgen, die Bonhoeffer deutlich benennt. Das Kreisen der Kirchen um sich selbst führt zu einer Schwächung glaubwürdiger Verkündigung. Offensichtlich ist die Selbstbeschäftigung und die Sorge um den Selbsterhalt verknüpft mit einem existenziellen Glaubensverlust und damit werden Worte der Verkündigung „tot" und unglaubwürdig – ihnen entspricht keine gelebte und ansichtige, und damit authentische Existenz. Damit aber, so Bonhoeffer löst sich die bekannte Kirchengestalt irreversibel auf.

Das ist nur dann eine Katastrophe, wenn man Kirche auf ihre Strukturen begrenzt. Es wird zur Chance, wenn sich eine existenzielle Kirchengestalt daraus entwickelt, die sich durch die Tiefe ihrer Spiritualität und in der Radikalität ihres Dienens besteht.

Diese prophetische Vision stattet Bonhoeffer allerdings mit einer Warnung aus. Natürlich ist es möglich, diesen Niedergang und die Umschmelzung in eine neue Kirchengestalt zu bremsen, indem institutionelle Mittel den Bestand der bisherigen Kirchengestalt stützen – dies würde aber nur eine Verzögerung des Prozesses einer neuen Kirche-Werdung bedeuten.

An dieser Stelle ist innezuhalten: Die Geschichte der deutschen Kirchen nach dem zweiten Weltkrieg und der institutionelle Ausbau einer nur noch mühsam zu haltenden milieuorientierten volkskirchlichen Gestalt entspricht genau der Gefahr, die Bonhoeffer sieht. Ist also heute der Moment erreicht, an dem diese institutionelle Verzögerung, die durch die zur Verfügung stehenden Geldmittel erreichbar war, dennoch zu ihrem Schlusspunkt gekommen ist? Alles spricht dafür, dass der Prozess der Umschmelzung eingesetzt hat. So trifft diese Überlegung Bonhoeffers sehr exakt auf unsere Situation zu. Das Zerbrechen einer Gestalt und Systemlogik unseres Kirche-Seins ist allerdings für

Bonhoeffer keine Katastrophe, sondern ein geistgeführtes Ereignis. Das Zerbrechen einer geschichtlich gewachsenen Kirchengestalt führt in die Herausforderung, Kirche-Sein radikal zu leben.

Die Radikalität ist existenziell: Das „Beten" und das „Tun des Gerechten" verweisen auf die personale Begegnung und Verwurzelung in Christus, die Bonhoeffer in seinen späten Schriften immer wieder hervorhebt. Die spirituelle Verwurzelung ist aber nur wirklich, wenn sie zugleich im Tun des Gerechten mündet: der diakonische Dienst an dem Anderen verweist auf die Gleichgestaltung mit Christus, dem Gekreuzigten, und also auf seine radikale Hingabe. Das Tun des Gerechten und die Einheit mit Christus sind zwei Seiten derselben Christusbeziehung.

Keine Frage: Die Beziehung zu Christus transformiert den Gläubigen in die Gestalt des Gekreuzigten und seiner Hingabe in den Dienst an den Anderen. Genau dies aber – so ist hier nachdrücklich zu unterstreichen – betrifft nicht nur, wenn auch immer auch, den einzelnen Christen. Zu erinnern ist daran, dass gerade ein Kennzeichen der vergehenden Kirchengestalt ihre Konzentration auf das Individuum war.

Kirche der Zukunft aber lebt ihre Gottesverwurzelung und ihren Dienst als Tun des Gerechten gerade nicht individualistisch oder intimistisch, sondern in der Perspektive einer Gemeinschaft des und im Gekreuzigten.

Das aber verlangt nach einer neuen Praxis: sowohl eine Spiritualität, die jenseits der Alternative radikaler Vereinzelung und vereinnahmender Kollektivität ihr Maß nimmt an einer trinitarischen Perspektive und somit eine christuszentrierte Spiritualität der Gemeinschaft zu entwickeln weiß, wie auch eine radikale Diakonie, die für eine solche Spiritualität Zeugnis gibt.

„Kirche ist nur Kirche, wenn sie für andere da ist"

In dem berühmten „Entwurf einer Arbeit" aus dem Herbst 1944, deren Stichworte in den später veröffentlichen Briefen aus

Epilog

der Haft erhalten sind, wird diese Perspektive noch einmal eindrücklich präzisiert. Auf der einen Seite stellt Bonhoeffer wie in einer Summe noch einmal die Radikalisierung seiner Theologie als Christologie des Gekreuzigten dar. Gottesbeziehung in einer christlichen Perspektive ist dann aber nicht zuerst eine Erkenntnis Gottes, sondern ein Eintreten in die Gemeinschaft und Dynamik des Gekreuzigten selbst, so wie Bonhoeffer selbst es in vielen Briefen beschreibt.

„Nicht der religiöse Akt macht den Christen, sondern das Teilnehmen am Leiden Gottes im weltlichen Leben. Das ist die metanoia (Umkehr), nicht zuerst an die eigenen Nöte, Fragen, Sünden, Ängste denken, sondern sich in den Weg Jesu mithineinreißen lassen ..." (Mai 1944)

Aber diese Gemeinschaft mit dem Gekreuzigten bezeugt sich in einer neuen Kirchengestalt: der Kirche für andere.

„Die Kirche ist nur Kirche, wenn sie für andere da ist. Um einen Anfang zu machen, muss sie alles Eigentum den Notleidenden schenken ... Sie muss an den weltlichen Aufgaben des menschlichen Gemeinschaftslebens teilnehmend, nicht herrschend, sondern helfend und dienend ..."

Diese Kirche bezeugt in ihrer Gestalt und ihrem Vollzug den Gekreuzigten als Gegenwärtigen, ja sie ist gewissermaßen im Existenzvollzug die Gegenwart des Gekreuzigten. Nach innen bedeutet dies eine Kirchengestalt, die von den Existenzvollzügen her Zeugnis gibt. Bonhoeffer geht es radikal um eine Loslösung der Kirche und ihrer Pfarrer von bürgerlichen Sicherheiten zugunsten einer Gemeinschaft, die in ihrer gegenseitigen Hingabe lebt und somit Gütergemeinschaft praktizieren kann.

Vor allem aber vermag eine solche Kirche Zeugengemeinschaft zu sein. Es geht darum, dass sie als Gemeinschaft des Gekreuzigten in ihren Strukturen und Gemeinschaften wie auch in den einzelnen Gliedern des Christusleibes – „Christus als Gemeinde existierend" – Zeugnis gibt für eine radikale sich hingebende Liebe und somit im tiefsten „Vorbild" ist: verwurzelt in der

Christuswirklichkeit kann so gelebtes Kirche-Sein die Wirklichkeit der Welt, wie sie durch Tod und Auferstehung Christi erlöst und geworden ist, offenbaren und erhellen: die Dynamik der Kenosis, die Dynamik des Füreinander und Miteinander sind dann keine ethischen Imperative, sondern Hinweise auf die Seinswirklichkeit der Erlösung: Man kann die Fülle des Lebens dann erfahren, wenn man der Wirklichkeit des eigenen Seins entsprechend lebt. Sei, was du bist.

„Auf dem Gipfel des Gebirges ..."

Die Kirche geht über den Jordan. Eine neue Gestalt des Kirche-Seins bricht auf. Die Umschmelzung ist im vollen Gange. Es ist interessant, dass die Überlegungen Dietrich Bonhoeffers das Bild des verheißenen Landes ebenfalls aufgreifen. Nach dem gescheiterten Putschversuch gegen Hitler, in den auch Bonhoeffer – auch wenn er im Gefängnis saß – verstrickt war, ist klar, dass er den Krieg nicht überleben wird. Er selbst erkennt sich als Propheten, der ansagen und vorausahnen kann, was erst später Wirklichkeit werden kann und wird – ihm selbst aber höchstens in Vorerfahrungen erlebbar wurde.

Und so identifiziert er sich in einer Poesie mit Mose, der seinerseits das verheißene Land von weitem erblicken durfte. Bonhoeffer schreibt im Herbst 1944:

Auf dem Gipfel des Gebirges steht
Mose, der Mann Gottes und Prophet
Seine Augen blicken unverwandt
in das heilige, gelobte Land
Dass er auf das Sterben ihn bereite
tritt der Herr dem alten Knecht zur Seite
Will auf Höhn, wo die Menschen schweigen
selber ihm die verheiß'ne Zukunft zeigen ...
„Aus der Ferne sollst das Heil du sehen
doch dein Fuß soll nicht hinübergehen."

Epilog

Die Kirche geht schon über den Jordan. Wir haben versucht, ihre zukünftige Gestalt in den Blick zu nehmen, indem wir Erfahrungen ausgewertet und verdichtet haben. Ob wir heute mehr werden erleben können als einen Vorgeschmack, das bleibt offen. Nicht wir „machen" Kirche, sondern Christus macht uns zur Kirche. Es ist aber keine Frage, dass diese Zeit des Umbruchs für den, der in ihr steht, neben allem Schmerz auch ein göttliches Abenteuer ist. Es ist spannend, es ist frohmachend, Kundschafter in dieser Zeit zu sein.

Unsere Kirche braucht immer wieder Kundschafter, die sich gemeinsam auf diesen Weg machen und die Zeichen des Neuen deuten. Möge dieses Buch ein Beitrag dazu sein.

Anmerkungen

[1] Vgl. „Sieben fette Jahre", Aschendorff Verlag Münster 2003 (siehe nächste Seite)
[2] Vgl. Christoph Hegge (Hrsg.), Kirche bricht auf. Die Dynamik der Neuen Geistlichen Gemeinschaften, Aschendorff Verlag Münster 2005
[3] Für weitere Informationen siehe www.willowcreek.de
[4] Nähere Informationen zu dieser Initiative unter www.friedensgrund.de
[5] Vgl. Klemens Armbruster, Von der Krise zur Chance, Freiburg 1999
[6] Zu beziehen über den Fachbereich Verkündigung im Bischöflichen Generalvikariat Hildesheim, Domhof 18–21, 31134 Hildesheim
[7] Ein erster Einblick bei Christoph Hegge (Anm. 2)
[8] Die Frage nach dem pastoralen Programm einer Kirche am Ort verdient eine eigene Bearbeitung. Geplant ist demnächst eine Veröffentlichung zum Thema mit dem Titel: Das K.a.o.s-Programm. Zur Praxis und Theologie der kleinen christlichen Gemeinschaften
[9] Karl Rahner, Elemente einer Spiritualität der Zukunft, in Schriften zur Theologie, Bd. XIV, 368–381, 377f.
[10] Jürgen Werbick, Die Kirche. Ein ekklesiologischer Entwurf für Studium und Praxis, Freiburg 1994, 298
[11] Ausführlicher zum Folgenden meine Bonhoeffer-Interpretation „Die Wirklichkeit der Welt erhellen", Paderborn 1997